宁夏大学优秀学术著作出版基金资助　　宁夏大学新闻传播学院出版基金资助

# 评书与连播
## 当代中国有声小说研究

张静涛 / 著

中国传媒大学出版社
·北京·

# 目 录 contents

**引　言　关于七十年来当代中国有声小说的研究　/1**

第一节　当代中国有声小说的兴起与发展　/1

第二节　当代中国有声小说研究的历史与现状　/10

第三节　当代中国有声小说研究的主要问题、任务和价值　/15

**第一章　"音声文本"：当代中国有声小说的历史演进　/20**

第一节　1949—1976年中国有声小说的编播及发展　/22

第二节　1977—1989年的中国有声小说及其热烈的社会反响　/30

第三节　1990年以后的中国有声小说及其多元繁荣　/45

**第二章　"声领其境"：有声小说的音声化改编与再创作　/54**

第一节　小说的"有声"之源　/55

第二节　小说的"有声"改编　/59

第三节　小说的"有声"传播　/64

第四节　小说的"有声"主体　/73

## 第三章　"声音叙事"：有声小说的叙事结构及艺术追求　/82
第一节　以声叙事的通俗性与形象性审美追求　/82
第二节　以声叙事视角的简繁选择及结构艺术　/96
第三节　以声叙事的结构　/111
第四节　叙事情境的营造与音响歌曲的融合　/126

## 第四章　"汇声绘色"：演播者与有声小说及其音声情境的呈现　/133
第一节　新中国以来的新评书演播者及其艺术实践　/134
第二节　新时期以来的小说连播演播名家的独特魅力　/146
第三节　演播者的新探索：小说连播艺术的对播与联播　/163

## 第五章　"有声读物"：有声小说与现代小说艺术的发展　/177
第一节　评书对新文学创作的影响　/178
第二节　新时期小说连播对小说创作的潜在影响　/185
第三节　互联网时代有声小说编播及其多元动向　/197

**结　语**　有声小说的发展与叙事同音声的审美交融　/205

**参考文献**　/217

# 引　言
# 关于七十年来当代中国有声小说的研究

## 第一节　当代中国有声小说的兴起与发展

　　有声小说以小说文字文本为依托,用声音符号来承载小说的人物形象、故事情节和环境描写等。有声小说开创了小说"音声化"的审美空间,从音声的角度给小说增添了情感美、意境美、韵律美,同时拓宽了小说作者的创作道路,丰富了小说的接受形式。事实上,有声小说在我国有着悠久的历史,评书这一传统口头讲说表演艺术形式所依托的话本是我国通俗小说的起源,《三国演义》《水浒传》《杨家将》等人们耳熟能详的评书就是有声小说。当代中国有声小说发轫于20世纪四五十年代,一方面,它继续以评书这一中国传统口头讲说表演艺术形式为表现载体;另一方面,它深受西方戏剧的影响,使用标准的普通话叙述,没有程式和道具,不需要评论,只是照本宣科,允许配有音乐,形成了和评书大相径庭的表现形式——小说连播。从20世纪五六十年代至21世纪初,大量的长篇小说被改编制作为有声小说推向受众。

　　作为中国文艺的一部分,当代中国有声小说的兴起与发展,同中国当代文学的发展紧密相连，它的创作依据主要为1949年以来的中国文学。与此同时，有声小说以"音声"为载体，反映当代中国政治社会生活、人文心态、审美价值取向的变迁。

中华全国文学艺术工作者代表大会（第一次全国文代会）通常被当作当代文学的起点，这次会议把延安文学所代表的方向确定为当代文学的方向。有声小说在发展伊始，同样遵循延安文艺思想，即新的人民的文艺方向，为政治服务的工农兵文艺方针。在小说文本的选择上，那些塑造工农兵形象和反映伟大革命斗争新成就，在文学的民族化、群众化上取得重大突破的小说作品被作为有声小说改编创作的主要书源。在表现形式上，无论是评书还是小说连播，其"听"的接受的通俗性符合"文学艺术作品的艺术性需要在正确方向之下的以普及为基础的提高"①的文艺发展要求，且和新中国成立初期较高的文盲率的现实相适应。在音声艺术表现上，演播者字正腔圆、声音洪亮、充满正气、教诲引领，从而受到文化管理和具体生产部门的重视。众多优秀长篇小说被改编为有声小说，以评书或者小说连播的方式推向受众。比如杜鹏程的《保卫延安》《在和平的日子里》，赵树理的《三里湾》，柳青的《创业史》，梁斌的《红旗谱》，杨沫的《青春之歌》，吴强的《红日》，周立波的《山乡巨变》，罗广斌、杨益言的《红岩》，曲波的《林海雪原》，浩然的《艳阳天》《欧阳海之歌》，姚雪垠的《李自成》，陈登科的《风雷》，艾芜的《百炼成钢》，李六如的《六十年的变迁》，草明的《乘风破浪》，周而复的《上海的早晨》，欧阳山的《三家巷》等。"文化大革命"时期，有声小说的创作生产陷入停滞。

1977年8月在北京召开的中国共产党第十一次全国代表大会，把"文革"结束后的中国社会称为社会主义革命和建设的新时期。而在1979年10月召开的第四次全国文代会上，"提出了'文艺民主'问题，宣布'十七年'的

---

① 郭沫若.为建设新中国的人民文艺而奋斗：在中华全国文学艺术工作者代表大会的总报告[N].人民日报,1949-07-04.

文艺路线'基本正确'"①。"五四的那种'多元共生'和'精神解放',成为文学界创造'新时期文学'的知识、想象的重要资源。"②这种"多元共生""精神解放""人的回归",也成为有声小说改编创作的自觉遵循,一大批贴近当代生活、突破清规戒律圈设、勇于尝试艺术变革、视野广阔的小说被改编创作为有声小说。在音声的处理上,演播者情感饱满,音调柔和富于变化,声音色彩丰富,音乐音响也被广泛使用,营造出一种平等亲和的收听氛围。在这一时期,古华的《芙蓉镇》、李国文的《冬天里的春天》、莫应丰的《将军吟》、周克芹的《许茂和他的女儿们》、张洁的《沉重的翅膀》、刘心武的《钟鼓楼》《如意》、苏叔阳的《故土》、姚雪垠的《李自成》、魏巍的《东方》、柯云路的《夜与昼》、李准的《黄河东流去》、张抗抗的《隐形伴侣》、鲁彦周的《天云山传奇》、柯云路的《新星》、韦君宜的《母与子》、秦兆阳的《大地》、周而复的《南京的沉沦》、鄢国培的《旋流》、凌力的《少年天子》、刘斯奋的《白门柳》、端木蕻良的《曹雪芹》、冯骥才的《神鞭》、从维熙的《北国草》、朱苏进的《射天狼》、刘绍棠的《蒲柳人家》、谌容的《人到中年》、贾平凹的《浮躁》、梁晓声的《今夜有暴风雪》、张炜的《古船》等有影响力的小说都被改编为有声小说,广受欢迎。

1990年以后,在市场经济大潮的冲击下,在坚持社会主义文艺创作方向的前提下,有声小说的改编创作和音声运用出现更多元丰富的场景。在这一时期,《毛泽东的故事》《深圳的斯芬克斯之谜》《高原雪魂——孔繁森》《平凡的世界》《穆斯林的葬礼》《林则徐》《红顶商人》《战争和人》《天狼星下》《陪读夫人》《大决堤》《孙武》《北京人在纽约》《他乡明月》《黄传贵——黄家医圈八代传人》《我的父亲邓小平》《西部歌王——王洛宾大写真》《红色间谍》《我们曾经相爱》《白鹿原》《少年天子》《尘缘》《沂蒙九章》《曾国藩》《幻灭》《白蝴蝶》《千古功臣张学良》《洪武剑侠图》《神剑惊天刺雍正》

---

① 洪子诚.中国当代文学史:修订版[M].北京:北京大学出版社,2007:186-187.
② 洪子诚.中国当代文学史:修订版[M].北京:北京大学出版社,2007:186-187.

等纪实、报告文学类和海外华人题材的作品尤其受到欢迎。1990年8月,有声小说的学术组织——中国广播电视学会《小说连续广播》研究委员会在乌鲁木齐成立。这个委员会以会长会议作为领导机构,会员包括中央人民广播电台以及各省、市广播电台。委员会定期召开会长会议和会员台全体会议,开展节目交换和业务研讨活动。委员会定期印发《小说连播交流》会刊,举办演播艺术家、有声小说编辑以及论文评奖等活动。《小说连续广播》研究委员会推进了我国有声小说业务和理论的发展。

需要特别指出的是,当代中国有声小说的发展和广播这一大众传播媒介有紧密关联,紧随当代中国广播文艺的发展变迁。

当代中国广播文艺由陕北根据地革命广播孕育,伴随新中国的成立迅速覆盖九州大地。在新中国成立之后相当长的一段时间里,广播以其灵活、方便等接收优势在大众媒介传播中独领风骚。改革开放以来,尤其进入经济转型期以后,广播的"老大哥"地位被后来居上的电视、报纸等媒体取代。但是在20世纪90年代,随着广播音声传播方式亲民化变革和私家车的普及,广播事业迎来了又一发展的高潮,受众纷纷回归收音机旁。然而这一繁荣景象并没有持续太久,20世纪90年代末至21世纪初,广播在与电视、报纸等媒体的竞争中再次处于劣势。新媒体时代,广播凭借其"轻快"的优势,在全媒体移动接收浪潮中又迎来了新的生机,蜻蜓FM、喜马拉雅等手机App让广播再度成为大众的焦点。

和当代中国广播文艺的发展同步,当代中国有声小说的兴起发展大致经历了新中国成立十七年、"文革"十年、新时期、转型期等发展阶段。

新中国成立后,革命战争年代播送战报、宣讲政策的带有明显政治任务的新闻广播,被和平建设时期宣传报道社会主义建设和建设中涌现出的英雄模范人物事迹的新闻广播、艺术地反映社会主义建设的广播文艺替代。与此同时,在和平建设时期,人们需要在生产劳动和工作之余休息放松,此前一直被广播媒介所忽略的文化娱乐内容开始被重视。"1952年12月,第一次全国广播工作会议把'播送优秀的文艺作品'作为广播电台的五项任务之一。"①广播文艺的地位被确立。在这一时期,广播文艺的基本框架被构筑,节目资源不断丰富,节目形态不断开辟和完善,专业的广播文艺演播团体被组建起来。有声小说作为当代中国广播文艺的重要组成部分,也迎来了发展的第一个高潮。有声小说广播编辑和演播者以饱满的创作热情将大量充满集体主义、理想主义和英雄主义激情的小说搬上广播,以音声的方式使人们坚信:沿着社会主义的光明大道一定能够奔向共产主义的理想。

"文革"十年,广播文艺在节目的创作上"以阶级斗争为纲",割裂了文艺与社会的真实联系,违背了艺术规律。政治标准为首要、必需的艺术价值评判标准,影响了人们审美心理的健康发展。"1969年,中央电台增加'革命样板戏'播出时间,占全天播出文艺节目时间的85%以上……中央电台只能播放《国际歌》《东方红》《大海航行靠舵手》《三大纪律,八项注意》等八首歌,以及《地道战》《地雷战》《南征北战》三部电影录音剪辑。"②有声小说的发展陷入停滞。

"文革"之后的新时期,广播文艺逐渐向艺术传播和艺术属性回归,"文艺要为人民服务,为社会主义服务"的新时期"二为"方针的制定,使广播文艺能够放开胆子走自己的路。广播文艺是文艺思想解放、大胆创新的先驱,有声小说的改编创作也体现出文学艺术从藩篱中解放出来,向"人"回归。这一时期,多声道共同发声的调频立体声广播的出现极大地助力了有声小说的发展。有声小说是一种听觉艺术形式,从声源性质来看,它需要多人称、多声部,或人声与乐声、自然音响的共时,这种多极声源同时发声的艺术,内在地要求有与之相适应的多声道来输送声音。调频立体声给有声小说的创作提供了更为广阔的空间,同时满足了人们的听觉审美需求,丰富了受众的听觉感受。这一时期的有声小说迎来了从未有过的发展高潮。"每逢正午来临,几乎全国所有的广播电台都播放《小说连续广播》

---

① 张凤铸,关玲.中国当代广播电视文艺学:第二版[M].北京:中国传媒大学出版社,2016:8.
② 张凤铸,关玲.中国当代广播电视文艺学:第二版[M].北京:中国传媒大学出版社,2016:11.

《评书连播》《广播剧和小说连播》节目,并以此形成一个传统,长年累月、经久不衰,呈现出万人空巷的景观。"①中央人民广播电台和各地人民广播电台录制的《李自成》《夜幕下的哈尔滨》《上海的早晨》《红岩》《穆斯林的葬礼》《寂寞的山谷》《沉重的翅膀》《岳飞传》《杨家将》《隋唐演义》《保卫延安》《百年风云》等"火"遍全国,吸引了亿万听众,掀起了旷日持久的"长书热"。

转型期的广播文艺相较之前有了质的变化。第一,直播这种共时、共情的方式被广泛运用,带给受众更强的现场感和真实感。第二,交流方式由单向向双向、多级交流嬗变。双向交流指通过热线电话或网络等,受众将当下的审美感受即时反馈给传者,艺术传播与欣赏共时共情。多极交流指受众之间通过热线电话或网络以主持人为媒介实现的交流。双向、多极交流的实质是由审美主体来选择审美客体,从而使审美主客体实现交融合一。第三,随着物质生活的不断丰富,人们可选择的文化娱乐方式更为多元,广播文艺在人们心目中不再是神圣的、至高无上的、不可替代的,聆听文艺广播由仪式化向附庸伴随转变。在审美方式上,转型期的文艺广播是纯审美的艺术欣赏活动与非审美的物质功利活动的融合,是认真严肃的审美态度与伴随轻松的非审美态度的汇聚。转型时期广播文艺新变化的核心是受众成为接收主体,从被动欣赏一跃而为主动评价,广播文艺的交流更为平等。对于有声小说来讲,它的传播方式是单向的,它的审美获得在很大程度上需要屏气凝神、专心致志,这在某种程度上和转型时期广播文艺的发展潮流相背离,再加上电视文艺吸引了一大批受众,有声小说的发展走向了低谷。"听众日趋减少,收听率全面滑坡。《小说连播》节目走向低谷。"②

当代中国有声小说伴随中国广播文艺历经新中国成立十七年、"文革"

---

① 张凤铸,关玲.中国当代广播电视文艺学:第二版[M].北京:中国传媒大学出版社,2016:14.
② 陆群.《小说连播》十二年:一个历史的描述[M]//王大方,叶子."上帝"青睐的节目:《小说连播》业务专著.北京:中国文联出版公司,1995:14.

十年、新时期和转型期四个发展阶段,有辉煌也有低谷,在作家、广播编辑制作、演播者等的共同努力下形成了别具一格的艺术魅力,一直拥有稳定的受众群体。当前,在融媒体背景下,广播凭借"轻快"的优势正努力转型为新媒介,而喜马拉雅、蜻蜓FM等商业音频分享平台的受捧也为有声小说发展带来契机,并使有声小说的制作、传播等呈现出和广播传统媒体时代不一样的景观。

我们观察研究当代中国有声小说的发展和演进,避免不了它的两个载体——评书和小说连播。两者都用声音符号来承载小说的人物形象、故事情节和环境描写,但却有着完全不同的艺术表现。

我国先秦典籍屡有瞽诵诗和唱曲的记述,这些献曲、诵诗的瞽者是天子身边的奴隶,以诗、曲劝谏,并有娱乐作用。瞽诵劝谏虽与后世的评书不同,但却孕育着某些相关的因素。评书的可溯之源应该是民间的故事和寓言,也有学者提出荀子的《成相篇》应是评书的源头,其反复运用同一曲调演唱,并具有某些说唱故事的因素,类似于今天的说唱艺术。[1] 但归根结底,评书的根本属性是"说个好话",也就是说个精彩的故事,它和"盖出于稗官,街谈巷语,道听途说者之所造也"[2]的小说紧密相连。评书在宋代广泛流行,宋代"瓦市""说话技艺"最受欢迎。鲁迅先生在《中国小说史略》中说:"然在市井间,则别有艺文兴起。即以俚语著书,叙述故事,谓之'平话'者是也。"[3]从最初宋代的"瓦市"到茶楼酒肆、农村街市,再到20世纪初借助电台扩大影响力,评书一直以其故事性、戏剧性、哲理性和通俗、易懂的语言表达,以及"装文扮武我自己,好像一台大戏"的艺术表现吸引着大众。说话艺人的底本——话本这一"随着民间说话技艺发展起来的一种文学形式"[4],是我国俗文学小说的源头。千百年来,话本和小说相互影响借鉴,话本来自民间的口

---

[1] 汪景寿,王决,曾惠杰.中国评书艺术论[M].北京:经济日报出版社,1997:6.
[2] 鲁迅.鲁迅全集:第9卷[M].北京:人民文学出版社,1981:6.
[3] 鲁迅.鲁迅全集:第9卷[M].北京:人民文学出版社,1981:110.
[4] 游国恩,王起,萧涤非,等.中国文学史:修订本 三[M].北京:人民文学出版社,1993:172.

头文学的文本特质,始终给小说以中国传统的英雄侠义和民间通俗的审美理想影响,而小说则最终成为说话技艺的文本依托。

同为向听众讲故事,小说连播演播群体正是由评书艺人一兵一卒独登广播电台之后,逐渐发展起来的。[①] 但是,小说连播的演播方式及艺术效果和评书大相径庭。事实上,评书作为中国古老的传统民间语言艺术,最初是"撂地"起家,直面观众进行表演的,在表达方式、题材选择、文本改编、演播方式等方面,早有成熟完备的体系。而小说连播的形成与从西方传入我国的文明戏有密切关联,它强调在规定情境中真实地再现人物,追求一种意境美,反对无意义的夸张手段,在人物语言的处理上与话剧和电影电视剧台词有相似之处。此外,小说连播是伴随着新中国的广播事业成长起来的,相对于评书它的历史短暂,且必须通过大众媒介进行传播。

既然小说连播是完全通过大众媒介来传播的,它就要符合一定的传播要求。和听众不直接见面,意味着小说连播的播讲比评书直面观众表演缺少了表情、动作、道具等辅助手段,声音的表现力愈加重要。广播承担着推广普通话的任务,因此,小说连播的播讲要求叙述等主体语言(学、唱、念除外)使用标准的普通话。相对于评书的方言特质,比如东北评书演员说书带有浓重的东北话味儿,南方评书演员使用江南方言令北方人无法听明白,普通话的使用,使得小说连播在传播范围和传播效果上具备极大优势。

在选材上,评书需要"演",要添枝加叶,制造悬念,设置书扣,所以选材更注重故事性,用评书演员的话说,就是一定要"有书","有话则长,无话则短","无话"即无故事。现代小说有的故事性强,有的注重心理和景色的描写,还有的如"意识流"小说打破时空界限,进行立体交叉描写,有着较大的浓缩性。而小说连播的艺术表述是现代的,追求意境的审美,是体验的艺术,即使小说中有大段的人物心理描写,如果处理好,也能引发听者想象和

---

[①] 海泉.试析《三足鼎立的小说连播演播群体》[M]//王大方,叶子."上帝"青睐的节目:《小说连播》业务专著.北京:中国文联出版公司,1995:107-116.

情感共鸣。因此,小说连播在选材上相对宽泛。

评书和小说连播都是基于文学文本的二度创作,不同的是评书文本或者说"话本"在创作改编上更为严格。一方面,评书更加注重民族化和大众化。评书是土生土长的国粹,它的听众一般来说不需要很高的文化水平和文学修养,吸引他们的是他们所生活的这方土地上发生的故事和他们所熟悉的生活方式、风土人情。民族化的语言和表现方式是评书这一艺术形式在长期发展中形成的固定模式。另一方面,评书直接说给听众听,演播者需要"演",正所谓"装文扮武我自己,好像一台大戏"。因此,评书文本多数专为评书演播而创作,构思、编撰、形成故事都是为了演播。少部分根据小说改编,"颇费精神,也需时日","比如,陈志丰先生改编演播的评书《吉鸿昌》,光改编,就花费了近两年的时间"[①]。相对而言,小说连播的文本源头都是小说,在网络时代之前基本上没有因播讲而创作的小说。因此,小说播讲的改编是技术性的,根据小说本身条件来着手改编,依据小说的表现手法等来寻求最合适的改编方案即可。

和小说连播相比,评书的演播是有程式和道具的。程式,即描绘人物、场景等时的固定套路,比如形容英雄好汉一般是身高八尺,膀阔三停;形容奸恶之人,一定是尖嘴猴腮,獐头鼠目。程式事实上来源于长期的舞台实践和纷繁复杂的社会生活,是节奏鲜明、格律严整的技术格式,运用好的确能给评书增添艺术魅力。醒木、扇子、手巾三件道具带给听众的则是无穷意象。小说连播没有程式也没有道具,声音是其唯一手段。然而,单纯单一也可生出广阔天地。另外,评书要评,小说播讲只是照本宣科,播讲者并不发表个人的评论意见,忠实地传达原著是其主旨。

总体来讲,评书和小说连播不同的艺术个性使有声小说带给听众不同的审美感受。

---

① 汪良.小说播讲艺术[M].北京:北京广播学院出版社,1988:18.

## 第二节 当代中国有声小说研究的历史与现状

新中国成立以来,关于有声小说的研究主要集中在以下方面:小说的起源与说话技艺,广播与有声小说的传播,评书说书技艺,新媒体时代的有声小说。

其中,在小说的起源与说话技艺方面,专著较少,硕博士论文也较少。在专著方面,目前可见的有孙楷第著、作家出版社1956年出版的《俗讲、说话与白话小说》。此书收入五篇论文,主要探讨了中国古代说唱文学的发展。其中,《中国短篇白话小说的发展与艺术上的特点》对唐代"转变"、宋代"说话"、明代"短篇小说"的发展轨迹和艺术特色做了系统的论述,梳理了说话技艺和小说起源的内在联系。叶德均著、上海古典文学出版社1957年出版的《宋元明讲唱文学》涉及宋元明讲唱和文学的联系及其发展流变。陈汝衡著、作家出版社1958年出版的《说书史话》详尽描述了说书艺术的历史轨迹。程毅中著、中华书局1964年出版的《宋元话本》的内容之一是话本对于小说发展的影响。胡士莹著、中华书局1980年出版的《话本小说概论》站在历史唯物主义的立场上,对话本小说的起源、演变、社会背景、团体组织、表现方法诸问题进行了严肃缜密的分析,是目前为止关于话本最为全面深入的著述,也为小说的研究提供了很大便利。硕博士论文有:《集体记忆的千年传唱:〈格萨尔〉翻译与传播研究》(王治国,2011)、《〈夷坚志〉口传故事主题研究》(孙世家,2016)、《文本与口传——试论话本小说的双重属性》(杨谷怀,2011)、《隋唐历史演义小说在蒙古地区的口传——以布仁巴雅尔说唱的〈隋唐演义〉为例》(策力木格,2016)、《唐代民间歌谣研究》(景建建,2011)、《从口传神话到动漫神话——论古希腊神话的视觉化嬗变及接受》(蒋忞怿,2010)等。在权威期刊刊载或者观点具有一定代表性的文章有:《为什么麦克卢汉说中国人是"听觉人"——中国文化的听觉传统及其对叙事的影响》(傅修延,2016)、《"声"之探求:鲁迅白话写作的起源》(季剑青,2018)、《北宋的"说话"和话本》(张兵,1998)、《论宋代小说技艺的文本形态》(于天池,2005)、《中国小说起源于"神话与传说"辨正——以鲁迅〈中国小说史略〉为中心》(温庆新,2014)、《女神失落的悲剧——满族近代口传小说〈飞啸三巧传〉的整体性阐释》(张丽红,2017)、《浅析蒙古族传统民族文化的口耳相传方式》(石琼,2010)、《小说的起源与小说独立文体的形成》(李剑国,2001)、《口头史诗的音乐与演述》(卡尔·赖歇尔、姚慧,2014)、《"说—听"与"写—读"——中国古代白话小说的两种生成方式及其互动关系》(郭英德,2014)、《形神兼备 文质和谐——从审美角度谈朗诵对文学作品的合理化选编》(宋奕,2016)、《唐变文的形成及其与俗讲的关系》(李骞,1985)、《关于宋代的话本小说》(程千帆、吴新雷,1981)、《话本小说对中国现代小说的影响》(游友基,1990)、《中国小说起源探迹》(王齐洲,1985)、《二十世纪口传文学研究的十个误区》(尹虎彬,2005)、《再辨"话本"非"说话人之底本"》(胡莲玉,2003)、《口传叙事、书写叙事及其转化——以中国古代小说为中心》(孟昭连,2011)、《声音·报刊·小说——论晚清新小说在下层社会的传播》(杜春燕,2009)、《"说"故事与"讲"故事——话本传统在当代小说中的扬弃》(郭冰茹,2016)、《从敦煌变文的套语运用看中国口传文学的创作艺术》(郭淑云,2003)、《鼓子词与话本是"说唱"的吗?》(张正学,2012)、《论赋起源于民间说话艺术》(蒋先伟,2001)、《中国古代"说书体"小说文体特征新探》(纪德君,2007)、《论唱导文的发展演进——兼论六朝唱导文是话本产生的来源之一》(吴福秀,2009)、《话本小说的美学特征》(欧阳代发,2002)、《口传文学对两汉文学传播的贡献》(张毅,2011)等。这些著述文章有的以汉族、少数民族口传史诗、神话传奇故事的"口头文学"起源作为研究点,有的对话本小说的"说话"滥觞及其对后世小说产生的影响进行探讨,还有的关注到了民间说话与文学作品的关系。研究的侧重点虽有所不同,但是都从历史的角度关涉了小说和口头传播(也可以理解为音声传播)的联系。

在广播与有声小说的传播方面,专著不多,截至目前比较有代表性的著述分别有王大方、叶子主编,中国文联出版公司1995年出版的《"上帝"青睐的节目——〈小说连播〉业务专著》,叶咏梅编著、中国广播电视出版社2010年出版的《中国长篇连播历史档案》。《"上帝"青睐的节目——〈小说连播〉业务专著》分上、中、下三卷,从理论、反馈和历史的角度对有声小说从新中国成立到21世纪初的发展历程进行了梳理。《中国长篇连播历史档案》有上卷"作家作品卷"、中卷"演播风格"卷、下卷"传媒反馈卷"三本,最大的特点是有比较详尽的作家、出版人、广播人、演播人的第一手史料。汪良所著的《小说播讲艺术》则从小说播讲实践的角度对小说播讲艺术进行理论论述。广播和有声小说传播相关硕博士论文也不多见,在期刊中业界著述多于学界,主要从以下几个维度展开研究:第一,广播媒介的发展变化对于有声小说的影响。这里的广播可以理解为通过电子传媒向广大受众播送音响、图像。如:《论媒介化时代长篇小说的传播与发展》(杨则纬,2013)、《20世纪90年代媒介变局中的〈小说连播〉》(刘成勇,2019)、《新时代广播有声书类节目的创新发展——以央广娱乐广播和北京故事广播为例》(姚红亮,2019)、《多媒介的文学传播与互文阅读探讨》(郭丽萍、陈享姿,2019)、《多维拓展:新世纪长篇连播的新跨越》(达世新,2004)、《试论新时期小说连播节目的创新与发展》(张建红、汪秋萍,2013)、《中国式"听书"发展四阶段论》(吴钊,2018)。第二,广播小说和传统的大众电子媒体广播的关系,将研究聚焦于广播媒介和有声小说的相互依存、借力发展上。如:《浅论广播电台有声读物的生存空间》(邬宵蕾,2015)、《听书:国民阅读的新增长点》(王建珂,2018)、《故事广播的困境与创新思考》(刘建华,2015)、《试析八十年代广播媒介在小说传播中的作用——以〈平凡的世界〉为例》(刘强,2015)、《谈"小说连播"节目的几个问题》(陆群,1986)、《长书节目的困境与出路——再谈〈小说连播〉节目的几个问题》(陆群,1990)、《江苏故事广播的困境与突围》(方国康,2009)、《20世纪文学广播传播论略》(刘成勇,2017)、《广播小说:好吃不贵》(左志红,2015)、《建国后十七年红色小说畅销模式的传播学解读》(陈伟军,2009)、《论"十七年"小说的艺术改编与媒介传播》(龚奎林,2016)、《普及文学作品的好形式》(朱盛昌,1995)。第三,广播小说在演播和制作方面的技术性问题。如:《重视广播剧声音符号的非线性构成——从新小说派作家的广播剧谈起》(孟子为、薛永健,2013)、《试谈小说演播中的转场》(崔海涛,2017)、《听见文学之美——广播小说制作及推广的业务探讨》(于娟、何金宝、赵晓蔚,2017)、《浅析长篇小说的演播技巧》(吴勇庆,2017)、《立足本土文学 再现长书魅力——浅谈录制长篇连播节目的"四步曲"》(岳峰、杭晓玲,2002)、《情感类小说连播节目的探索与实践——以北京人民广播电台〈子夜柔情〉栏目为例》(徐北威,2009)、《作品至上 内容为王——〈小说连播〉选材之我见》(马富胜、刘建华,2006)、《小说连播的"清""准""美"》(周文凯,2011)、《谈电视小说〈破命〉的声音造型》(林君,1989)、《广播小说节目的生存空间》(顾楠楠,2014)、《小说播讲艺术中的声音造型》(李月,2016)、《关于小说的长篇连播》(冯骥才,1995)、《小说连播如何再现魅力》(赫晓光、刘威、范大伟,2002)。

在评书说书技艺方面,比较有代表性的专著有三本:一是汪景寿、王决、曾惠杰合著,经济日报出版社1997年出版的《中国评书艺术论》。该书是迄今为止对评书的历史源流、发展过程、美学意蕴、艺术特色、文体结构、表演手段等论述最为详尽的专著,有一定的研究参考价值。二是谭达先著、台湾商务印书馆股份有限公司1982年印发的《中国评书(评话)研究》。该书分为上下两篇,上篇主要探讨了评书的特点、作用、产生、发展、种类、传统和新创艺术形式、情节结构、人物描写、语言特色、表现手法、套语、赞赋、韵语等,下篇主要收录了中国评书近代传统作品并附有北平、无锡等八个城市的评书(评话)的活动资料。该书搜集细致、资料翔实,论述中规中矩,但将评书分为"有韵评书"和"无韵评书"两类,在学界尚有争议。三是张啸涛先生著、中国文联出版社2008年出版的《评书——中国国粹艺术读本》。该书分为评书溯源篇、形成发展篇、繁荣兴盛篇、改革创新篇、晨光熹微篇、历久弥新篇六大部分,既介绍了评书的形成、发展、繁荣和革新,又介绍了著名的评书人。有评论认为此书介绍描述足而学术性欠。博硕士论文方面,目前发现的有《"水浒"评话(评书)与说话传统研究》(张莉,2012)、《北京评书的书场研究》(杨旭东,2011)、《论袁阔成的"新评书"编演》(张颖,2014)、《单田芳评书〈隋唐演义〉的口头叙事研究》(李晨冉,2018)。这些学位论文或者选取说话艺术中具有传统脉络的故事作为研究个案,从多种形式的文献资料入手,对评书的说话背景、历史面貌和形态特征进行理论探讨;或者立足于书场的语境对评书的生存规律进行理论探索;或者从著名说书人入手,对其艺术创新和展现出的评书这一文体的叙事规律展开研究。期刊论文中比较有代表性的有《中国评书研究的现状与思考》(李小红,2010)和《论评书的艺术特征——与小说做对比》(李小红,2017),两篇论文分别从近年来评书研究的现状和评书与小说在艺术符号、叙事方式、创作过程、艺术风格等方面的异同展开论述,具备一定的广度和深度。此外,期刊论文有重点关注说书艺人的,如:《以说当先 以评为高——浅议"单田芳评书"艺术特色》(张天来,2018)、《刘兰芳评书说演的声韵美及其当下意义》(吴文科,2009)、《单田芳评书的艺术风格》(杨佩琴,1995)、《袁阔成:开现代评书之先河》(佚名,2018)。有论述评书与时代发展关系的,如:《"听书时代"何以终结"评书时代"》(夏莹,2018)、《评书艺术被低估,传统艺术要抢占新媒介》(韩浩月,2018)。有论述评书文体的,如:《传统评书与当代文学英雄叙事——以〈烈火金刚〉为例》(罗兴萍,2009)、《一部充满着革命激情的新评书——读〈烈火金刚〉》(黄曼君、彭端智、黄清泉,2009)、《运用传统样态 讲好中国故事——以新编广播评书〈花果山传奇〉为例》(刘建华,2015)、《一部成功的新评书》(王淑明,1958)、《新文学中的"评书"创作——论赵树理的"新评书体"小说》(张帆、马平野,2008)、《谈评书艺术的形式特点——说、演、评、博》(田连元,2018)。有专注于评书与电子传媒技术关系的,如:《电视评书可视化特征初探》(赵奇恩、王艳玲,2016)、《浅谈评书节目的录制》(李喜元,1988)、《弘扬文化 传承文明 开拓创新——广播评书制作的几点体会》(邹宇平,2009)、《广播评书的历史回顾与特色分析》(艾红红、张素艳,2010)。

总之,学术界对于有声小说的研究比较有限,专著和硕博士论文少,期刊论文欠缺理论性,在文字符号转换为声音符号时应该遵循的规律,声音叙事的独特的视角、结构,演播主体对有声小说艺术表现的影响,有声小说对小说创作的反作用等方面鲜有涉及。

## 第三节 当代中国有声小说研究的主要问题、任务和价值

众所周知,人类文学在产生之初的承载符号是声音而不是文字。比如,中国最早的诗歌总集《诗经》中的"风"是百姓唱的诗歌,由采诗人采集记录,从乡到邑,从邑到府,一级一级地呈报上去,直至呈报给周天子,供其"观风"。朝廷内部贵族士大夫和他们的歌舞队,在宴会上或其他场合唱的诗歌被记录下来,就成为"雅"。周天子到宗庙里祭祀鬼神、歌颂祖先和赞美朝廷功绩时,也有专门的歌舞队演唱诗歌,这些诗歌经整理加工后便成为"颂"。被誉为西方后代文学艺术创作的源泉和典范的《荷马史诗》,创作于文字没有产生之前。口语或者说"音声"作为思想文化的媒介,在人类社会的发展中先于文字,这已被古今中外的研究所证实。

小说自诞生之日起,就和声音紧密相关,远古时期小说的雏形就是人们的口头语言。魏晋六朝流行"俳优小说"和"说肥瘦";唐代民间、宫廷、寺院中流行"说话",唐传奇、俗文学与话本紧密联系;两宋的说话业高度发达,出现编写话本的专业团体——书会和小说话本的完善体制;元代的说书、话本和社会的联系紧密;明代说书家涌现,拟话本繁荣发展,水浒小说与说水浒互动不断;清代讲史等说话艺术经由几代的接力,发展成为章回小说;近现代以来小说被大量频繁地改为评书等。简单梳理小说的发展,会发现"看"

的文字和"听"的声音,如同小说的两套符号系统,它们彼此联系,又各自独立。

文学的原初形态正是由声音所承载的,但是对于有声小说的研究多从声音于文字的辅助角度入手,如:从小说发展的历史角度考证小说和说话文学底本及说话本体的传承关系;立足广播媒体与有声小说,从电台广播与有声小说的关系、媒介发展对有声小说的影响、有声小说的声音电子技术性问题等方面展开研究;对小说与声音结合得最早的艺术形式评书进行研究等。研究视点主要集中于评书的历史源流、艺术特点、评书艺人和广播评书。由此可见,当前对当代中国有声小说的研究多数没有照顾到小说文字文本和声音文本两种相异的艺术形式在转换中所遵循的原则及呈现出来的具体、独特的面貌。

事实上,有声小说是通过有声语言对小说作品进行再创作的一种语言表达艺术,它开创了小说音声化的审美空间,从音声化的角度给小说增添了情感美、意境美、韵律美的审美特征。研究小说的音声化就是要从历史的角度,从审美意蕴的内化与声音表象的外化等角度考察声音为小说文本带来的听觉的审美体验。考察小说的"音声文本"作为包含着丰富的内在价值的人类有意识创造的产物,怎样和听者一道或表达自我,或感染他人,或认识自然与生活,或丰富心灵与精神,或抒愤于强权与压迫,或示爱于亲情与和平……

一方面,有声小说的改编创作要遵循声音的艺术和传播规律;另一方面,它的发展是与广播这一大众传播媒介紧密相关的,在声音所具备的独特的艺术感染力和广播传播的合力之下,小说作品的影响力才能得到扩大。为数不少的小说作品在被改编创作为有声小说播出后获得"矛盾文学奖",这正是有力的证明。也正是广播的声音传播方式扩大了有声小说的艺术感染力和影响力。在现当代,小说与声音、与广播相结合的表现形式正是评书和小说连播。小说在音声化改编的过程中所遵循的声音规律和广播传播规律及评书和小说连播两种节目形式的联系与区别,诸如:小说音声化改编与再创作中的声音维度、广播传播维度、演播者的确定维度,小说音声化的直接创作者,小说音声化过程中的声音叙事,小说音声化对小说创作的影响等,都是本书关注的。

小说是创作主体运用形象思维创造出来的、体现着审美意识形态的话语方式,有声小说是基于这种话语方式进行的二度创作。二度创作的主体我们权且称为"声音作者"。二度创作同样需要二度创作者即声音作者运用形象思维,并体现审美意识形态。这一创作过程的前提包括创作主体的嗓音特点、技巧水平等,核心是创作主体对小说的理解、感受、想象,创作手法包括停连、重音、语气、节奏等。声音作者是有声小说的灵魂,他们如何给有声小说赋予别样的魅力,这也是本书所关注的。

进入21世纪,随着互联网文化和以手机为载体的移动文化的快速发展,声音叙事能力被不断发展,喜马拉雅、蜻蜓FM等专业的音频分享平台如雨后春笋般涌现,"听书"极速发展,这为小说的传播带了契机,同时也影响着小说的创作。此时再对有声小说的思想艺术和技术层面进行研究,也许会有一定的价值。

总之,在声音的视域下,书面文本转换为音声文本以及它的传播有着怎样的历史文化沿革,又遵循着怎样的意识形态的、美学的、艺术的、技术的规律?它对于文学创作尤其是小说创作会产生什么样的反作用?这都被纳入本书的研究视野。

本书采用的理论方法:首先,以马克思主义唯物史观"历史的方法与逻辑的方法相统一"等为指导,以"时间"为主的文学史视角与以"空间"为主的专题研究视角相结合加以考察。从共时和历时两个角度,紧紧围绕当代中国有声小说这一主题,以理论阐释和文本分析相结合的方式,既着眼于有声小说历史场景的考量,又对每个时代的社会思潮、文艺思潮、有声小说的发展趋向与文学文本、音声文本的审美联系,以及音声文本作为一种文学的传播和接收方式对文学所施加的影响展开探讨。尤其是对于当代中国有声小说学术史的研究及阐释,本书注意将其置于当代中国文艺的历史进程之中,以及中国现当代文学尤其是小说发展的文化背景之下进行评判,从而避免局限或偏见,提出客观恰当的学术观点与见解。其次,以本书确定的主要问题为中心,采用宏观叙述与个案分析结合的方法,对新中国成立以来的有声小说进行历史考察与学理梳理。在整体设计和章节安排方面,本书主要围绕有声小说和其本源小说的关系,以及有声小说自身所具备的特质等,进行整体性综合叙述和具体个案分析,以梳理并把握当代不同阶段有声小说的发展进程和其重要的构成元素。最后,实际上也是本书的理论重点,就是注重考察并把握有声小说所独具的创作规律和经传播后反过来对于小说创作的影响。

  本书的基本思路与目标任务,就是从小说文字符号转换为声音符号的角度,对当代中国有声小说的改编创作进行整体性梳理与客观总结,考察并探讨当代中国有声小说与文学史的关系、与声音符号的关系、与传播载体的关系等,及其是否对小说创作也有一定的反作用等。因此,本书除"引言"和"结语"外,将分别从当代中国有声小说的历史演进、改编与创作、艺术追求、叙事结构、音声情境、对小说创作的影响等方面展开论述。其中,"第一章'音声文本':当代中国有声小说的历史演进",主要对有声小说的发展进行梳理,阐明有声小说的改编创作与社会政治、文化演进以及意识形态有着密切的关联。"第二章'声领其境':有声小说的'音声化'改编与再创作",主要从有声小说改编创作的技术角度,具体对声音载体、播音、演播者进行阐述。"第三章'声音叙事':有声小说的叙事结构及艺术追求"立足于声音符号的要求,对有声小说改编创作中的审美追求、叙事视角、叙事情境等进行论述。"第四章'汇声绘色':演播者与广播小说及其音声情境的呈现",以几位当代有声小说的杰出创作者为例,集中探讨演播者在有声小说创作中的重要作用,以及不同的演播方式带给有声小说的不同的艺术表现力和感染力。"第五章'有声读物':有声小说与现代小说艺术的发展",根据当代有声小说在艺术创作和传播接收等方面的新成果与新变化,尤其是21世纪以来商业声音平台推出的有声小说题材选择和叙事呈现等,梳理并探讨有声小说对小说创作的影响。

　　总之,本书注重马克思主义理论的指导及中国传统学术理论方法的借鉴利用,以及各个章节之间的逻辑关系与内容的简明扼要;同时,在当代中国有声小说这一研究对象本身内在关系的确定和历史阐释,以及吸收借鉴相关研究史学科的用语措辞等方面,也将努力遵循并使之符合学术要求与规范。

# 第一章
# "音声文本":当代中国有声小说的历史演进

有声小说是以小说文字文本为依托,用声音符号来承载小说的人物形象、故事情节和环境描写等的小说的"音声文本"。音声文本是通过"音声化"来实现的。音声化中的"化"可以理解为一个过程,即符号转换的过程。这一过程至少有两个主要步骤:第一步是将适合看的文字文本转化为适合听的文字文本,第二步是将适合听的文字文本转换为音声文本。第一个步骤从中国文学史的角度去考量是由说话艺人、底层文人、书会先生等来完成的,他们或创作说话的文字文本,或改编说话的文字文本;而在当代中国有声小说的语境中,这一步骤是由编辑,具体说是由小说连播编辑来完成的。

有声小说编辑自身很少创作音声文字文本,而主要以二度创作的方式对文学作品进行适合声音表现的改编。他们是小说音声化的"前理解者",他们的工作直接影响有声小说的艺术表现,他们的价值观、艺术鉴赏能力及对文学作品的理解水平、价值取向、把控能力和再创作能力等决定一部有声小说的传播效果和价值实现,他们是有声小说和文学接受间的桥梁及纽带。

与此同时,小说的音声化在本质上是文学活动,它仍然属于建立在一定社会经济基础之上的上层建筑,是一种审美意识形态。当代中国有声小说是建立在社会主义经济基础之上的上层建筑,社会主义的意识形态性是它最一般的社会属性。意识形态决定编辑的理解和选择。编辑在多方搜寻、挑选可以生成音声作品的书源(主要是小说作品)时,和作家的创作一样受到政治等上层建筑的支配、制约。

洪子诚先生把中国当代文学划分为20世纪50至70年代的文学和20世纪80至90年代的文学。有声小说改编创作这一文学活动的起始,即编辑对书源的选择也大体遵循这两个时间段的文学规范,只是因为其跨文本的二度创作性质,会在此基础上体现编辑的"编辑"主体作用。因此,也可以文学史为依托,将当代中国有声小说的发展分为三个时期:第一个时期为"新中国十七年"——有声小说的初创期;第二个时期为"文革十年"——有声小说的反思期;第三个时期为"改革开放三十年"。这三十年具体可分为三个时期:1978年至1989年是有声小说的繁荣期,1990年至1999年是有声小说的成熟期,21世纪以来是有声小说的创新期。

当代有声小说发展的第一个时期和当代文学的前期相对应,这一时期的一个重要特点是"文学与社会政治的关系密不可分,而文学对于政治的工具性地位的主张又支配着文学界"[①]。"十七年"文学无疑是政治革命时代的文学。这一时期有声小说的主体是着力演绎阶级斗争、英雄情感和革命伦理的"十七年"小说。在有声小说发展的第二个时期,"政治化"在文学中的表现更为强烈。在有声小说发展的第三个时期,对人性的寻找和对现代性的追求是其主旨,而20世纪90年代和21世纪后的有声小说则大胆地张扬主体个性。

与此同时,音声化的声音符号属性和传播接收特性决定了有声小说的改编创作这一文学活动不是"阳春白雪"的,而应该是群众在劳动、工作之余比较容易接受的、简单浅显的。有声小说编辑是党和人民耳目喉舌的广播事业的重要一环,体制内身份也制约了其文学作品的选择角度。这些都成为作为"前理解者"的编辑在进行有声小说改编创作时书源选择的重要前提。

---

① 洪子诚.中国当代文学史:修订版[M].北京:北京大学出版社,2007:5.

## 第一节 1949—1976 年中国有声小说的编播及发展

1949—1976 年,中国社会发生急剧变革。社会政治的变革,并不一定导致文学内在形态的重大变化,但是在一个文学与社会政治的关系密不可分,而文学的工具性地位又支配着文学界的环境下,有声小说的编播及发展自然要向高昂的革命热情致敬。

### 一、1949—1976 年中国有声小说的主要书源——"十七年"小说

新中国成立后十七年(1949—1965 年)是我国建设历程中的重要时期,是我国经济、政治、文化等领域向社会主义过渡转型的时期。作为思想上层建筑构成之一的文学,其社会主义性质的新形态被建立,中国化的文学理论体系被构建,新的文学生产机制生成,新的文学格局确立。这一时期的小说创作,在题材的选择上主要为"革命历史题材"和"农村现实题材"两种。在革命历史题材的作品中,个人的情感被清除于战争生活之外。农村现实题材作品当中的人物则往往"成为淹没在众生中的平面化、脸谱化、公式化、概念化的人物形象"①。但不能否认的是,"十七年"作家的创作态度是真诚的,很多作品都是作家深入生活的真实感受和体验,充盈着真情实感和动人的力量,在当时也感动、鼓舞和教育着大批读者。

这一时期的有声小说主要以评书的方式通过广播电台进行传播。评书用声音传播这一通俗的方式,影响民众价值观念、信仰系统和革命知识体系的构建,宣传社会主义核心价值,在社会转型期民众对于社会主义文化的想象和共产主义幸福范式的合理诉求中承担着重要作用。小说以评书的方式达成音声化,成为革命意识形态的普及途径,形成构建民族共同体所需的经

---

① 王春荣,等.中国新时期文学三十年:1978-2018[M].北京:文化艺术出版社,2012:68.

典化传播机制。

表 1-1　1949—1976 年被多次改编制作播出的有声小说作品①

| 序号 | 作品 | 集数 | 制作播出的大众媒介 | 有声小说形式 |
| --- | --- | --- | --- | --- |
| 1 | 《新儿女英雄传》 | 55 | 天津人民广播电台<br>中央人民广播电台 | 评书 |
| 2 | 《吕梁英雄传》 | 50 | 中央人民广播电台<br>天津人民广播电台<br>吉林人民广播电台<br>上海人民广播电台 | 评书 |
| 3 | 《水浒》 | 100 | 鞍山人民广播电台<br>吉林人民广播电台 | 评书 |
| 4 | 《三国》 | 100 | 鞍山人民广播电台<br>吉林人民广播电台 | 评书 |
| 5 | 《聊斋》 | 100 | 鞍山人民广播电台<br>中央人民广播电台 | 评书 |
| 6 | 《隋唐演义》 | 45 | 鞍山人民广播电台 | 评书 |
| 7 | 《青春之歌》 | 45 | 天津人民广播电台<br>鞍山人民广播电台 | 评书 |
| 8 | 《林海雪原》 | 75 | 鞍山人民广播电台<br>上海人民广播电台 | 评书 |
| 9 | 《野火春风斗古城》 | 105 | 鞍山人民广播电台<br>吉林人民广播电台<br>上海人民广播电台 | 评书 |
| 10 | 《敌后武工队》 | 70 | 鞍山人民广播电台 | 评书 |
| 11 | 《平原枪声》 | 120 | 鞍山人民广播电台<br>吉林人民广播电台<br>上海人民广播电台 | 评书 |
| 12 | 《钢铁是怎样炼成的》 | 40 | 吉林人民广播电台<br>中央人民广播电台<br>上海人民广播电台 | 评书 |

① 王大方,叶子."上帝"青睐的节目:《小说连播》业务专著[M].北京:中国文联出版公司,1995:393-410.

续表

| 序号 | 作品 | 集数 | 制作播出的大众媒介 | 有声小说形式 |
| --- | --- | --- | --- | --- |
| 13 | 《保卫延安》 | 40 | 吉林人民广播电台<br>上海人民广播电台 | 评书 |
| 14 | 《烈火金刚》 | 85 | 鞍山人民广播电台<br>吉林人民广播电台<br>中央人民广播电台<br>上海人民广播电台 | 评书 |
| 15 | 《红旗谱》 | 40 | 中央人民广播电台<br>天津人民广播电台<br>鞍山人民广播电台<br>上海人民广播电台 | 评书 |
| 16 | 《播火记》 | 70 | 鞍山人民广播电台<br>吉林人民广播电台 | 评书 |
| 17 | 《红岩》 | 60 | 天津人民广播电台<br>湖北人民广播电台 | 评书 |
| 18 | 《红岩》 | 55 | 鞍山人民广播电台<br>吉林人民广播电台 | 评书 |
| 19 | 《暴风骤雨》 | 70 | 天津人民广播电台<br>上海人民广播电台<br>鞍山人民广播电台<br>中央人民广播电台 | 评书 |
| 20 | 《地道战》 | 30 | 鞍山人民广播电台 | 评书 |
| 21 | 《欧阳海之歌》 | 90 | 天津人民广播电台<br>中央人民广播电台<br>鞍山人民广播电台<br>吉林人民广播电台<br>山东人民广播电台 | 评书 |
| 22 | 《武松传》 | 78 | 吉林人民广播电台 | 评书 |
| 23 | 《创业史》 | 75 | 上海人民广播电台<br>中央人民广播电台<br>鞍山人民广播电台<br>天津人民广播电台 | 评书 |
| 24 | 《王若飞在狱中》 | 20 | 天津人民广播电台<br>中央人民广播电台 | 评书 |
| 25 | 《红日》 | 40 | 中央人民广播电台<br>吉林人民广播电台 | 评书 |

注：1966—1976年，全国电台几乎都停播。

以上25部有声小说在1949—1976年被国家级和各省级广播电台多次播出,并广受欢迎。在这些有声小说中,除了《水浒》《三国》《聊斋》《隋唐演义》《武松传》等来源于传统评书,《钢铁是怎样炼成的》是苏联小说之外,其他书源都来自"十七年"作家作品。这些被多次再创作并在不同的广播平台传播的有声小说的共性是:书源小说都能体现"对生活现象的正面评价"①,且符合时代要求。而这25部有声小说作品的表现方式都是评书。

以《红岩》为例,本书1961年出版,截至20世纪80年代共印行20多次,发行800多万册,"可以说是发行量最大的当代长篇小说"②。"小说出版后到'文革'发生前的几年间,《红岩》的人物故事,被移植、改编为歌剧、话剧、电影、京剧、地方戏曲、说书等艺术形式。"③在有声小说这一文艺领域,就先后有天津人民广播电台、湖北人民广播电台、鞍山人民广播电台和吉林人民广播电台分别将其改编为评书进行播出。这在播音时长有限、广播制作技术条件简陋、演播人才稀缺的1960年代是罕见的。与《红岩》相类似,《新儿女英雄传》《吕梁英雄传》《青春之歌》《林海雪原》《野火春风斗古城》《敌后武工队》《平原枪声》《保卫延安》《烈火金刚》《红旗谱》《播火记》《暴风骤雨》《地道战》《欧阳海之歌》等"优秀长篇小说被广播传媒'一网打尽',体现出经典作品的永恒的魅力"④。

## 二、1949—1976年中国有声小说的主要表现形式——评书

1949—1976年中国有声小说的表现形式多为评书,这和"十七年"当代文学的"工农兵文艺"诉求,以及"十七年"小说本身具备的小说叙事、形态等特点紧密相关。

---

① 洪子诚.中国当代文学史:修订版[M].北京:北京大学出版社,2007:99.
② 洪子诚.中国当代文学史:修订版[M].北京:北京大学出版社,2007:99.
③ 洪子诚.中国当代文学史:修订版[M].北京:北京大学出版社,2007:99.
④ 叶咏梅.中国长篇连播历史档案:上卷 作家作品卷[M].北京:中国广播电视出版社,2010:1.

**(一) 现代评书文学文本的生成前提**

1949—1965 年是新中国建设历程中的重要时期,是我国经济、政治、文化等领域向社会主义过渡转型的时期。"社会主义现实主义"成为文学主潮。

新中国成立之初,思想文化领域的状况纷繁复杂,各种思想观念相互博弈,各种社会矛盾相互碰撞,各种社会势力相互博弈,价值观多元而又混乱。此时党的重要任务是改造建设思想文化。为树立马克思主义思想的指导地位,改造旧文化思想,统一思想认识,党和国家在思想文化领域开展了多次批判运动。这些批判有效地树立起党在思想文化领域的领导权威,在客观上使文化完全服从、服务于社会主义建设大局。通过"一五"计划的推行,社会主义经济发展迅速,人民的物质生活水平大幅度提高,随之对精神生活有了更高的要求。千篇一律、公式化的文艺作品显然不能满足人们的精神需求。党和国家也洞察到了这一现象,在政治上、经济上为"双百方针"的出台提供了条件。"双百方针"无疑是符合社会主义文化发展规律的,也促进了社会主义文化的繁荣发展。遗憾的是,"双百方针"并没有得到持续贯彻,继之而来的文化要为阶级斗争中心服务,要"把阶级分析和阶级斗争的观点贯彻到一切文艺创作、文艺批评和社会科学研究中去,使文化更直接、更有效地服务于现实的阶级斗争和政治斗争"的思想日渐突出,"文化大跃进"是这一思想的诠释,而"以阶级斗争为纲"成为接下来一个时期的主题。

新中国成立之初的文化政策长期处于变化调整之中,它的制定以人民性为价值取向,这是革命历史题材和农村现实题材小说生成的典型政治文化语境。事实上,这也是对毛泽东《在延安文艺座谈会上的讲话》中指出的,我们的文艺是为最广大的人民大众的,应该站在无产阶级的立场上去研究和描写人民大众,用人民群众喜欢的语言、形式、内容创作,使人民群众乐于接受,文艺创作要与工农大众相结合,既要反映工农大众,又要为工农大众所接受和喜爱,这一精神的实践贯彻。而这两种题材的小说恰恰适合评书这一来自民间、最适合展现民间艺术的文体进行音声化演绎和传播。

与此同时,新中国成立之初轰轰烈烈的扫盲运动一方面需要以人民群众喜闻乐见的、通俗易懂又切实可行的方式来推行,另一方面扫盲使人民群众的文化水平快速提高,人民群众对精神生活的追求随之愈发强烈。饱含高昂的革命斗志和高涨的建设热情,能够被看懂,又符合工农大众审美要求的文艺作品,比如评书就正逢其时。

**(二)"十七年"小说的内容和形式与评书的艺术要求高度契合**

评书历来是人民大众的文化娱乐消费对象,而评书所依托的话本为了适合"说话"就必须内容丰富、情节跌宕、语言生动、通俗易懂,具备视听形象:情节要为愉悦听者而跌宕起伏,故事不能脱离现实,要反映时代特色,人物刻画紧贴市井中人和大众心理、性格丰富有层次、心理变化真实自然。市民大众需要适合他们的文化娱乐生活,纷繁多样的社会生活和草根大众的悲欢离合是话本源源不断的创作源泉,而和每个个体紧密相关的生存环境、谋生本领以及在绿林好汉惩恶扬善的行侠仗义中寄托理想、得到慰藉,也是底层群众的兴趣所在。总之,通俗大众、故事性强、情节复杂、语言丰富是评书说话的底本——话本的特色及艺术要求。这和"十七年"小说中占有很大比重的革命历史题材、农村现实题材小说所体现出的"民间"立场、口语化语言及蕴含着的饱满激情和强烈的故事性、曲折的人物命运、不断出现的矛盾冲突有很多相通之处。

无论是以"五四"为开端的新文艺,还是以马克思主义为指导的社会主义文艺,"文艺大众化"都是贯穿始终的线索。大众化是"十七年"起伏多变的党的文艺政策的主旋律之一。活跃在"十七年"文坛的作家可能在艺术理念上不尽相同,但是对于大众化的看法都高度一致,他们也不可避免地要注意到民间这一客观世界的存在,使自己的创作带有民间意味。而民间大众的叙事精神和文化审美向度和小说的文体指向是一致的。在现代文学阶段,小说的大众化伴随着小说的发展而发展。

"十七年"作家的叙事视点真切地聚焦于民间,创作实践直达工农兵民间大众的心理和情感,展现出的正是民间精神。他们笔下的人物真实质朴,格调自然朴素,情感昂扬而又充盈着生命的激情。

"十七年"小说的民间立场还表现在其情节结构的关系状态。现在看来,"十七年"小说中的很大一部分是以故事情节来叙事的,这是民间艺术的表现形式,是民间立场的体现。在"十七年"小说当中,明清小说的章回体和评书体被作家重新发现。一章一节、有头有尾、集中讲述一个故事的方式是民间叙事逻辑的恰切表达方式,当然它是对旧有的章回体和评书体的扬弃,是一种崭新的、现代的章回体和评书体。章回体和评书体被"十七年"小说广泛采用是作家基于当时社会的文化教育现状的民间立场的自觉选择。另外,在"十七年"小说中,颇具民间叙事特点的传奇叙事模式并不鲜见,这也是"十七年"小说情节结构民间取向的表征。民间叙事在某种程度上是对中国古代文学传统的继承,一波三折、柳暗花明的中国古代传奇叙事模式在客观上增强了小说的通俗性,也更吸引普通大众。

"十七年"小说的叙事语言和表达技巧也体现着其民间立场。民间叙事的代表作家赵树理认定"说唱文学是中国文学的正统。小说要能说,韵文要能唱"[1],也就是说小说的语言应该是浅显易懂的,是口语化的。与此同时,"十七年"特殊时期要求作家不断自我改造,自觉走向民间,主动获取工农兵大众的语言。因此,在"十七年"小说作品里,我们常常会有语言稚拙家常、俚俗晓畅的发现。

"十七年"小说的叙事技巧也有着强烈的民间特性。在"十七年"小说当中,伏笔、细节、悬念等民间叙事手法的熟练运用,补充、润饰、延展了小说,增强了小说的可读性。"十七年"小说语言技巧吸收了口语的精华,生动平

---

[1] 戴光中.赵树理传[M].北京:北京十月文艺出版社,1987:303-304.

易、洗练朴实,其言说个性俚俗中蕴含雅致,平淡中凸显神奇,这是小说叙事语言和表达技巧的民间立场,也使其"实现了艺术性与大众性的比较完美的结合"①。

总之,这一时期无论是政策的制定者还是作家本身,都倡导或者说自觉践行着"文艺大众化"的理念,很多"十七年"作家主动走向民间,在小说的叙事结构、风格、语言、节奏等创作技巧上融入了民间的元素。民间言说的朴质之风恰恰和中国传统口头讲说表演艺术形式评书的文本要求相契合。事实上,"十七年"小说中如《李家庄的变迁》《再生录》等本身就运用了评书体来叙述故事。可以说,"十七年"小说的"民间叙事"拓宽了文学艺术的形式空间,这也是"十七年"小说音声化多以评书为载体的重要原因。

在研读"十七年"革命历史题材小说时我们会发现,作品中充盈着高亢的革命战斗激情和一心为民族独立、人民解放而抛头颅、洒热血的强烈的时代精神。无论是以江姐为代表的"受难英雄",还是以杨子荣为代表的"传奇英雄",他们对事业的忠诚、对理想的坚守、对生命的热爱是超阶级的人性魅力,这魅力和他们的超凡经历一同唤起读者心中的革命战斗激情及对英雄的敬爱。"十七年"小说对英雄的书写和当时的社会心态、社会主体民众的受教育程度及他们对文学作品的接受需求相契合。

"十七年"革命历史题材小说的背景很多是20世纪四五十年代之交——黑暗与光明交替、中国现代历史即将转折。对革命更具纯洁性的追求是这种历史意识在文学叙事中的体现,英雄人物的思想、性格、言行、心理刻画"不再存在任何幽深曲折而彻底'透明化'"②,而革命者与敌人的关系被搁置在两个政治集团、两种人生道路和两种精神力量较量的格局中,他们往往面对面进行精神较量,在政治和人生观上间接甚或直接论辩。

在"十七年"革命历史题材小说中,不仅有强势革命话语的激情宣讲,还有对过往苦难经历的"诉苦"激情。无论是以民主革命为背景,还是以抗日

---

① 钱理群,温儒敏,吴福辉.中国现代文学三十年:修订本[M].北京:北京大学出版社,1998:486.
② 洪子诚.中国当代文学史:修订版[M].北京:北京大学出版社,2007:101.

战争为背景,抑或是以解放战争为背景,在"诉苦"中,黑与白、新与旧、悲惨与幸福的对比鲜明强烈,对苦难的不断回忆增强的是对新世界、新生活的强烈渴望。

"十七年"革命历史题材小说的激情在革命者人格塑造上有着最为强烈的体现。革命英雄身上的革命激情成为整个社会的精神源泉,英雄本人成为时代楷模。革命信仰使英雄投身于火热的斗争,追寻生命永恒的意义,这无疑可以带给读者强烈的感染力和冲击力。

在土匪窝里机智周旋的杨子荣堪比西方传奇英雄佐罗;身负重伤的史更新不仅能刀劈全副武装的一个特务和举拳击毙一个鬼子,还能再同三个鬼子拼杀,并将他们全部刺死;在敌人的身边来去自如,踪影飘忽、身怀绝技的侦察员肖飞则被誉为"神龙小飞侠"。在人物方面,中国古典小说中的"五虎将"模式被沿袭,"复仇"往往是革命传奇叙事的开端。文本里的传奇英雄和中国古典小说中的侠士是如此神似,和民众的审美要求是如此贴合。文本中传奇英雄的叙事因"民间侠义"而绘声绘色、精彩动人,激发出阅读者无限的战斗激情。

总之,高扬的革命战斗激情、火一样的革命热情和暴风骤雨般的斗争生活是"十七年"革命历史题材小说最为突出的内容。这气质也正符合中国传统评书惩恶扬善、崇拜英雄的精神设定。

## 第二节　1977—1989 年的中国有声小说及其热烈的社会反响

我国的文化园地在"文革"结束尤其是改革开放后迎来了复苏,有声小说也逐渐向艺术传播和艺术属性回归,迎来了前所未有的发展高潮。"每逢正午来临,几乎全国所有的广播电台都播放《小说连续广播》《评书连播》《广播剧和小说连播》节目,并以此形成一个传统,长年累月、经久不衰,呈现出万人空巷的景观。"①一大批有声小说作品"火"遍全国,吸引了亿万听众,掀起了旷日持久的"长书热"。

## 一、1977—1989年中国有声小说的书源选择

1979年10月30日至11月16日在北京召开的中国文学艺术工作者第四次全国代表大会将"解放思想,实事求是"确立为文艺发展的基本原则,并鼓励文艺工作者"积极发展各种文艺创作,在题材、形式、风格上多样化"②。

"变革"成为这一时期的主旋律。与这轮变革相适应,文学也渴望突破,建构更富现代性的艺术书写,表达更自由的、更富人性的、更有现代意识的思想观念。在相对自由的社会文化语境中,"一个以精神需求为核心,充满激情与理想,富于浪漫与先锋色彩的文学时代"③正在来临。仅20世纪80年代前期,"省级以上的文学刊物便超过200种","大型文学刊物,发行量都高达数十万份,拥有十分广泛的读者"。"发表和出版的文学作品,诗歌以数万首计",以小说为例,"六年间发表和出版的中篇小说近1500篇,长篇小说达500多部","中篇小说篇数远远超过'文化大革命'前十七年的总和"④。数量至少说明了文学创作的繁荣程度。在质量上,一些著名小说如《高山下的花环》《人到中年》《李自成》等行销数百万册,连年都有相当数目的作品在全国性的文学评奖中获奖。社会生活的深刻变革和思想领域的拨乱反正,都在文学中留下了印记。

20世纪80年代,重回"五四"的新启蒙思潮主要表现为对"人道主义"和"主体性"的利用,"人文精神"正在被重建。"整个新时期文学都围绕着'人的重新发现'这个轴心展开。新时期文学作品的感人之处就在于它是以

---

① 张凤铸,关玲.中国当代广播电视文艺学:第二版[M].北京:中国传媒大学出版社,2016:14.
② 周扬.继往开来,繁荣社会主义新时期的文艺:一九七九年十一月一日在中国文学艺术工作者第四次代表大会上的报告[N].人民日报,1979-11-1.
③ 房福贤.新时期文学生成的时代文化语境[J].山东师范大学学报,2006(5):71-75.
④ 中国社会科学院文学研究所当代文学研究室.新时期文学六年 1976.10—1982.9[M].北京:中国社会科学出版社,1985:2.

空前的热忱,呼唤着人性、人情和人道主义,呼唤着人的尊严和价值。"①

与这一时期文学发展尤其是小说的欣欣向荣相适应,有声小说的发展迎来了空前的繁荣。一方面,小说创作的繁荣发展为有声小说的改编创作提供了丰富的书源;另一方面,人性、人道主义的文学思潮的复归成为有声小说改编创作的思想依据。从1978年到1990年,全国主要广播电台生产的有声小说作品就有451部之多②,内容涉及长篇历史小说、中外文学名著、革命回忆录、传统评书以及"复出"作家、"知青"作家和"年轻"作家作品等。有声小说的数量和质量都有了空前的提升。

表1-2　1977—1989年最受欢迎的有声小说作品③

| 序号 | 作品 | 集数 | 制作播出大众媒介 | 有声小说形式 |
| --- | --- | --- | --- | --- |
| 1 | 《李自成》(第二卷) | 214 | 中央人民广播电台<br>吉林人民广播电台 | 评书 |
| 2 | 《李自成》(第二卷) | 70 | 鞍山人民广播电台<br>黑龙江人民广播电台 | 评书 |
| 3 | 《雷锋的故事》 | 12 | 中央人民广播电台 | 小说连播 |
| 4 | 《阿力玛斯之歌》 | 44 | 中央人民广播电台 | 小说连播 |
| 5 | 《东方》 | 100 | 中央人民广播电台 | 小说连播 |
| 6 | 《追赶队伍的女兵》 | 12 | 中央人民广播电台 | 小说连播 |
| 7 | 《第二次握手》 | 34 | 黑龙江人民广播电台<br>广东人民广播电台<br>吉林人民广播电台<br>天津人民广播电台 | 小说连播 |
| 8 | 《在彭总身边》 | 16 | 黑龙江人民广播电台<br>天津人民广播电台<br>北京人民广播电台 | 小说连播 |

① 刘在复.新时期文学主潮[N].文汇报,1986-09-08.
② 王大方,叶子."上帝"青睐的节目:《小说连播》业务专著[M].北京:中国文联出版公司,1995:393-410.
③ 王大方,叶子."上帝"青睐的节目:《小说连播》业务专著[M].北京:中国文联出版公司,1995:393-410.

续表

| 序号 | 作品 | 集数 | 制作播出大众媒介 | 有声小说形式 |
|---|---|---|---|---|
| 9 | 《较量》 | 46 | 黑龙江人民广播电台<br>天津人民广播电台 | 小说连播 |
| 10 | 《千重浪》 | 34 | 吉林市人民广播电台 | 评书 |
| 11 | 《千重浪》 | 62 | 黑龙江人民广播电台<br>湖北人民广播电台 | 评书 |
| 12 | 《大刀记》 | 97 | 吉林市人民广播电台 | 评书 |
| 13 | 《大刀记》 | 108 | 黑龙江人民广播电台<br>山东人民广播电台 | 评书 |
| 14 | 《一千零一夜》 | 36 | 黑龙江人民广播电台 | 小说连播 |
| 15 | 《征途》 | 74 | 黑龙江人民广播电台<br>天津人民广播电台 | 小说连播 |
| 16 | 《骆驼祥子》 | 23 | 北京人民广播电台 | 小说连播 |
| 17 | 《义和拳》 | 53 | 北京人民广播电台<br>吉林人民广播电台 | 评书 |
| 18 | 《家》 | 41 | 广东人民广播电台<br>北京人民广播电台 | 小说连播 |
| 19 | 《太阳照在桑干河上》 | 31 | 北京人民广播电台 | 小说连播 |
| 20 | 《哥德巴赫猜想》 | 20 | 湖北人民广播电台 | 小说连播 |
| 21 | 《吉鸿昌》 | 100 | 河南人民广播电台<br>北京人民广播电台 | 评书 |
| 22 | 《斯巴达克斯》 |  | 河南人民广播电台 | 小说连播 |
| 23 | 《虾球传》 | 39 | 广东人民广播电台 | 小说连播 |
| 24 | 《乔厂长上任记》 |  | 天津人民广播电台 | 小说连播 |
| 25 | 《天云山传奇》 | 9 | 北京人民广播台 | 小说连播 |
| 26 | 《星星草》 | 52 | 北京人民广播台 | 小说连播 |
| 27 | 《四世同堂》 | 50 | 北京人民广播电台<br>天津人民广播电台 | 小说连播 |
| 28 | 《蹉跎岁月》 | 47 | 北京人民广播电台 | 小说连播 |
| 29 | 《海伦·凯勒》 | 6 | 北京人民广播电台<br>中央人民广播电台 | 小说连播 |

续表

| 序号 | 作品 | 集数 | 制作播出大众媒介 | 有声小说形式 |
| --- | --- | --- | --- | --- |
| 30 | 《中国姑娘》 | 7 | 湖北人民广播电台<br>北京人民广播电台<br>黑龙江人民广播电台 | 小说连播 |
| 31 | 《人生》 | 24 | 北京人民广播电台 | 小说连播 |
| 32 | 《高山下的花环》 | 13 | 天津人民广播电台<br>辽宁人民广播电台<br>湖北人民广播电台<br>北京人民广播电台<br>中央人民广播电台<br>山东人民广播电台<br>广东人民广播电台 | 小说连播 |
| 33 | 《北国草》 | 48 | 北京人民广播电台 | 小说连播 |
| 34 | 《彩虹坪》 | 100 | 北京人民广播电台<br>黑龙江人民广播电台 | 小说连播 |
| 35 | 《沉重的翅膀》 | 37 | 北京人民广播电台<br>辽宁人民广播电台 | 小说连播 |
| 36 | 《故土》 | 38 | 北京人民广播电台<br>广东人民广播电台<br>中央人民广播电台 | 小说连播 |
| 37 | 《今夜有暴风雪》 | 17 | 北京人民广播电台<br>黑龙江人民广播电台 | 小说连播 |
| 38 | 《雷场上的相思树》 | 13 | 北京人民广播电台 | 小说连播 |
| 39 | 《烟雨蒙蒙》 | 29 | 北京人民广播电台<br>黑龙江人民广播电台 | 小说连播 |
| 40 | 《风流才女——石评梅传》 | 38 | 北京人民广播电台<br>唐山人民广播电台<br>中央人民广播电台 | 小说连播 |
| 41 | 《皖南事变》 | 75 | 北京人民广播电台<br>黑龙江人民广播电台 | 小说连播 |
| 42 | 《地球的红飘带》 | 57 | 北京人民广播电台 | 小说连播 |
| 43 | 《商界》 | 42 | 北京人民广播电台<br>唐山人民广播电台 | 小说连播 |
| 44 | 《这里黎明静悄悄》 | 14 | 黑龙江人民广播电台<br>贵州人民广播电台 | 小说连播 |

续表

| 序号 | 作品 | 集数 | 制作播出大众媒介 | 有声小说形式 |
|---|---|---|---|---|
| 45 | 《你为谁辩护》 | 77 | 山西人民广播电台<br>北京人民广播电台<br>青海人民广播电台 | 小说连播 |
| 46 | 《荆棘鸟》 | 72 | 北京人民广播电台<br>新疆人民广播电台<br>济南人民广播电台 | 小说连播 |
| 47 | 《跋涉者》 | 24 | 黑龙江人民广播电台 | 小说连播 |
| 48 | 《啊,索伦河谷的枪声》 | 8 | 黑龙江人民广播电台<br>中央人民广播电台 | 小说连播 |
| 49 | 《把一切献给党》 | 21 | 天津人民广播电台<br>丹东人民广播电台<br>中央人民广播电台 | 小说连播 |
| 50 | 《郑成功》 | 52 | 黑龙江人民广播电台 | 小说连播 |
| 51 | 《当代青年三部曲》 | 34 | 黑龙江人民广播电台 | 小说连播 |
| 52 | 《红高粱》 | 10 | 黑龙江人民广播电台 | 小说连播 |
| 53 | 《两代风流》 | 24 | 黑龙江人民广播电台 | 小说连播 |
| 54 | 《古塔上的风铃》 | 51 | 黑龙江人民广播电台 | 小说连播 |
| 55 | 《生活变奏曲》 | | 天津人民广播电台 | 小说连播 |
| 56 | 《平凡的世界》(一、二、三) | 126 | 陕西人民广播电台<br>中央人民广播电台<br>天津人民广播电台 | 小说连播 |
| 57 | 《唐山大地震》 | 24 | 天津人民广播电台<br>中央人民广播电台<br>唐山人民广播电台<br>无锡人民广播电台 | 小说连播 |
| 58 | 《芳菲之歌》 | | 天津人民广播电台<br>广东人民广播电台 | 小说连播 |
| 59 | 《天使愤怒》 | | 天津人民广播电台 | 小说连播 |
| 60 | 《卓娅和舒拉的故事》 | | 天津人民广播电台<br>辽宁人民广播电台 | 小说连播 |
| 61 | 《福尔摩斯》 | | 天津人民广播电台 | 小说连播 |
| 62 | 《青年近卫军》 | 22 | 中央人民广播电台 | 小说连播 |

续表

| 序号 | 作品 | 集数 | 制作播出大众媒介 | 有声小说形式 |
|---|---|---|---|---|
| 63 | 《神鞭》 | 9 | 中央人民广播电台<br>广东人民广播电台 | 小说连播 |
| 64 | 《烟壶》 | 8 | 中央人民广播电台 | 小说连播 |
| 65 | 《寻找回来的世界》 | 42 | 中央人民广播电台<br>天津人民广播电台 | 小说连播 |
| 66 | 《许茂和他的女儿们》 | 35 | 中央人民广播电台<br>天津人民广播电台 | 小说连播 |
| 67 | 《黄河东流去》 | 37 | 中央人民广播电台 | 小说连播 |
| 68 | 《大地的儿子周恩来的故事》 | 14 | 中央人民广播电台 | 小说连播 |
| 69 | 《新星》 | 60 | 中央人民广播电台 | 小说连播 |
| 70 | 《将军吟》 | 61 | 中央人民广播电台 | 小说连播 |
| 71 | 《刑警队长》 | 31 | 鞍山人民广播电台<br>中央人民广播电台<br>广东人民广播电台 | 小说连播 |
| 72 | 《海妖的传说》 | 40 | 中央人民广播电台 | 小说连播 |
| 73 | 《上海的早晨》（一、二、三、四） | 120 | 中央人民广播电台 | 小说连播 |
| 74 | 《凯旋在子夜》 | 17 | 武汉人民广播电台<br>中央人民广播电台<br>辽宁人民广播电台 | 小说连播 |
| 75 | 《一百零三天》 | 15 | 中央人民广播电台 | 小说连播 |
| 76 | 《神秘岛》 | 45 | 中央人民广播电台 | 小说连播 |
| 77 | 《旋流》 | 30 | 中央人民广播电台<br>湖北人民广播电台 | 小说连播 |
| 78 | 《锅碗瓢盆交响曲》 | 11 | 中央人民广播电台 | 小说连播 |
| 79 | 《耿耿难眠》 | 10 | 中央人民广播电台 | 小说连播 |
| 80 | 《蒲柳人家》 | 8 | 中央人民广播电台 | 小说连播 |
| 81 | 《红楼梦》 | 82 | 广东人民广播电台<br>山西人民广播电台<br>吉林人民广播电台<br>湖北人民广播电台 | 小说连播 |

续表

| 序号 | 作品 | 集数 | 制作播出大众媒介 | 有声小说形式 |
|---|---|---|---|---|
| 82 | 《西游记》 | 88 | 吉林人民广播电台<br>武汉人民广播电台 | 小说连播 |
| 83 | 《音乐世家》 | 40 | 中央人民广播电台 | 小说连播 |
| 84 | 《复活》 | 57 | 中央人民广播电台 | 小说连播 |
| 85 | 《超越自我》 | 30 | 中央人民广播电台 | 小说连播 |
| 86 | 《猎神》 | 26 | 中央人民广播电台 | 小说连播 |
| 87 | 《穆斯林的葬礼》 | 74 | 中央人民广播电台 | 小说连播 |
| 88 | 《秋之惑》 | 24 | 中央人民广播电台 | 小说连播 |
| 89 | 《神州擂》 | 56 | 河南人民广播电台<br>郑州人民广播电台<br>吉林人民广播电台<br>吉林市人民广播电台 | 小说连播 |
| 90 | 《杨家将》 | 109 | 广东人民广播电台<br>鞍山人民广播电台<br>本溪人民广播电台 | 评书 |
| 91 | 《三打乌龙镇》 | 25 | 鞍山人民广播电台 | 评书 |
| 92 | 《破晓记》 | 37 | 鞍山人民广播电台 | 评书 |
| 93 | 《三国演义》 | 360 | 吉林人民广播电台<br>中央人民广播电台<br>鞍山人民广播电台 | 评书 |
| 94 | 《包龙图》 | 70 | 鞍山人民广播电台 | 评书 |
| 95 | 《少帅春秋》 | 39 | 吉林人民广播电台 | 评书 |
| 96 | 《百年风云》(上、中、下) | 126 | 鞍山人民广播电台 | 评书 |
| 97 | 《明英烈》 | 230 | 鞍山人民广播电台<br>唐山人民广播电台 | 评书 |
| 98 | 《赵匡胤演义》 | 100 | 鞍山人民广播电台<br>广东人民广播电台 | 评书 |
| 99 | 《伍子胥》 | 45 | 鞍山人民广播电台<br>唐山人民广播电台 | 评书 |
| 100 | 《白眉大侠》 | 320 | 鞍山人民广播电台 | 评书 |
| 101 | 《改革者》 | 13 | 吉林市人民广播电台<br>山东人民广播电台 | 小说连播 |

续表

| 序号 | 作品 | 集数 | 制作播出大众媒介 | 有声小说形式 |
|---|---|---|---|---|
| 102 | 《马贼的妻子》 | 21 | 吉林市人民广播电台 | 小说连播 |
| 103 | 《夜幕下的哈尔滨》 | 75 | 辽宁人民广播电台 | 小说连播 |
| 104 | 《红顶商人》 |  | 辽宁人民广播电台 | 小说连播 |
| 105 | 《我们的歌》 | 88 | 福建人民广播电台 | 小说连播 |
| 106 | 《五鼠闹东京》 | 45 | 鞍山人民广播电台 | 评书 |
| 107 | 《桃花湾的娘儿们》 | 36 | 湖北人民广播电台 | 小说连播 |
| 108 | 《刘秀传》 | 70 | 本溪人民广播电台 | 评书 |
| 109 | 《大船滨》 | 28 | 山东人民广播电台 | 小说连播 |
| 110 | 《沉重的迷雾》 | 23 | 陕西人民广播电台 | 小说连播 |
| 111 | 《苍凉青春》 | 23 | 陕西人民广播电台 | 小说连播 |
| 112 | 《浮躁》 | 43 | 河南人民广播电台 | 小说连播 |
| 113 | 《使命与情网》 | 40 | 郑州人民广播电台 | 小说连播 |
| 114 | 《康熙大帝》(一、二) | 90 | 郑州人民广播电台 | 小说连播 |
| 115 | 《徐悲鸿一生》 | 21 | 广东人民广播电台 | 小说连播 |
| 116 | 《济公传》 | 74 | 广东人民广播电台 | 小说连播 |
| 117 | 《去意彷徨》 | 11 | 广东人民广播电台<br>上海人民广播电台 | 小说连播 |

从对1977—1989年最受欢迎的有声小说作品的考察中,我们可以发现《李自成》(第二卷)比较特殊。首先,它投入的人力物力多,播出历时长。中央人民广播电台和吉林人民广播电台合作制作的版本有214集,鞍山人民广播电台和黑龙江人民广播电台联合录制的版本也有70集。其次,它受到了更广泛的重视,中央人民广播电台、吉林人民广播电台、鞍山人民广播电台、黑龙江人民广播电台都对其进行了改编创作。它的传播范围也比较广泛,除了中央人民广播电台外,全国大部分省台都做了播出。事实上,小说《李自成》(第二卷)也是"文革"后"最先令听众感到兴奋和产生兴趣的长篇历

史小说"①。《李自成》(第二卷)写李自成潼关之战失利后,来到商洛山中,受到官军、土豪、叛军围剿;李突围入豫,联合张献忠,破洛阳、攻开封,气势达到顶峰。对于这部小说的评价,文学界也有过争论,有一种批评意见是"小说的构思和描写过于'现代化'"②,"被讴歌的英雄要绝对的高大完美,被暴露的坏蛋要绝对的丑恶"③等。这是因为"文革"结束,但"文革"思想影响并未立即消弭,样板式的英雄仍然为百姓所喜爱、崇拜。另外,李自成的胜利是正义的胜利,迎合了民众对粉碎"四人帮"的喜悦。最后,小说跌宕起伏的情节、正义的气质、英雄的气概,和当时的时代氛围、百姓的审美期待相贴合。这些特点无论是思想内容层面还是情感理解层面都易于引发共鸣,符合有声小说面向大众的创作指向。文学评论家眼中的缺点,在某种程度上成为有声小说编辑眼中的优点。事实上,在有声小说发展的繁荣期,类似于《李自成》这样被文学批评界诟病但在有声小说改编创作领域备受青睐的作品还有很多,比如在评论家眼中创作手法陈旧落伍的《平凡的世界》被有声小说编辑主动改编推出等,这也体现出有声小说书源选择的自身规律要求。

在20世纪80年代,反叛"文革"模式,寻求社会主义现实主义思想和人道主义的启蒙精神的文学作品成为有声小说改编创作领域的关注点。《天云山传奇》《乔厂长上任记》《蹉跎岁月》《中国姑娘》《人生》《高山下的花环》《彩虹坪》《沉重的翅膀》《故土》《今夜有暴风雪》《雷场上的相思树》《商界》《这里黎明静悄悄》《你为谁辩护》《当代青年三部曲》《两代风流》《烟雨蒙蒙》《古塔上的风铃》《生活变奏曲》《唐山大地震》《神鞭》《烟壶》《寻找回来的世界》《许茂和他的女儿们》《新星》《凯旋在子夜》《旋流》《锅碗瓢盆交响曲》《耿耿难眠》《蒲柳人家》《秋之惑》《改革者》《夜幕下的哈尔滨》《我们

---

① 陆群.《小说连播》十二年:一个历史的描述[M]//王大方,叶子."上帝"青睐的节目:《小说连播》业务专著.北京:中国文联出版公司,1995:5.
② 洪子诚.中国当代文学史:修订版[M].北京:北京大学出版社,2007:109.
③ 刘再复.近十年的中国文学精神和文学道路[J].人民文学,1988(2):115-128.

的歌》《桃花湾的娘儿们》《大船滨》《沉重的迷雾》《苍凉青春》《红高粱》《浮躁》《使命与情网》《去意彷徨》等小说都进入有声小说编辑的视野。这些小说或揭发和反思"文革"伤痕,如《天云山传奇》《寻找回来的世界》《许茂和他的女儿们》;或聚焦"改革",如《乔厂长上任记》《沉重的翅膀》《人生》《新星》;或将"知青生活"作为小说叙述的主题,如《今夜有暴风雪》《蹉跎岁月》;或探寻深植民族文化传统中的"文学之根",如《神鞭》《烟壶》《蒲柳人家》;或受现代派文学的影响而不断进行小说叙事的创新,如《红高粱》。总之,这些小说紧跟时代风潮,紧扣小说创作的主题。选择这些小说作为有声小说创作改编的书源,体现出有声小说编辑对时代生活的感悟和对历史发展的思考。

在 20 世纪七八十年代受到有声小说编辑青睐的还有革命历史题材小说,比如《红岩》《青春之歌》《野火春风斗古城》《铁道游击队》《红旗谱》《山菊花》《保卫延安》等。文本中那些身处 20 世纪四五十年代之交,对革命具有纯洁性追求,明显具备道德优势,高大伟岸的"零缺点"的英雄们,对受众产生了强烈的情感冲击,也完成了当时语境下文学的宣传教育作用。这些革命历史题材小说在 20 世纪七八十年代以有声小说的形式被再次推出,并受到了百姓的欢迎。编辑再次选择"十七年"革命历史题材小说,一方面是表达"去文革"的坚定和欣喜;另一方面是在向名著致敬,满足群众在经历"文革"十年文化荒漠后对知识的渴求和对文化的崇敬。

## 二、1977—1989 年中国有声小说的"人的回归"及其思想价值取向

"人道主义"文学思潮是 20 世纪 80 年代的文学主潮。一方面,大量的有关"人的重新发现"的小说文本给有声小说编辑提供了众多选择;另一方面,"人的重新发现"的文学观也成为编辑改编创作有声小说作品的价值判断。在 20 世纪 80 年代受欢迎的有声小说作品主要有这样几种类别:以知识分子或者知青为中心的,如《天云山传奇》《蹉跎岁月》《人生》《故土》《今夜

有暴风雪》《北国草》《芳菲之歌》《寻找回来的世界》《音乐世家》《苍凉青春》;以军事战争为题材的,如《高山下的花环》《彩虹坪》《雷场上的相思树》《皖南事变》《地球的红飘带》《啊,索伦河谷的枪声》《红高粱》《凯旋在子夜》《破晓记》《马贼的妻子》《夜幕下的哈尔滨》;以改革或工业建设为背景的,如《沉重的翅膀》《商界》《上海的早晨》《跋涉者》《古塔上的风铃》《生活变奏曲》《新星》《锅碗瓢盆交响曲》《耿耿难眠》《改革者》《浮躁》等。另外,还有歌颂不屈奋斗精神的,如《平凡的世界》《超越自我》《唐山大地震》等;农村题材的,如《黄河东流去》《许茂和他的女儿们》《蒲柳人家》等;带有传奇色彩的,如《神鞭》《烟壶》等;言情类的,如《烟雨蒙蒙》等。这些小说是20世纪80年代"伤痕文学""反思文学""改革文学"等文学话语资源的直接反映,承载着"文革"过后,民众对正义、变革、知识的渴求,也是80年代文学的热点。虽然题材多样,人物、内容各异,但大多数的小说文本都有一个共性,即努力以人为描写的中心,"一切从人出发,一切都是为了人",人不再仅仅是反映现实的工具。命运坎坷的知识分子罗群,被"血统论"戕害的知识青年柯碧舟,战斗英雄曲折养成的赵蒙生,生未尽兴、爱未尽情、雷场相思的年轻大学生军人,扎根于现实主义土壤却又充满浪漫气质的李向南,敢于向传统挑战的牛宏,充满传奇色彩的浪漫主义市井英雄傻二,敢爱敢恨的陆依萍……一个个鲜活的"人"向读者走来,他们是当代文学人物谱系的经典形象,也是80年代有声小说编辑眼中的最佳角色。

"人的重新发现"同样也影响着有声小说编辑的书源选择标准。意识形态的教育宣传不再是唯一重要的目的,文学界的批评褒贬也不再说一不二,"发现"听众、重视听众,让听众在审美中得到情感和思想的升华,甚至在闲暇间得到娱乐等都成为选择书源的重要标准。

《平凡的世界》是1988年由中央人民广播电台改编创作为有声小说的,当年播出后"听众来信如潮,改变了无数青年的人生道路"[①]。四年之后,《平

---

① 叶咏梅.中国长篇连播历史档案:上卷 作家作品卷[M].北京:中国广播电视出版社,2010:19.

凡的世界》荣获茅盾文学奖。《平凡的世界》的第二和第三部都是在有声小说播出之后才出版发行的。对此,作家路遥记忆深刻:

> 小说前两部在电台播出的时候,我还带病闷在暗无日光的斗室中日夜兼程赶写第三部。在那些无比艰难的日子里,每天欢欣的一瞬间就是在桌面那台破烂收音机上听半小时自己的作品。对我来说,等于每天为自己注射一针强心剂。每当我稍有委顿,或者简直无法忍受体力和精神折磨的时候,那台破收音机便严厉地提醒和警告我,千百万听众正在等待着你如何做下面的文章呢!我不得不一次又一次面对那台收音机庄严地唤起自己的责任感,继续往前行走。①

可以想见,在路遥进行艰苦的小说创作时,以自己的小说为书源的有声小说作品给他带来了巨大的精神鼓励。有声小说作品同时也强化着小说的传播。"《平凡的世界》第一部问世时,它静静地躺在书店的书架上,也许因平凡而很少有人问津,可一经电台连续播出,叩动了千百万听众的心,竟使作品供不应求,又进行再版……"②和《平凡的世界》一样,还有一些小说佳作在获得茅盾文学奖之前便被有声小说编辑发现了价值所在,制作成有声小说,譬如《许茂和他的女儿们》、《李自成》(第二卷)、《将军吟》、《芙蓉镇》、《沉重的翅膀》、《黄河东流去》、《少年天子》、《都市风流》、《穆斯林的葬礼》等。有声小说作品《平凡的世界》的编辑用"真、情、美"三个字概括了她选择文本的依据,她敏锐地发现了小说文本的价值。这大概也是20世纪80年代知识分子的"人的回归"的时代和文学思考在有声小说编辑身上的自觉体现。

20世纪80年代"人的重新发现"还表现为有声小说编辑对听众的"发现",即对符合听众娱乐化审美需求的评书文本的再发掘。在有声小说的改

---

① 路遥.我与广播电视[J].中国广播电视学刊,1995(8):59.
② 叶咏梅.中国长篇连播历史档案:上卷 作家作品卷[M].北京:中国广播电视出版社,2010:27.

编创作中,听众是重要的客体。如果说作家不单单为了读者创作的话,有声小说编辑的创作则将听众是否喜欢放在几乎第一重要的位置上。因为想要实现传播的价值,首先要留住受众。20世纪80年代的听众涵盖了不同性别、年龄、职业、文化的社会群体。此外,有声小说的传播是"一次过"的艺术审美过程,因此有声小说文本必须语言通俗晓畅、故事性强、悬念迭起、人物动作性强、节奏明快紧凑,符合听众的听觉感官要求。这些特质恰是我国传统评书艺术所具备的。在"十七年"时期,评书这种中国传统口头讲说表演艺术是革命历史题材和农村现实题材小说有声传播的主要形式。在20世纪80年代,评书再次被编辑选中,主要满足群众的娱乐消遣需求。《岳飞传》《包公演义》《杨家将》《三打乌龙镇》《三国演义》《百年风云》《刘秀传》《漩流》《赤胆忠心》《秘密列车》《刑警队长》《鸳鸯坠》等传统和现代评书被重新制作播出,受到了群众的热烈欢迎。"尤其是在许多市级电台,评书的收听率要远远高于小说。"①

正如李泽厚先生所言,20世纪80年代是"一个苏醒的年代,理想、激情和希望的年代",它上承社会浩劫刚刚结束的70年代,下启即将迎来社会转型的90年代。封闭僵化的旧文学场和开放、自由、多元的新文学场必将在这一时期博弈。"极左文艺"路线的影响不会立即消失得无影无踪,而市场经济、消费主义、全球化、大众化等新生因素必然会对个人的思想造成强力冲击。新旧思想分别对有声小说编辑施加影响,也必然会在他们的有声小说改编创作中有所体现。一些编辑"政治先行"的思维惯性导致自身思想僵化,"习惯于过多地强调作品的所谓'积极意义',选书过于严谨稳健,对那些贴近现实、在思想艺术上有争议而读者争相传阅的作品不闻不问,所播作品通常都是些没有棱角的非现实题材的各类情节小说"②。与之相反,另有一

---

① 陆群.《小说连播》十二年:一个历史的描述[M]//王大方,叶子."上帝"青睐的节目:《小说连播》业务专著.北京:中国文联出版公司,1995:8.
② 陆群.《小说连播》十二年:一个历史的描述[M]//王大方,叶子."上帝"青睐的节目:《小说连播》业务专著.北京:中国文联出版公司,1995:8.

些编辑过度强调大众化,"对书目的选取又往往过多地把注意力集中在情节是否曲折上,对小说在思想、艺术上的成就并不特别在意"①。这也是在20世纪80年代后期,小说创作繁荣,而有声小说传播却并非如想象般热闹的原因之一。

与有声小说初创期作品多采用评书的形式不同,在有声小说繁荣期,更多作品是以小说连播的方式来呈现的。据统计,20世纪80年代最受听众欢迎的有声小说作品有83部,其中评书只有11部,且以古典小说为书源。这反映出80年代呼唤人性、人情和人道主义的文学思潮对有声小说创作的影响。从20世纪80年代小说作家的构成来看,作家主要由两部分人组成:一是在20世纪50年代因各种原因受挫,在80年代积极投身创作的"复出作家"。他们与现代"左翼"文学和"社会主义现实主义"话语之间,存在若即若离的复杂关系。二是"知青作家"。从"革命主力"到"接受再教育"的身份转变,从经济发达的城市到贫困落后的乡村的生活变迁,以及"文革"结束返城的处境都对他们的创作产生重大影响。②"复出作家"和"知青作家"的知识结构、创作视域不尽相同,但是他们的精神气质和精神意向都烙有历史时代尤其是"文革"的印记,呼唤人性、人情和人道主义既是历史赋予他们的共同职责,也是创作个体的自觉选择。这样的创作主旨也往往使他们的作品表现出"沉重和紧张"③等基调。"沉重与紧张,既指情感上的,也指结构形态上的。"④这样的作品气质更适合相对于评书来说表现形式单一、表演痕迹淡化、表达情绪沉稳、给听众留有更多想象和思考空间的小说连播来负载。

---

① 陆群.《小说连播》十二年:一个历史的描述[M]//王大方,叶子."上帝"青睐的节目:《小说连播》业务专著.北京:中国文联出版公司,1995:8.
② 洪子诚.中国当代文学史:修订版[M].北京:北京大学出版社,2007:193-194.
③ 洪子诚.中国当代文学史:修订版[M].北京:北京大学出版社,2007:213.
④ 洪子诚.中国当代文学史:修订版[M].北京:北京大学出版社,2007:213.

## 第三节　1990年以后的中国有声小说及其多元繁荣

### 一、1990年以后中国有声小说的书源选择

20世纪90年代最引人瞩目的社会变革是市场经济的兴起。市场经济在加速经济现代化的同时,也带来了众多的社会问题和道德困境。20世纪90年代中国思想文化呈多样化的发展态势,人们的思维方式、立场、观点等多元而又分散。正是这些新变化使90年代的文学呈现出以"个人体验与趣味为核心,世俗价值观为底色"[1]的新特质。这一时期电视迅速普及,娱乐形式日益多样化,人们对精神文化产品的质量要求更为苛刻,这都对有声小说的书源选择产生影响。有声小说的书源选择呈现出多元化和精英化倾向,在题材、内容、艺术性上越发追求精品化。一方面,有声小说改编创作的娱乐大众功能日益凸显,越发向其"市井间、俚语著书、叙述故事"的世俗本源靠近。另一方面,"故事性强且编辑自身又有所偏爱的作品"不再被当成"雅俗共赏的佳作推荐给听众",有声小说的书源选择日益以听众的心理期待和喜好为标准。

20世纪90年代,与市场经济全面发展、中国社会进入转型期相呼应,中国"社会结构重组、资本重新分配、新意识形态建立、文化地图改写"[2]等新现象风起云涌,文艺作品数量、质量需求迫切,而与之并不匹配的是,在70年代末复兴,在七八十年代备受群众欢迎的有声小说改编创作播出数量并没有再攀高峰。90年代群众喜欢的有声小说作品数量相较于70和80年代锐减。这与时代的发展变化、群众对文艺作品的兴趣和接收方式变化等相关,但从某一侧面也反映了有声小说编辑的书源选择更为理性和成熟,更注意

---

[1]　房福贤.新时期文学生成的时代文化语境[J].山东师范大学学报,2006(5):71-75.
[2]　洪子诚.中国当代文学史:修订版[M].北京:北京大学出版社,2007:327.

满足时代要求和听众诉求。

表 1-3　1990 年代最受欢迎的有声小说作品①

| 序号 | 作品 | 集数 | 制作播出大众媒介 | 有声小说形式 |
| --- | --- | --- | --- | --- |
| 1 | 《基度山恩仇记》 | 79 | 广东人民广播电台 | 小说连播 |
| 2 | 《大唐游侠传》(上、中、下) | 84 | 吉林市人民广播电台 | 评书 |
| 3 | 《沂蒙九章》 | 26 | 北京人民广播电台<br>天津人民广播电台<br>黑龙江人民广播电台<br>辽宁人民广播电台<br>大连人民广播电台 | 小说连播 |
| 4 | 《蓝城》 | 43 | 辽宁人民广播电台 | 小说连播 |
| 5 | 《一个陌生女人的来信》 | 7 | 湖北人民广播电台 | 小说连播 |
| 6 | 《醉红尘》 | 20 | 广东人民广播电台 | 小说连播 |
| 7 | 《高玉宝·续集》 | 53 | 本溪人民广播电台 | 评书 |
| 8 | 《无盐娘娘》 | 73 | 唐山人民广播电台 | 评书 |
| 9 | 《孔子传》 | 65 | 山东人民广播电台 | 小说连播 |
| 10 | "世界著名音乐家传记系列" | 60 | 福建人民广播电台 | 小说连播 |
| 11 | 《走下神坛的毛泽东》 | 37 | 福建人民广播电台 | 小说连播 |
| 12 | 《无极之路》 | 30 | 北京人民广播电台<br>安徽人民广播电台<br>黑龙江人民广播电台<br>福建人民广播电台<br>天津人民广播电台 | 小说连播 |
| 13 | 《转折》 | 36 | 福建人民广播电台 | 小说连播 |
| 14 | 《神阙辉煌》 | 14 | 陕西人民广播电台 | 小说连播 |
| 15 | 《老子传》 | 36 | 河南人民广播电台 | 小说连播 |
| 15 | 《康熙大帝》(三、四) | 110 | 郑州人民广播电台 | 小说连播 |

---

①　王大方,叶子."上帝"青睐的节目:《小说连播》业务专著[M].北京:中国文联出版公司,1995:393-410.

续表

| 序号 | 作品 | 集数 | 制作播出大众媒介 | 有声小说形式 |
|---|---|---|---|---|
| 16 | 《筑向太空的长城》 | 17 | 山西人民广播电台 | 小说连播 |
| 17 | 《饮马流花河》 | 68 | 宁夏人民广播电台 | |
| 18 | 《风流武媚娘》 | 19 | 武汉人民广播电台 | |
| 19 | 《西行漫记》 | 30 | 福建人民广播电台 | 小说连播 |
| 20 | 《走向天堂》 | 26 | 福建人民广播电台 | 小说连播 |
| 21 | 《天网》 | 33 | 北京人民广播电台<br>山西人民广播电台 | 小说连播 |
| 22 | 《飞向太空港》 | 14 | 天津人民广播电台<br>山西人民广播电台 | 小说连播 |
| 23 | 《重庆谈判》（上、下） | 54 | 重庆人民广播电台 | 小说连播 |
| 24 | 《大决堤》 | 10 | 湖南人民广播电台 | 小说连播 |
| 25 | 《曾国藩》 | 80 | 湖南人民广播电台 | 小说连播 |
| 26 | 《小丑叫人流泪》 | 24 | 海峡之声电台 | 小说连播 |
| 27 | 《孽债》 | 37 | 新疆人民广播电台 | 小说连播 |
| 28 | 《乱世枭雄》 | 300 | 鞍山人民广播电台 | 评书 |
| 29 | 《白蝴蝶》 | 20 | 鞍山人民广播电台 | 评书 |
| 30 | 《千古功臣张学良》 | 98 | 鞍山人民广播电台 | 评书 |
| 31 | 《赖宁的世界》 | 23 | 黑龙江人民广播电台 | 小说连播 |
| 32 | 《陪读夫人》 | 28 | 黑龙江人民广播电台 | 小说连播 |
| 33 | 《曼哈顿的中国女人》 | 31 | 黑龙江人民广播电台<br>吉林人民广播电台<br>沈阳人民广播电台 | 小说连播 |
| 34 | 《永远在初恋》 | 48 | 北京人民广播电台<br>天津人民广播电台 | 小说连播 |
| 35 | 《冰心传》 | 53 | 天津人民广播电台 | 小说连播 |
| 36 | 《魂系青山》 | 31 | 北京人民广播电台<br>天津人民广播电台 | 小说连播 |
| 37 | 《红墙内外》 | 28 | 天津人民广播电台 | 小说连播 |
| 38 | 《马三立别传》 | 30 | 天津人民广播电台 | 小说连播 |
| 39 | 《深圳的斯芬克斯之谜》 | 23 | 天津人民广播电台 | 小说连播 |
| 40 | 《一百个孩子的梦》 | 50 | 黑龙江人民广播电台 | 小说连播 |
| 41 | 《戏剧大师曹禺》 | 51 | 北京人民广播电台 | 小说连播 |

续表

| 序号 | 作品 | 集数 | 制作播出大众媒介 | 有声小说形式 |
| --- | --- | --- | --- | --- |
| 42 | 《天地人心》 | 14 | 北京人民广播电台<br>天津人民广播电台 | 小说连播 |
| 43 | 《昨夜长风》 | 22 | 北京人民广播电台 | 小说连播 |
| 44 | 《幻灭》 | 45 | 北京人民广播电台 | 小说连播 |
| 45 | 《李大钊》 | 78 | 北京人民广播电台 | 小说连播 |
| 46 | 《红色间谍》 | 40 | 北京人民广播电台 | 小说连播 |
| 47 | 《活泉》 | 38 | 北京人民广播电台 | 小说连播 |
| 48 | 《少年天子》 | 50 | 中央人民广播电台 | 小说连播 |
| 49 | 《他乡明月》 | 30 | 中国广播电视协会<br>小说连续广播研究会 | 小说连播 |
| 50 | 《中越边境大扫雷》 | 28 | 中国广播电视协会<br>小说连续广播研究会 | 小说连播 |
| 51 | 《北京人在纽约》 | 32 | 中央人民广播电台<br>广东人民广播电台<br>辽宁人民广播电台 | 小说连播 |
| 52 | 《毛泽东的故事》 | 42 | 中央人民广播电台 | 小说连播 |
| 53 | 《白鹿原》 | 42 | 中央人民广播电台 | 小说连播 |
| 54 | 《西部歌王——王洛宾大写真》 | 20 | 中央人民广播电台 | 小说连播 |
| 55 | 《我的父亲邓小平》 | 30 | 中央人民广播电台 | 小说连播 |
| 56 | 《黄传贵——黄家医圈八代传人》 | 30 | 中央人民广播电台<br>中国广播电视协会<br>《小说连续广播》研究委员会 | 小说连播 |

在1990年代最受欢迎的有声小说中,名人传记类和纪实文学类在数量上明显占优。

名人传记类有声小说有:书写高玉宝当童工的恨、当劳工的泪、参军的坚定和写作的艰苦的《高玉宝·续集》;将孔子的思想融汇于其行事与历史环境之中,考核详尽、论述明晰的《孔子传》;记述世界著名音乐家成长、情感、思想、创作的"世界著名音乐家传记系列";讲述毛泽东一些鲜为人知经历的《走下神坛的毛泽东》;用通俗而优美的语言讲述古代先哲老子曲折复杂一生的《老子传》；着力刻画康熙一朝重大历史事件，突出运筹帷幄、大智大勇的康熙帝的《康熙大帝》；记述曾国藩独特的人生观、处世哲学、文化素养和人格品位的长篇历史传记小说《曾国藩》；描述被周恩来总理誉为"千古功臣"的少帅张学良传奇一生的《千古功臣张学良》；描述张作霖和张学良父子传奇一生的《乱世枭雄》；讲述小英雄赖宁成长故事的长篇人物传记《赖宁的世界》；讲述中国著名特工谢和赓和演艺明星王莹凄美爱情故事的名人传记《永远在初恋》；详尽记述"世纪老人"冰心一生的《冰心传》；揭示马三立不为人知的生活的人物传记《马三立别传》；讲述中国现代话剧史上成就最高的剧作家曹禺人生经历的传记《戏剧大师曹禺》；讲述中国共产主义的先驱、伟大的马克思主义者、杰出的无产阶级革命家李大钊一生的名人传记《李大钊》；浩然的自传体小说《活泉》；用另一种视角解读领袖毛泽东的名人传记《毛泽东的故事》；在创作改编西部民歌上有突出贡献，被称为"人民艺术家"的王洛宾的传记《西部歌王——王洛宾大写真》；反映邓小平革命活动实践的传记文学《我的父亲邓小平》。

纪实文学类有声小说有：揭秘两弹历程的长篇报告文学《筑向太空的长城》；记录1936年以延安为中心的陕甘宁边区革命根据地情况并向世界真实报道中国共产党、中国工农红军和许多红军领袖、将领的《西行漫记》；反映农村改革开放现实生活，再现农民走上富裕道路，有着鲜明时代特点的长篇报告文学《走向天堂》；记述县委书记刘日面对权欲、毁誉等艰难抉择的长篇报告文学《无极之路》；记录在中国西昌卫星发射中心，"长征三号"运载火箭成功发射外国卫星的故事的《飞向太空港》；真实记录中国共产党和国民党政府为避免内战、争取和平而进行为期43天谈判的《重庆谈判》；纪实色彩浓重的，反映在美国伴读生活的小说《陪读夫人》；自传性的纪实小说《曼哈顿的中国女人》；讲述中共中央原监察委员会驻财政部监察组组长喻杰光辉业绩的长篇报告文学《魂系青山》；通过毛泽东身边人的亲身经历展示其日常生活的纪实文学《红墙内外》；由中共深圳市委宣传部写作组撰写的，采用经济理论与报告文学手法，记录深圳特区从提出设想、奠基创业到初步繁荣的长篇纪实报告文学《深圳斯芬克斯之谜》；讲述党的好干部张守敏高尚人格的报告文学《天地人心》；直击中越边境云南段大扫雷的长篇报告文学《中越边境大扫雷》；描写中医世家的传记文学《黄传贵——黄家医圈八代传人》。

名人传记类和纪实文学类有声小说在这一时期最受欢迎的有声小说中占55%。以通俗小说为书源的有声小说也是这一时期编辑乐于改编创作，并受到听众喜爱的。尤其像《北京人在纽约》《曼哈顿的中国女人》《陪读夫人》这样以海外华人为主体人物形象的和像《醉红尘》《昨夜长风》这样的言情财经类小说为书源的有声小说，更受到听众的喜爱。这与包括编辑个体在内的普通大众对西方以消费为主导的生活模式的向往和90年代"市场"无处不在的社会语境有密切关联。与此同时，像评书名家单田芳编演的《乱世枭雄》《千古功臣张学良》等评书依然有着忠实的收听人群。

20世纪90年代，市场调节机制和消费文化日益对文学产生深刻的影响。提倡"主旋律"是国家反复强调的文化战略措施，但在意识形态的贯彻推行中允许采用更加弹性的方式，并利用市场的作用来影响和规范文学的取向。作为体制内的大众传播媒体，广播一方面要宣传主流意识形态，另一方面也要努力适应、遵循市场规律，去推行被称为"大众文化"的通俗、流行文化。具体到有声小说来讲，它需要营造一个更为休闲和流行的文化空间。名人传记类和纪实文学类文本恰好满足这一要求。首先，名人传记类作品涉及的名人有这样几种类型：一是国家政权的缔造者和革命先烈，如毛泽东、邓小平、李大钊等；二是通过天赋和努力在某一领域成就卓著的人物，如曹禺、冰心、马三立、王洛宾等；三是品格高洁的时代楷模，如张守敏、赖宁等；四是影响中国思想文化架构和进程的文人学者，如孔子、老子等；五是历史上有争议但也有贡献的人物，如曾国藩、张作霖、张学良等。其次，名人的共性是符合中华文化价值判断和主流意识形态，且他们的人生经历普遍跌宕起伏，充满传奇色彩，极具故事性。因此，从思想内容和艺术性上名人传记都适合进行有声小说的改编创作。

纪实文学关注的都是社会历史进程中一般已经产生结论的重要事件。这样的文本是"主旋律"的，因此符合大众媒体的宣传规定。与此同时，这一类型的文本实质上也是20世纪90年代语境下大众文化的产物，在某种程度上它们颠覆和消解了对象原先具有的精英的、意识形态的性质，满足了大众窥秘、猎奇、感官刺激的"消费"，从而产生市场效应。大众传媒本身就是大众化的而非精英化的，名人传记类和纪实文学类有声小说的流行正是90年代文艺迎合市场的体现。

## 二、有声小说的成熟也体现在对音声艺术规律的坚守与创新

在20世纪90年代有声小说改编创作活动中，有一个现象值得关注，那就是王朔作品的缺失。王朔事实上在20世纪70年代末就开始小说创作，但是"他的作品产生某种挑战性的冲击，发生在1988年以后"①。文学界对于王朔的争议主要集中在其"精神、道德倾向上所做的选择"，认为他"放逐了承担，取消生命的批判意识"②。但在通俗、流行文化盛行的20世纪90年代，王朔以调侃的姿态迎合大众的爱好噱头的心理无疑是适合市场消费需求的。王朔在90年代是现象级的文学人物，洪子诚先生在《中国当代文学史：修订版》中把他作为90年代为数不多的作家之一专门拿出来讨论也可以证明。与王朔作品被大量改为影视作品不同，他的著作很少被改编创作为有声小说。而王朔"那种调侃、嬉笑怒骂为基调的吸收了当代北京某一区域流行的土语、俗话，并挪用、戏仿政治和精英文化的权威话语"③既是王朔小说的一大特色，又和口语最为接近。抛却小说文本的精神、道德向度不论，语言特色大概正是王朔的小说不被有声小说编辑作为书源选择的重要原因。文字"看"的接受方式和声音的话语表达形成了悖论：一是过于俚俗的语言适合看而不适合听，尤其不适合以听为媒的传播。人们"对口头文学

---

① 洪子诚.中国当代文学史：修订版[M].北京：北京大学出版社，2007：351.
② 洪子诚.中国当代文学史：修订版[M].北京：北京大学出版社，2007：351.
③ 洪子诚.中国当代文学史：修订版[M].北京：北京大学出版社，2007：351.

的知觉通常是集体性的"①,即便在形式上是一个人"个别"地接受,在其意识系统中也"包含着趋向集体性的某种审美心理动机"②。广播的大众传媒性质强化了这一集体审美过程,因此过于俚俗的语言也许适合以隐秘的心理过程进行书面的知觉,而不适于以有声语言的方式在大庭广众之下被披露进行传播。二是以调侃、嬉笑怒骂为基调并吸收了地区土语、俗话的语言限制了有声语言的二度创作。在书面系统中,语言所具有的微妙的表达力与独特的张力能够得到尽情释放,但是在有声语言系统中,太俚俗具体的语言反而使音声创作者的想象力受限,制约了他们的创作。三是过于个性化的语言限制了听众对于声音的想象。相对于书面小说,有声小说留给受众更小的想象空间,过于个性化的语言使听众不自觉地将想象局限于某个框架中,将声音对号入座,而部分地失去了想象的快乐。这大概是20世纪90年代王朔的小说以及和王朔作品类似的著作不被有声小说编辑选作书源的一个原因。这也体现出有声小说编辑对于书源选择的冷静和专业,他们对于书面小说和有声小说转换的艺术及技术把控更为成熟。

除了对于书源的选择更为理性之外,有声小说的演播形式日益多样化。如演播者由单播为主,演变为男女对播、三人联播及多人联播,评书和小说连播的播讲方式相互借鉴,音乐和音响被更多地运用到有声小说的制作当中等。

在1990年代最受欢迎的有声小说当中,采取男女对播的有《蓝城》《孽债》《陪读夫人》《曼哈顿的中国女人》《永远在初恋》《李大钊》《他乡明月》《西部歌王——王洛宾大写真》《我的父亲邓小平》《黄传贵——黄家医圈八代传人》。《北京人在纽约》采用的是多人联播的方式。值得注意的是《李大钊》《西部歌王——王洛宾大写真》《我的父亲邓小平》《黄传贵——黄家医院八代传人》等都是人物传记题材,这在有声小说发展成熟之前是不多见

---

① 卡冈.艺术形态学[M].凌继尧,金亚娜,译.上海:学林出版社,2008:347.
② 卡冈.艺术形态学[M].凌继尧,金亚娜,译.上海:学林出版社,2008:347.

的。相对于一人单播,男女对播或多人联播在一定程度上增加了有声小说制作的环节,加大了制作难度,但在逻辑链条的清晰、人物形象的多元贴切、情感表达的丰富生动等层面,使有声小说尤其是内容更为真实的人物传记类作品的艺术感染力得到提升,也使得这类有声小说作品更具可听性。在这一时期,评书和小说连播的播讲技巧相互借鉴成为演播中的亮点。糅合了评书和小说连播优点的播讲,使一些特定体裁的有声小说作品产生了更为和谐的艺术效果。比如曹灿演播的《饮马流花河》《少年天子》和关永超演播的《重庆谈判》,既有评书说、演、评、噱的逼真、传神和幽默,又有小说连播的严谨和细腻,使文化程度不高的听众听起来没有距离感,也满足了高层次听众的欣赏要求,做到了雅俗共赏。①

在有声小说成熟期,音乐和音响被更加广泛地运用到了有声小说的创作当中,且音乐和音响的使用也更为贴合小说整体的艺术氛围。比如"世界著名音乐家传记系列",为每位音乐家配以本人的代表作品,文学与音乐相配合,更增加了有声小说作品的感染力和美感。《红色间谍》中不时响起的深沉跌宕的交响乐,进一步渲染了小说的传奇和悲壮。在《西部歌王——王洛宾大写真》中,王洛宾先生最为人称道的作品《在那遥远的地方》和《达坂城的姑娘》被分别作为每讲的开篇音乐和尾声音乐。王洛宾先生本人的清唱、女声清唱、名人演唱王洛宾的著名歌曲、用数字合成器演奏他的名曲旋律等音乐形式被融入整部有声小说当中,音乐和小说精神内涵水乳交融,烘托渲染了王洛宾的传奇人生。《赖宁的世界》除配乐之外,还将自然界的声音、人类社会的声音嵌入进来,使小英雄的世界可触可感。《马三立别传》中时不时响起的三弦声,使马三立先生的幽默形象跃然而出。

---

① 曹灿.留在声音世界里的历史故事[M]//叶咏梅.中国长篇连播历史档案:中卷 演播风格卷.北京:中国广播电视出版社,2010:169-173.

# 第二章
# "声领其境":有声小说的音声化改编与再创作

　　当代中国有声小说是依托书面小说而产生的,但在小说发展的历程中,口头说讲具有重要作用。口头说讲的本质是通过"说话"来传播小说,承载小说信息的符号是物质的声音。这一传播是人际传播活动,遵循传播规律,反过来对小说创作产生影响。有声语言和书面语言在接受上有着不同的特点,书面语言是用来看的,读者可以从容推敲、仔细琢磨;有声语言是用来听的,声音稍纵即逝,听众基本没有停下来思考的空间,这在客观上促进了有声小说受众的联想和想象,也使改编创作在一开始就以"有声"为规约。与此同时,当代有声小说的改编创作不仅是艺术范式的转变,也是小说传播介质的改变,即由印刷媒介变为电子媒介——广播,它的改编创作要符合广播传播的规律要求。当代有声小说的改编创作有一个非常重要的因素——演播者。演播者既是有声小说艺术呈现的主体,又是有声小说改编创作的客体。有声小说的价值与审美都要由演播者的音声来最终体现,而其演播身份的确立以及具体的演播方式都有编辑的介入,其创作反映了编辑的思想意图。

## 第一节　小说的"有声"之源

《汉书·艺文志》载言:"小说者,街谈巷语之说也。"鲁迅先生也说:"小说家者流,盖出于稗官,街谈巷语,道听途说者所造也。"①讲故事、说笑话,为世代人民所喜闻乐见,百姓劳作之余说讲故事的消遣娱乐孕育了小说的雏形。

### 一、魏晋南北朝至唐代小说在民间口传中汲取营养

我国小说的发展是到魏晋南北朝时才有了一定的规模,志怪小说是南北朝的主流,成就最高的是干宝的《搜神记》。在《搜神记·序》中,干宝自言:"记殊俗之表,缀片言于残阙,访行事于故老。"反映出《搜神记》所载小说的民间口传属性。其中《宋定伯捉鬼》《成公智琼》《谈生》《倪彦思家魅》《紫玉》等作品意思通俗、语言直白、对话多,这都是源于口述的明显特征。尤其对话的使用,个性化语气特征明显,声音如在耳畔。

在南北朝盛行的记录人物轶文琐事的小说中,集大成的当属刘义庆的《世说新语》。在语言艺术方面,《世说新语》达到了很高的成就,言约义丰、隽永传神,尤其口语的提炼运用,使它更具备了生命的活力,彰显了它和口头说讲的亲密关联。

小说在唐代迎来了重要的发展时期。鲁迅先生说"唐人始有意为小说"。唐人小说"大率篇幅曼长,记叙委曲,时亦近于俳谐,故论者没訾其卑下,贬之曰'传奇',以别于韩柳辈之高文"②。可见,作为小说的唐传奇不为学士大夫所重视,不登大雅之堂,是流行于民间的、通俗的、为大众所喜爱的

---

① 鲁迅.鲁迅全集:第9卷[M].北京:人民文学出版社,1981:6.
② 鲁迅.鲁迅全集:第9卷[M].北京:人民文学出版社,1981:70.

东西。这样带有"俗"的特质的文学,往往也带有口传的特质,正如郑振铎先生所说,俗文学的第三个特质是口传:"她从这个人的口里,传到那个人的口里,她不曾被写了下来。所以,她是流动性的;随时可以被修正,被改样。"①

有学者将唐传奇的题材划分为四种:讽刺、爱情、历史、侠义②,这些题材在日本学者小南一郎眼中是"士大夫阶层的人或于公务之暇,或在旅途之中,时间充裕之际举行的叙谈"③。"叙谈"在某种程度上指向了其口传来源。很大一部分作品除娱乐性的价值取向外,其对口语词的大量记录,也显示了唐传奇与民间口传和音声的紧密关联。

在唐代,同佛教紧密相关的经变和变文,是俗讲的文字载体。口头文学变为书面文学,受众从现场走向了案头,变文一定会被打上音声的烙印。变文语言形式的明白晓畅、生动顿挫是好的白话小说的语言要求,这也体现出有声语言对文字的影响和协助。

## 二、话本对宋代以降小说发展的深刻影响

都市文化娱乐场所瓦市于宋代兴起。依托瓦市,各种瓦市伎艺兴盛,其中,说话伎艺是最受欢迎的。伴随着说话伎艺的发展,话本产生了。"话本原是'说话'艺人的底本,是随着民间'说话'伎艺发展起来的一种文学形式。"④在宋代,"以俚语著书,叙述故事"⑤始成"说话"的文本自觉。

胡士莹先生在《话本小说概论》中说:"城市的进一步繁荣使市民阶层空前壮大,形成了一股社会力量,也就使文学艺术(主要是市民的文学和伎艺)得到很大的发展。"这些都表明书面形态的话本与以市民阶层为主体的民间艺术形式说话艺术关系密切。在话本的形成过程中,说话主体即市井说话

---

① 郑振铎.中国俗文学史:上[M].长沙:岳麓书社,2011:3.
② 刘大杰.中国文学发展史:中卷[M].上海:复旦大学出版社,2006:16-25.
③ 小南一郎.唐代传奇小说论[M].童岭,译.北京:北京大学出版社,2015.
④ 游国恩,王起,萧涤非,等.中国文学史:修订本 三[M].北京:人民文学出版社,1993:172.
⑤ 鲁迅.鲁迅全集:第9卷[M].北京:人民文学出版社,1981:110.

者起着非常重要的作用。说话人对口头伎艺有着严格的要求:"讲论处不滞搭,不絮烦;敷演处有规模,有收拾。冷淡处提掇得有家数,热闹处敷演得越久长。"①优秀的说话人是音声与文字之间的桥梁纽带,他们深谙正统文化,熟知市民大众的喜怒哀乐、兴趣爱好。同时,他们反应机敏,有着出色的语言表达能力。他们依托话本但并不拘泥于文本,有自己的二度创作,不断丰富和完善着文本,在客观上助推了话本小说的发展。在某种程度上,也可以看作是音声助推了话本小说的发展。

元代,在北宋已获得长足发展的与人民群众联系紧密的话本小说、说唱等文艺形式,在北方人民的反抗斗争中也汲取了社会内容和群众基础的养分,群众性、人民性达到了一个新的高度。在元代,以历史故事为主要内容的话本小说和长篇说书,尤其是有民族意识和反暴政内容的"讲史"发展起来,拥刘反曹的《三国志平话》特别流行。鲁迅先生说《三国志平话》"惟文笔则远不逮,词不达意,粗具梗概而已,……观其简率之处,颇足疑为说话人所用之话本,由此推演,大加波澜,即可以愉悦听者"②。从这个角度来看,日后成为中国文学史中的经典作品的《三国演义》《水浒传》等,也深受有声语言的影响,它们的一些起伏跌宕的情节有时候是源自说话人为"愉悦听者"而"大加波澜"的口头演绎。

明代,起源于宋元时的拟话本获得了极大的发展。优秀的拟话本,如冯梦龙、凌濛初编纂润饰和再创作的世称"三言二拍"中的很多作品,故事情节并不脱离现实,人物性格丰富有层次、心理变化真实自然、语言通俗生动,反映时代特色,这均源自作者对口头讲唱文学的借鉴。口头讲唱文学直面听众的批评、鉴定,因而思想批判更直接尖锐,艺术上更为朴素清新,给书面创作带来了启迪和创新。

清代的一些民间说书作品关注社会、关注生活,详实地记录了"风俗礼俗、商业、交通、物产、人口、宗教、帮会、行会、服务娱乐各方面的情况",记录

---

① 金盈之,罗烨.新编醉翁谈录[M].沈阳:辽宁教育出版社,1998:甲集卷一4.
② 鲁迅.鲁迅全集:第9卷[M].北京:人民文学出版社,1981:128.

了"三教九流走江湖的谋生本领"①。清代绝大多数的说书艺人来自社会底层,纷繁多样的社会生活和草根大众的悲欢离合是他们取之不尽的创作源泉,而和每个个体紧密相关的生存环境、谋生本领也是底层群众的兴趣所在。说书艺人的这种审美和价值判断对评话作者有着深刻的影响。内容上来源于自身亲历,而文字语言有口头语言生动形象、跌宕起伏的依托,大概是文学家所看重的。这也正是口述小说转变为书面小说的优势和特色。

从清代开始,话本衰歇,"说书和长短篇小说彼此独立发展,但又相互影响"②。作为"看读"的文本,小说比"听看"兼顾的话本更加丰富和细致,加之民众的文化和受教育程度越来越高,话本被小说替代就成为必然。与此同时,小说并不具备视听形象,所以它替代不了说话。"小说一出,即为说书人改编成说书节目;或者是说书人一有新书,即为文人改编为小说;或者是文人记录说书材料改编为小说,又反过来影响说书。"③总之,话本淡出了中国文学发展的舞台,而小说与说书开始既彼此独立又相互影响。

民国的"说话"和通俗小说文本的结合更为紧密,一方面,一些流行的、有影响力的小说文本如《啼笑因缘》被改编成为说话文本,因为有了小说的成功铺垫在先,这样的"说话"广受欢迎。另一方面,经说书先生再度加工润色创作的书场文本,伴随着一场场演出而不断以有声语言表演的方式重新生成,以个性化、多样化的艺术创作通过书场传播。

从历史的角度来考察,中国小说和民间口传(也可以理解为有声语言的讲说)有着紧密的联系,小说在口说中累积经验、获取资源。随着小说这一艺术形式的逐渐成熟,书面文学又成为有声小说的创作源泉。宋代以降,我国的"说话"艺术得到了长足发展,内容、形式、传播方式等随着时代的前进在不断进步。但其核心——文字符号转换为声音符号的再创造过程没有改变,音声文本呈现出的陪伴的、生动的、通俗的、简易的、想象的等既是特质

---

① 董国炎.清代评话类小说与口述史[J].南京师大学报(社会科学版),2006(5):131-137.
② 胡士莹.话本小说概论:下[M].北京:中华书局,1980:618.
③ 胡士莹.话本小说概论:下[M].北京:中华书局,1980:618.

又是优势的艺术外貌始终存续。这也是直到今天用声音讲故事面对视觉文化的强力冲击,仍然保有生命力的原因所在。

当代中国小说的音声化这一文学活动,从创作过程上看在新文本生成时它的物质载体就发生了改变,由文字语言转换为了有声语言,这一文学活动的终点是有声小说,即有声语言艺术文本。因此,在由书面文本改编为有声文本时一定要遵从有声语言创作规律。另外,音声文本的文学接受主要通过大众传媒来实现,因此有声小说的改编创作还必须尊重大众媒介,尤其是广播的传播规律和要求。

## 第二节 小说的"有声"改编

当代有声小说的声音符号系统主要由有声语言和音响来构成。有声语言又有叙述语言和角色语言两类,而音响由配乐和事物声音构成。它们一起重塑着小说的有声文本,促成文本接收由"看"向"听"的转变。

有声语言和书面语言在接收上有着不同的特点。书面语言是用来看的,读者可以从容推敲、仔细琢磨;有声语言是用来听的,声音稍纵即逝,听者基本没有停下来思考的时间。与此同时,有声小说文本当中的有声语言也不等同于日常生活当中的说话。日常生活当中的有声语言是人们交际的重要手段,它以词语为中心,辅以声调、节奏、韵律、表情等其他要素。同样一个词语,随着节奏快慢、声调高低等的不同所表达的意思会有差异,甚至完全不同。有学者认为,"信息传递只有7%用语言,38%用声调(高低、快慢、长短),其余55%则靠表情"[1]。可见表情在生活中传递信息的重要性。

在有声小说文本传播过程中,声音源和受众是不见面的,因此有声语言的构成要素没有"表情"这一项。这一方面对有声小说的改编创作提出了更

---

[1] 于根元,等.语言的故事[M].北京:东方出版社,1994:38.

高的要求,另一方面客观上促进了受众的联想和想象。此外,有声小说作品当中的有声语言是源自书面文本、经由二度创作形成的,叙述语言具备书面语言特征,角色语言则是源于生活而高于生活的口语。

"自然形态的音响,指客观存在于感受主体之外的一切声音。"[①]"这些音响,都与发声体和发声的时间、空间联系在一起。"[②]它们或是伴随事物的发展变化发声,或是存在于事物发展变化的环境里,因此"它们都是信息的一种表现形态,人们都可以从中感受、把握某种信息"[③]。不同于自然形态的音响,有声小说当中的音响是人为设置的,它们无疑也具有传递信息的作用,但更重要作用的是丰富信息、营造氛围和抒发情感。有声小说当中的音响主要为配乐,其在蕴启情绪、起承情节、烘托心理等方面有着非常重要的作用,而事物声音也可以丰富有声小说的艺术表现力。

声音自身的特质影响着小说书面文本向有声文本的转换,因此在音声化的创作改编中,"为了听"是始终要遵循的理念,而这其中又包含"容易听"和"愿意听"两个维度。

## 一、有声改编的"容易听"

容易听,就是要让听众一听就懂。语言、词汇搭配要符合人的听觉习惯,力求使语言口语化和生活化,字音响亮和谐,读来上口,听来入耳,人称区分明确,不易混淆。

凡是受到听众和市场认可的有声小说作品,都有一个听觉共性,即响亮的字眼,也就是开口度大的、听起来清晰的字,比如:"和""到""天""这"等;音感强烈而洪亮的平声字,即阴平和阳平字,比如:"中华""蓝天""攀登"等;音长更长的双音节词,比如:"曾经""但是""应该""自从"等;通俗亲切的口头语,比如:"模样""下雨""适合""生日"等会替换小说书面文本中发

---

① 曹璐,吴缦.广播新闻业务[M].北京:北京广播学院出版社,1997:7.
② 曹璐,吴缦.广播新闻业务[M].北京:北京广播学院出版社,1997:8.
③ 曹璐,吴缦.广播新闻业务[M].北京:北京广播学院出版社,1997:7.

音不响亮、节奏感不明显、书面色彩过浓的字词。另外,同音不同义的词,修饰语太长、太复杂的长句等不太符合听觉习惯的语言也不会出现在有声小说作品中。

在演播《李自成》时,演播者为了使李自成和张献忠的形象有所区别,特意在原著的基础上给张献忠的语言增加了响亮的字眼并使其更为口语化,以凸显张献忠性格当中的狡黠和放荡不羁,如:"你们全都是混账王八蛋,家里开着高帽子店,动不动拿高帽给老子戴,不怕亏本……""蛋""店"都是响亮的"an"韵,"王八蛋""老子"等词汇口语色彩明显。还是在《李自成》中,演播者在实践中巧妙地运用口技,一方面使长句被口技模仿拆分变得更容易听,另一方面生动再现了情境,如:"这时候就听门外一阵急促的马蹄声'咯哒咯哒'来到门口站住了,接着是一声战马的嘶鸣……"

在有声小说当中,人称的使用也是使听众听得清晰明白的重要手段。事实上,在有声小说的改编创作当中,人称经常变换。在小说书面文本中,人称将故事的讲述者、叙事中的作者及非叙述性人物区别开来,体现了作家的个性气质,决定了故事的叙事模式和叙述风格,同时还表现了文本的深层次内涵。在有声小说中,人称以声音为载体,鲜明地呈现在音声文本的叙事当中,体现了音声化改编的立意构思和审美判断。

在小说书面文本当中,人称一般有三种,"第一人称叙述是叙述者作为故事中人物从内在角度讲故事的叙述方式,第三人称是叙述者以旁观者的口吻从外部讲故事的叙述方式,此外还有第二人称,即以'你'为故事中人物的这样一种特殊叙述方式"[①]。在小说书面文本当中,人称和叙事视角并不是一成不变的,它们经常交错融合,其复杂程度基本上和小说故事的精彩程度成正比。因此,在以"听"为接收方式,线性传播转瞬即逝的有声小说作品中,如何用声音体现人称,直接决定着能否把故事情节交代清楚,能否让听众捋清叙述脉络。人称最终是落实在声音上的,有声小说的改编创作要兼

---

① 童庆炳.文学理论教程[M].北京:高等教育出版社,2008:250.

顾文本上人称的删繁就简、同类合并，更要体现人称叙事表达的统一性和人称转换的清晰性。

比如，有声小说作品《寻找回来的世界》人物多且人称转换频繁，在小说作者、编辑和演播者的充分沟通下，演播者在用第三人称叙述时声音基调低沉且冷静客观，在用第一人称演绎人物时，音高、音色、语速、节奏等变化多端，使每个人物都个性突出，人物与人物之间区别明显。男女对播和多人联播的广泛运用，目的也是让听众听得清，使有声小说作品脉络清晰又具备强烈的艺术表现力。比如，《我的父亲邓小平》采用的是男女对播的形式，"女声以第一人称来演播，真切地表达了父女间、亲属间的情感，男声则改写成客观第三人称的叙述方式来讲述，更注重大的革命实践活动这一主线"①。

## 二、有声改编的"愿意听"

有声小说改编创作中"为了听"的第二个维度是"愿意听"。从小说音声化传播的角度看，声音传播还有一个特点是线性传播，这使得传播内容不能保存、易逝，不利于听众把握重点。因此，有声小说的改编创作需要结构明晰，扣人心弦。

在一般情况下，单线结构的小说作品是适合音声表现的，这也是我国单线结构的古典小说适合评书演绎的原因。线条太多、时空交错、意识流的作品很难用音声化的方式来呈现。听众听得懂才能愿意听。因此，将线索复杂的作品改编得线索分明、叙述清楚是有声小说改编创作的重要部分。在1991年举办的全国首届"小说连续广播节目"编辑奖评选中，入选节目有《红顶商人》《杨家将》《康熙大帝》《施耐庵演义》《风流武媚娘》《刘邦与吕后》《寒柳——柳如是传》《赖宁的世界》《李宗仁与郭德洁》《重庆谈判》《皖南事变》《地球的红飘带》《叶秋红》《红军浪漫曲》《井冈魂》《穆斯林的葬礼》《金猕猴传奇》《马贼的妻子》《人生》《市井交响曲》《沂蒙小章》《你为谁

---

① 叶咏梅.中国长篇连播历史档案：上卷 作家作品卷[M].北京：中国广播电视出版社，2010：386.

辩护》等。这些作品题材多样,涉及历史小说类、人物传记类、革命题材类、传奇小说类等,但它们有一个共性,即基本上都以传统小说文本为框架。在此后的评奖中,获奖作品也大多遵循这一规律。可以看出,单线结构的传统小说文本是有声小说改编的依托,也是改编的指向。这些作品能获奖也反映了听众的认可。

人的注意力是有限的,再精彩的故事没有休止地听下去也会让人疲劳厌倦。因此,依照声音线性传播的特性和听众的收听心理,有声小说改编的结构往往是"线""块"结合的。"线"是单一明晰的线索;"块"是围绕中心事件、舍弃次要情节的相对独立的故事,相当于小说书面文本中的章节,但不等同于章节,其最大特点是以悬念为节点、以"讲"为单位将整部作品截开。所以,悬念是线性的时间节点,又是观众再次开启音声之旅的期待依据。"线""块"结合在传统评书艺术当中早已被熟练运用。一部长篇评书正是由众多单元故事连接而成的。小说连播因为有播出时间的限制,一般并不完全根据小说章节来确定每个时间段的播讲内容,但每讲的结束点会尽量放置在或有悬念、或情节紧张、或有情感起伏的位置。因此,将书面文本的章节改编为音声文本的"块",是听众"愿意听"的要求体现。

比如有声小说《狼图腾》,原书中较长的章节被拆分为若干讲,每一讲的结束或是对未来的暗示,如"陈振再也没有见过如此大的狼群……串门的时候也能见到牧民猎人打死狼后剥下的狼皮筒子高高地悬挂在长杆顶上,像狼旗一样飘扬";或是惊心动魄的人狼大战即将开启,如"看样子狼群的胃口不小啊,真打算打一场大仗啊,陈振啊,今儿我可没白带你来,再忍忍吧,打猎的机会都是忍出来的"。总之,每讲的结束都使听众更"愿意听"下一讲。

有声小说的符号系统中有一重要的元素——配乐。好的配乐能够极大地促进小说的情感叙事,能引发观众的情感共鸣,增强审美感受。但也有配乐会为音声化作品"帮倒忙"[①]。在某种程度上,配乐是有声小说改编创作当

---

① 叶咏梅.中国长篇连播历史档案:上卷 作家作品卷[M].北京:中国广播电视出版社,2010:11.

中最富创意的。"无中生有"体现的是改编创作者的多元的知识结构和开放的美学观念。

在中国《小说连播》60周年最具影响力的60部作品节目排行榜中,《穆斯林的葬礼》位列第二,这固然和小说文本的文学品格及审美价值分不开,也与改编创作中不断"寻找配乐素材,选择演员,并且就演播技巧和演员反复探讨,不断磨合"①分不开。有声小说作品《穆斯林的葬礼》"用音乐,用两种截然不同的音乐来表现'月'和'玉'。即用各种情绪的民乐选段来表现'玉'(过去式),用各种情绪的管乐选段来表现'月'(现在),以此来再现、渲染作品的艺术魅力"②。"在处理开播时,先录用了一段穆斯林做礼拜时的阿拉伯语音乐,把人们带进异国他乡的氛围中……"③这些"文学与音乐的结合而创造出来的纯美纯情的意境令人久久难以忘怀"④。

声音是音声文本传情达意的唯一载体,有声小说的改编创作必须紧扣声音特性进行。

## 第三节  小说的"有声"传播

有声小说的改编创作不仅是艺术范式的转变,也是小说传播方式的改变,即由印刷媒介变为电子媒介。当然,这两者并不是替代关系,而是并存关系。小说文本由书面转换为音声,借助广播进行传播,大大拓展了小说的传播范围,增强了小说的影响力。与此同时,有声小说的改编创作也要符合

---

① 霍达.难忘那一片叶子[M]//叶咏梅.中国长篇连播历史档案:上卷 作家作品卷.北京:中国广播电视出版社,2010:45.
② 叶子.视听手法转换的新尝试:谈《穆斯林的葬礼》的标题配乐[M]//叶咏梅.中国长篇连播历史档案:上卷 作家作品卷.北京:中国广播电视出版社,2010:55.
③ 叶子.视听手法转换的新尝试:谈《穆斯林的葬礼》的标题配乐[M]//叶咏梅.中国长篇连播历史档案:上卷 作家作品卷.北京:中国广播电视出版社,2010:56.
④ 叶子.视听手法转换的新尝试:谈《穆斯林的葬礼》的标题配乐[M]//叶咏梅.中国长篇连播历史档案:上卷 作家作品卷.北京:中国广播电视出版社,2010:57.

广播传播的规律要求。

## 一、有声小说的广播传播

"传播实际上就是由多要素及其相互关系所组成的动态的有一定结构顺序的信息流动过程。"①有声小说的广播传播本质上也是在传播信息。这里有必要对"信息"进行界定。关于信息,目前还没有一个放之四海皆准的定义,但是有以下几点是人们达成共识的:①信息是人类认识客观世界的深化和发展,是构成客观世界的三大要素之一;②信息就是按一定方式排列起来的信号序列,即信息必须有一定的意义,必须是意义的载体,是物理载体与语义构成的统一整体②;③信息论的创立者香农认为,所谓信息,就是可以减少或消除"不确定性"的内容;④热力学第二定律即熵定律——信息是事物以及事物间的差异与变化。综合以上不同维度的信息定义,可以将信息理解为:信息是构成世界的三大要素之一,旨在显示事物的存在状态与变化趋势;就人类传播而言,信息是消除事物中或事物间任何不确定性因素的东西,包括消息、资料、情报、数据、图像、知识、思想等。③ 事实上,小说也是信息,它显示了人类社会和人的情感的存在状态与变化趋势,同时它也在消除着受众的审美饥渴。

美国学者哈罗德·拉斯韦尔是在传播学史上第一位提出"线性传播过程模式"的学者。1948年,他在《传播在社会中的结构与功能》中首次提出了构成传播过程的"五W模式",即:

Who(谁);

Says what(说什么);

In which channel(通过什么渠道);

---

① 国家广电总局人事教育司,北京广播学院新闻传播学院.新闻传播学基础知识[M].北京:北京广播学院出版社,2003:18.
② 克劳斯.从哲学看控制论[M].北京:中国社会科学出版社,1981:68-69.
③ 李彬.传播学引论:增补版[M].北京:新华出版社,2003:17-18.

To whom(对谁);

With what effect(取得什么效果)。

拉斯韦尔的模式奠定了传播学研究的范围和基本内容,但它的一个缺点是忽视了"反馈"要素。

几乎与拉斯韦尔同时代的美国两位信息论创始人香农和韦弗在1949年发表的《传播的数学理论》中也提出了一个过程模式,这是一个与社会系统无关的纯技术性模式,包括五个要完成的正功能和一个负功能。

五个正功能是:发出信息的信源;将信息转换成符号的发射器;负责传递信号的信道;将信号还原成信息的接收器;信息的目的地信宿。一个负功能是噪音。

以线性传播过程模式为基础,随后又产生了以诺·维纳、施拉姆等为代表的"控制论传播过程模式",这一模式的最大贡献在于引入了"反馈"概念和机制。之后又有德弗勒等学者提出的"系统传播过程模式""媒介系统依赖模式",其最大的特点是突出了传播媒介与社会、受众的密切的关系。

有声小说的广播传播是有规律的信息流动过程,是大众传播。它的传播过程包含五要素,同样要注意反馈。从信息论的角度看,有声小说的广播传播也是信息的传输转换过程,包括信源、编码、信道、译码、信宿。具体来说,小说文字文本是信源。编辑对书源进行收集加工处理编码,由播讲者生成音声文本。广播这一大众传播媒介是信道。接收有声小说文本的人也就是听众是信宿。值得注意的是,作为当代中国大众传播媒介的广播,其与社会、受众建立密切关系的前提是遵守中国特色社会主义制度。也就是说,社会主义制度决定了当代中国广播传播的性质、宗旨和任务。有声小说的传播既要符合传播学规律要求,也要遵循中国特色社会主义制度要求。

## 二、有声小说传播的正功能模式

有声小说的传播遵循广播的传播学规律,它的改编创作须符合传播学中的正功能模式要求。

信源,即有声小说的书源,也就是小说的书面文本。在有声小说的传播过程中,小说的书面文本是一个重要的、基本的因素,它是有声小说传播的源头,也是传播价值的根本判断。当代中国优秀小说数不胜数,但并不是每一部优秀小说都适合做音声化的传播。从广播传播的角度来看,有声小说书源的选择要兼顾思想价值、艺术价值、社会价值。

中国《小说连播》60周年最具影响力的60部作品,是思想价值和艺术价值兼具,大众喜爱和市场认可兼得的优秀有声小说作品。在这60部作品中,书源获得"茅盾文学奖"的作品有10部,分别是《李自成》《许茂和他的女儿们》《将军吟》《抉择》《沉重的翅膀》《历史的天空》《芙蓉镇》《穆斯林的葬礼》《平凡的世界》《白鹿原》,占全部作品的17%。"十七年"革命历史题材和农村现实题材作品有15部,分别是《青春之歌》《红岩》《林海雪原》《野火春风斗古城》《烈火金刚》《暴风骤雨》《苦菜花》《保卫延安》《铁道游击队》《敌后武工队》《红旗谱》《红日》《艳阳天》《创业史》《欧阳海之歌》,占全部作品的25%。除以上两个类别之外,外国名著有5部,占8%;中国古典名著有3部,占5%;名人传记有3部,占5%;其余作品多为贴近生活、反映时代的现实主义题材作品。在60部作品当中,一些作品气势恢宏且具备史诗魅力,一些作品对重大事件和名人做客观介绍,还有一些作品情节曲折多变而又线索分明,叙事清楚,人物个性鲜明,语言生动幽默。总体来说,小说书面文本普遍具有较高的艺术造诣。

与此同时,这60部作为信源的小说书面文本还有一个共性,即思想内容紧扣主流意识形态价值判断,这是被选作信源的重要特质。广播媒体一向是我国社会主义新闻宣传体系的重要组成部分,它承担社会主义核心价值观的捍卫、宣传任务和舆论引导任务。传媒要讲社会责任,这是世界各国对大众传媒的共同要求,也是广播媒体自觉遵循的原则。履行构建社会公共文化的使命,不传播低俗不雅的文化作品是广播媒体承担社会责任的重要方面。因此在有声小说的广播传播中,作为信源的小说书面文本必须符合大众媒体承担社会责任和自身必须具备思想艺术价值两个维度的要求。

有声小说编辑在有声小说广播传播中承担着主要编码者的角色。编码是传播的起始,在有声小说的广播传播中,编码者有两个主体——编辑和演播者。有声小说的最后一道工序是由演播者来完成的,有声小说的艺术魅力在很大程度上由他们来展现。但演播者的确立和创作体现了编辑的意图,因此在文本编码过程中他们又从属于编辑。

在有声小说广播传播的语境当中,传播主体可以是一个人,但其代表的是组织、团体甚至是政党。有声小说发布者的基本作用在于选择信源即小说书面文本—编码(运作文案)—指导演播—配乐合成—传播出去,满足听众的情感审美需求并发挥文学的宣传教育功能。在小说书面文本的传播中,作家是唯一的传播主体;而在有声小说广播传播中,编辑首先是信源的客体,然后是演播者的主体,最终同作家、演播者一同成为有声小说传播的主体,并在其中居于主导地位。正如时任中国作家协会副主席的陈建功所说,编辑推动完成的是"美上加美审美享受和追求"[1],应怀有"一颗爱祖国、爱事业、爱作家、爱演员、爱听众的心"[2]。这事实上也点明了编辑在有声小说广播传播中的主要编码者作用。

在编码的过程中,运作文案是第一步,也是最重要的一步。编辑需要通读作品,理解作品的主题、情节、人物、风格等,还要对作品独特的风采、神韵、精髓有深层次的把握,在此基础上策划好节目方案,做好结构、段落、文字的调整、删节、衔接和修改。有声小说的传播价值往往取决于编码的第一步,这也体现着编码者的思想导向和艺术水准。以下是全国首届"小说连续广播节目"编辑奖评选的获奖者在运作文案时的思考过程:

美国女作家珍妮特·戴莉的长篇小说《人质新娘》是一篇比较

---

[1] 陈建功.置身人生最美的秋天:留在《天籁文库》里的珍藏[M]//叶咏梅.中国长篇连播历史档案:上卷 作家作品卷.北京:中国广播电视出版社,2010:总序 4.
[2] 陈建功.置身人生最美的秋天:留在《天籁文库》里的珍藏[M]//叶咏梅.中国长篇连播历史档案:上卷 作家作品卷.北京:中国广播电视出版社,2010:总序 1.

通俗的作品,期初我拿到译著时,并没对它很在意,主要是译者对该小说的内容简介让我"望而却步"。如果单从译者的内容简介来看,我认为它的价值微乎其微,宣扬色情、肉欲、充其量不过是满足某些人的猎奇心理,没有任何启发人、让人思考的东西。可是当我漫不经心地开始阅读后,我却被小说深深地吸引住了,才发现自己起先是被内容简介迷惑了(也许译者是出于商业心理,或许译者本来就被作品的表象所迷惑),通过阅读,我对这部小说有了新的认识,决定录用。《人质新娘》主要表现美丽绝伦、富有性感而倔犟的女会计师塔玛拉在职业道德、现实生活以及爱情、性爱等的矛盾纠葛中奋力抗争以追求独立人格……这篇小说情节曲折、引人入胜,让我们看到物欲横流的社会中不屈的人格,同时也透视出金钱社会中人与人的关系以及某些社会现状,是我们认识生活和社会的一个窗口。小说中描写性爱的成分较多,但并不低级下流,它们是刻画人物性格、心理的不可缺少的部分,我们只要在改编时稍作删节就行了。[1]

由此可见,编辑运作文案的主观能动性在有声小说传播中的起始影响,它使有声小说的广播传播在一开始就打上了编码者个性化的烙印。

作为有声小说广播传播的编码主体,编辑在广阔的文学艺术空间连续不断地采集文学作品,按照某种相对稳定而具体的标准,对书面小说进行选择,判断它是否有成为有声小说的价值,并以相对规范化的形式编写、制作有声小说文本,通过大众传播工具广播,普遍地、连续地、迅速地向为数众多的、非特定的人群传播,力图使这些有声小说作品对广大受众产生影响,从而获得一定的经济和社会效益。

在有声小说的广播传播中,广播是作为信道而存在的。广播是以电子

---

[1] 钱芳.关于《小说连播》编辑的二、三点思考[M]//王大方,叶子."上帝"青睐的节目:《小说连播》业务专著.北京:中国文联出版公司,1995:55-56.

技术为基本手段,通过无线或有线方式将节目传至千家万户,集新闻、文娱、科教和社会服务功能于一体的综合性社会文化传播媒介。① 广播的传播速度快,覆盖范围广,不受地理、气候、交通的影响;传播对象广泛,受众不受年龄、性别、民族和文化程度的制约;频道资源丰富,可承载大容量信息;以声传播,具有较强的感染力和现场感。这些特点使广播成为有声小说进行大众传播的最佳媒介。

与此同时,广播传播的信号是只诉诸人的听觉的单信道信号,它直达接收者的大脑,使接收者感受专一,能很好地理解所传内容。也因为信号的单一,广播给听众提供了广阔的想象空间,人们可以在听的过程中对各种人物形象和事件场景加以想象补充,从而形成一种再创造,或是形成"通感"——一种对所听内容的积极的心理参与,这一点和看小说书面文本有相通之处。看小说的过程,也是读者与作者或小说中的人物产生思想与情感共鸣的过程,读者借助文本符号的引导,进入一个自由广阔的想象空间。听和看的不同点在于,听小说时信息的承载符号是声音,作家作品与受众之间的桥梁是演播者。演播者如果有适合小说思想内容和艺术表现的声音,有运用声音的高超技巧,会使他的再度创作给予受众以不同于看的更为真切、丰满的艺术感受和独特的审美体验。

张颂老师在评价有声小说演播艺术家时说:"他们的共同点,可以说是质朴、大方、含蓄、舒展。这些恰恰把中华民族的审美传统融入了当代大众的审美期待。在此基础上,又显现了他们自身蕴含的文化修养、生活体验、独特感受和声音优势的审美追求。"②这样的声音无疑最能彰显广播传播单一信号的优势,是有声小说广播传播的核心价值。

在有声小说的广播传播当中,听众和反馈是传播的信宿和信息的反向传播,具有重要的作用。广播媒介作为信息的传播者实质上以获取自身的

---

① 周小普.广播电视概论[M].北京:中国人民大学出版,2014:49.
② 张颂.繁华落尽见真淳[M]//叶咏梅.中国长篇连播历史档案:中卷 演播风格卷.北京:中国广播电视出版社,2010:序一 2.

经济和社会效益为目的,而达到此目的则要通过传播信息包括文学信息来影响受众。具体到有声小说的广播传播来讲,它的传播说到底是为了听众。有声小说广播传播的"传播什么"和"如何传播"只有在受众存在的前提下才有意义。因此,能否对受众产生预期的影响,就成为能否实现广播小说传播价值的关键。在现实生活当中,媒介传播的内容并非射出的一发发威力强大的"魔弹",受众也并非射击场上孤零零的"靶子",任由媒介扫射,毫无抵御能力。他们都有自己的人生经验、价值观念、政治态度等,会根据自己的需要对传播内容进行选择,从而产生或接受、或抵制、或怀疑等不同反应。因此,传播者事先并不能确定一次传播活动能否对受众产生预期的影响,也就是说,客观的传播效果并不以传播者的意志为转移。所以,当受众的不同反应作为一种反馈信息传达到传播主体时,传播主体势必会根据受众的不同反应,从信源也就是有声小说的书源选择、编码制作、传播方式等方面,不断地进行调整,或因势利导,或循序渐进,或潜移默化,以求最终取得最佳的传播效果。因此,听众和反馈在有声小说传播当中"是强有力的工具"①。

事实上,我国自古以来就重视反馈在小说音声化传播中的重要作用。比如评书这一中国传统口头讲说艺术形式,"艺人们通过长期的表演实践,深悟'一句不到,听众发躁'的道理。他们使尽浑身解数,力求讲得通俗易懂。在出艺人之口、入听众之耳的瞬间,做到完全的共同理解和沟通,以求牢牢地把听众抓住。评书艺人总是时刻考虑市井里巷的为数众多的听众,永不停顿地揣摩研究听众的生活情况、习俗爱好、欣赏习惯、审美趣味,使自己的艺术最大限度地'谐于里耳',适应市井老百姓的美感要求,形成评书的自成体系的叙事方法和技巧"②。在某种程度上,听众成为评书叙述的主体。袁阔成说新评书《小二黑结婚》,茶社听众越来越少,他从"新书说的词太旧了,小二黑的台词说得跟《三国演义》里的鲁肃似的,把抗日民兵队长说得跟《施

---

① 施拉姆,波特.传播学概论[M].陈亮,周立方,李启,译.北京:新华出版社,1984:58.
② 汪景寿,王决,曾惠杰.中国评书艺术论[M].北京:经济日报出版社,1997:116.

公案》里的黄天霸一样了,我们听着别扭"①的反馈中意识到:说新评书"旧瓶装新酒"是不行的,要深入生活,打破传统,要创新。在评书书场中,观众的每一声叫好,每一次议论,每一个眼神、动作、表情,都是对评书演员的现场反馈,影响着他们的情绪、说演的节奏进程。

在当代有声小说的传播以广播媒介为信道之后,听众和反馈无论在内容、形式还是在时间、进程上都对传播过程施加着影响。

> 天津电台在播出《钢铁是怎样炼成的》之后,趁热打铁,紧接着播出了该书译者梅益同志的录音讲话《向保尔学习什么》,对青少年循循善诱,效果很好。北京电台播出齐越同志播讲的《在彭总身边》后,鉴于听众的热情反响,临时开辟了《听众来信选播节目》,起到了交流感受、体会真理、互相启发、互相激励的作用。②

中央人民广播电台在 1995 年把《小说连播》节目的播出时间由原来的 12:30 改为 11:30,引发了观众强烈的呼吁:

> 这下可惹怒了"上帝",电话、电报和来信不断涌向台里,一致呼吁还给他们原来的黄金播出时间,并从多角度多侧面谈该节目给他们及下一代带来的知识和收获。他们用真诚感动了台领导,台编委会经过周密认真研究,毅然作出决定,采纳听众意见,从今年 2 月 26 日开始恢复原来的播出时间。
>
> "上帝"的呼声终于胜利了。③

通过大众媒介进行有声小说的传播是现代社会重要的小说传播方式。在这一传播过程中,选择信源即小说书面文本的确立,编码即将书面文本转

---

① 袁阔成:开现代评书之先河[N].文汇报,2018-06-25.
② 张凤铸,关玲.中国当代广播电视文艺学:第二版[M].北京:中国传媒大学出版社,2016:14.
③ 张淑芳.《小说连播》与听众[M]//叶咏梅.中国长篇连播历史档案:下卷 传媒反馈卷.北京:中国广播电视出版社,2010:250.

化为音声文本,通过广播媒介进行传播,听众收听获得精神和艺术满足并产生反馈再对新一轮传播产生影响,这一循环往复的过程正体现着大众传播的规律和要求,同时也影响小说的创作。

## 第四节　小说的"有声"主体

在有声小说传播过程中,演播者是个重要而又特殊的角色。一方面,他是有声小说艺术呈现的主体,有声小说的价值与审美都要由他的音声来最终体现;另一方面,他又是有声小说改编创作的客体,他的演播身份的确立以及具体的演播方式都有编辑的介入,在某种程度上他的创作反映了编辑的思想意图。演播者的选择是小说书面文本转换为音声文本的关键环节。

### 一、声音形象——有声小说改编创作的根据

在有声小说改编创作这一创造性的文学活动中,小说中的生活图景、各色人物都是由声音来呈现的。声音代替文字来塑造形象,而声音形象这一新的事物主要由演播者的声音、语音、语感和风格等元素合力构成。

声音在这里首先可以理解为音色,即"发音中持续表现出的具有个人风格的声音特点。这种声音特点中包含了音高、音量和个人音色特征等多种成分"[①]。形容某个人的声音明亮、宽厚、沉闷,就是指音色。在和声音发生关系的艺术门类中,比如声乐、表演、播音主持等都会把音色作为一个重要的选择标准。一位语言艺术家曾说,人们的音色给人的听觉感受大体上可以分为四个等次,即好听、不难听、不好听、难听。演播者也是语言的传播者,其音色应该达到能给听者带来听觉享受的"好听"层面。播音与主持艺术专业对于好的音色有这样的界定标准:"声音干净纯正;发声状态轻松、通

---

① 张颂.中国播音学:修订版[M].北京:北京广播学院出版社,2003:66.

畅;吐字清晰、准确、圆润。"①这理应是有声小说改编创作对声音的要求。

演播者的语音是意义的载体,也是一切创作的基础。语音的组合传递构成了句子、段落,进而描述情节、刻画人物。语音能否成立关键看是否标准、规范。不准确的语音不能够代表语义,也就不能准确地传递文本内容。标准的语音体现的是播读者的基本功。语音不规范包括"读音错误;语音缺陷;方音语调和方言词汇等"②。标准、规范的语音既是听者能够听得清的基本要求,也能带来美感。有声小说的改编创作传播要求演播者必须具备准确规范的语音。对于这一点,演播者有着清晰的认知:

> 在刚刚接触广播工作时,在字音问题上也闹出了不少笑话,最早出现的情况是这样的:在一部小说中有"否极泰来"这一成语,演播时念成了否定的"否"音,可没想到播出后,竟收到了好几封听众来信,来纠正我的字音,这使我感触很深。这并不是一部十分出色的作品,我想听者不会很多,而在不多的听众中能纠正这种字音的人就更少了,可没想到情况并不如此,这使我有了新的认识,对字音问题也就更重视了起来。③

在小说音声化的语境下,语音是否正确,既关系能否准确传达文本信息,又反映播讲者文化修养的高低。语音标准是听众对演播者印象建构的重要依据,直接影响听众对音声作品的选择接受,并最终对音声作品的价值产生作用。

"语感是人对语言的一种直觉和悟性,表现为对语言符号和各种语言现象的感受深度和运用能力。"④同一个故事,有些人讲得活灵活现,让人听得欲罢不能;有些人讲得呆板沉闷,让人听得味同嚼蜡。如果不是态度的问

---

① 《全国广播电视资格考试播音主持业务口试》评分标准。
② 《全国广播电视资格考试播音主持业务口试》评分标准。
③ 赵春甫.字音问题初探:编辑札记[M]//王大方,叶子."上帝"青睐的节目:《小说连播》业务专著.北京:中国文联出版公司,1995:98.
④ 曾志华,卢彬.声领其境:全媒体有声读物研究总论[M].北京:中国传媒大学出版社,2019:49.

题,那一定和讲述主体的语感有关。"正是有声语言的不确定性,赋予了演播主体创造性表达的话语空间,演播者可以根据语义、语境、改变已知的词语序列的原意,有意无意地增减其负载的含义,或伸缩其美感的尺寸,或加强、削弱其思想感情的色彩,或加重、减轻其思想感情的分量"①,这都基于创作主体对于语言的直觉和悟性。

全国首届"小说连续广播节目"编辑奖评选中的获奖者对演播者的演播分析,准确地诠释了语感的重要作用。

> 还以霍元甲与木村比武那段为例。那一段的总体结构是紧张的,但曹灿并不是自始至终都绷紧了弦,而是紧中有松,快中有慢,高中有低,急中有慢。比如霍元甲的徒弟与木村比武那段,曹灿采用了一般性的叙述语调,外表平和,但内心却暗含着一股被欺凌者欲反抗欺人者的劲。语调虽是平缓的,但是松中有紧,后来霍元甲亲自上了擂台,木村抵挡不住,便偷偷拿出暗器,企图伤害元甲。这时曹灿的语调从平缓转向深沉,情绪也紧张了起来,使听众情不自禁地为元甲捏了一把汗,但此处播讲的速度并不快,而且在伤害元甲之后,还有一个小小的恰到好处的停顿,用以作为情绪的转折点,当播到元甲开始反攻,把木村的胳臂劈断并趁势把他推下台去那段,语调一下子又从深沉、凝重转为激昂、高亢,速度加快,一气呵成,大有机枪扫射之势,形成了全段的高潮。②

对语言的敏锐感悟使演播者的演播表达紧松、快慢、高低、急缓错落有致,张弛有度,使音声文本充满魅力。不佳的语感往往导致演播者在处理作品时或者平,缺乏情感波澜,没有节奏变化,没有精气神;或者拿腔作调,句首高音量大、句尾低音量小的程式化表达倾向明显,使音声作品"不提神,没

---

① 张颂.语言传播文论:第3集[M].北京:中国传媒大学出版社,2006:68.
② 洪虹.曹灿的播讲风格[M]//王大方,叶子."上帝"青睐的节目:《小说连播》业务专著.北京:中国文联出版公司,1995:170-175.

感觉"①。

除了声音,演播者的风格,即演播者在演播创作中体现出来的作风、品格等精神向度也影响着其演播创作。

在我国,"风格"一词始于晋朝,用来评价人的风度或品格。"风"是风采、风姿,指人的体貌。"格"指人格、德行。风格合在一起就是对人的品貌的全面评价。到唐代,风格已经指作品的风度和气派。唐以后风格的概念运用更加广泛,扩大到了文学艺术评论的各个领域。历史虽在前进,但风格的核心要义没有变,它是人或艺术作品呈现出的相对稳定的整体个性与特点。

具体到有声小说的创作,风格可以理解为演播者在演播创作中所体现出的创作个性与艺术特色。它以运动的状态贯穿于演播创作的全过程,又以相对稳定的状态凝结在小说音声作品中。

首先,风格是独特的。美的形态是多种多样的,表现的方法也是多种多样的,这是客观存在。每个人由于其性格、气质、生命经历、人生观、价值观、世界观、审美追求和所处环境的不同,都有一种只属于他自己的发现和创造美的方式,这种方式必然是独特的。其次,风格是可感的。小说音声化的载体是声音和语音,声音直接作用于人的听觉,具有表态性,具有强烈的可感性。最后,风格是一贯的。创作风格不只体现在一次或者一件作品当中,而是贯穿于整个创作过程。演播者的风格一旦成熟就不会轻易改变,因为风格和创作主体的人生观、艺术观紧密关联。正如丹纳所说:"人人知道,一个艺术家的许多不同的作品都是亲属,好像一父所生的几个女儿,彼此有明显的相像之处。"②

不同的演播者,风格会有明显的差异。中央人民广播电台《小说连播》的资深编辑叶咏梅总结出了国内小说连播十大名家的风格——曹之活、张

---

① 丛林在第二十一届中广协会《小说连播》年会上的讲评。
② 丹纳.艺术哲学[M].傅雷,译.北京:人民文学出版社,1963:4.

之峻、孙之粹、查之严、王之博、瞿张之洁、牟刘之情、李之奇①,即"曹灿的演播灵活、生动、形象;张家声的演播高出一般,独具神韵;孙兆林的演播纯粹;查曼若的演播严谨;王刚的演播技巧精湛、内容丰富;瞿弦和、张筠英的演播默契、洁净;牟云、刘纪宏的演播真切、深情;李野墨的演播奇特而不凡"②。"这些演播艺术家之所以能走向成功,其中非常重要的一点便是形成了自己的艺术风格。"③

声音、语音、语感和风格构成了演员自身的"声音",它是演员被选择成为"演播者"的基础,而能否成为"这一部"音声作品的演播者则要看"声音形象"和小说的贴合度。

"声音"是客观的,而"声音形象"是主观的,是需要塑造的。首先,声音形象的塑造要依托于个体的声音条件和风格特色。一位演播者说:"演员不是万能的,都有自己的长处和短处,自己必须要有个明确的认识。我的嗓音不优美,像个破锣,有时还带点沙哑。因此我尽量不去说那些抒情性强的小说,包括外国小说,我觉得这是我的短处。"④评论鉴赏者也深谙声音的重要性:"在选择演员时,由于史良心性高洁、天生丽质、气质不凡、仪表翩翩,所以要选择声音清纯、甜美、亮丽、刚性有力,以青、中年为主的女声。"⑤听众对于声音也有敏锐的鉴赏力:"2007 年 5 月,著名表演艺术家王绘春先生播讲的《贞观长歌》在中央人民广播电台长篇连播节目里播出了,他浑厚悠扬的音质和富有激情的演绎,打动了千千万万的听众。"⑥其次,声音形象需要精心塑造。有了形似的"声音"只能说是有了良好的第一步,而要使"声音形象"立起来还需要给"形"加"神",使客观的声音成为立体的角色,使听者"闻其声,见其人,听其言,见其形"。这一"神"包含小说文本的风格、角色的

---

① 叶咏梅.中国长篇连播历史档案:中卷 演播风格卷[M].北京:中国广播电视出版社,2010:自序 6.
② 叶咏梅.中国长篇连播历史档案:中卷 演播风格卷[M].北京:中国广播电视出版社,2010:自序 6.
③ 叶咏梅.中国长篇连播历史档案:中卷 演播风格卷[M].北京:中国广播电视出版社,2010:自序 6.
④ 叶咏梅.中国长篇连播历史档案:中卷 演播风格卷[M].北京:中国广播电视出版社,2010:自序 6.
⑤ 丛林在第十一届中国广播剧专家奖评奖中的评析。
⑥ 周志方.人生快乐听书始[J].中国广播,2008(8):58-60.

性格、叙事的角度等。"神"的注入和演播者的文化素养、感受参悟、用功程度等息息相关。比如李野墨在演播《平凡的世界》时，着意加上方言语气词，是想将小说陕北地方特色"立"起来；张筠英在演播准备阶段列一张总人物表，把作品提示的有关每个人物声音特点的内容摘录下来，归成各种类型，是想让角色"立"起来；金乃千将文本语言细化为叙述性的语言、人物的语言、思考性的语言、主题性的语言，是想从文本叙述角度将作品"立"起来。总之，"声音"向"形象"转化，是为"物质"嵌入了"思想思考"的把控，需要主体的悟性和研习，声音形象是形神兼备的。

## 二、演播者——音声化改编的声音落实者

在有声小说由书面向音声转化的过程中，对于演播者的选择，一般从演播者的声音形象同作品风格的一致性、作品的叙述方式及结构、听众的心理期许与有声小说编辑的审美判断等方面来考量。

作品都有自己的风格，凡是被选中作为有声小说书源的小说文本，其风格一般来说都是稳定且被接受和认可的。有声小说作品并不要求自创风格，更多是对小说风格的继承和彰显。

我们不妨以中国《小说连播》60周年最具影响力的60部作品节目中的部分作品为例，看一下作家作品和演播者的对应关系（表2-1）。

表2-1 作家作品与演播者的对应关系

| 序号 | 作品 | 作家 | 内容简介 | 演播者 | 选择演播者的理由 |
| --- | --- | --- | --- | --- | --- |
| 1 | 《平凡的世界》 | 路遥 | 中国普通人在时代发展洪流中艰难前进的历史画卷。 | 李野墨 | 男中音深沉、粗犷、豪放的"信天游"基调与作品的真实、质朴的气质相契合。 |
| 2 | 《穆斯林的葬礼》（第一版） | 霍达 | 表现回族人民历史和现实生活的长篇巨著。 | 孙兆林 | 女性分量重，动情处颇多，选用女声播效果更好。 |

续表

| 序号 | 作品 | 作家 | 内容简介 | 演播者 | 选择演播者的理由 |
|---|---|---|---|---|---|
| 3 | 《白鹿原》 | 陈忠实 | 全方位展示从清末到中华人民共和国成立五十年间中国政治、经济、文化的状态。 | 李野墨 | 演播绘声绘色,比阅读更为生动形象。 |
| 4 | 《我的父亲邓小平》 | 毛毛 | 反映中国改革开放与建设的总设计师邓小平的革命活动实践。 | 牟云 刘纪宏 | 男女演播者擅长以情动人,女声为作者第一人称,表达父女、亲属间的情感;男声以第三人称的方式叙述。 |
| 5 | 《上海的早晨》 | 周而复 | 中华人民共和国成立后,民族资产阶级生活的变迁。 | 王刚 | 有较高超的演播技巧,深受广大听众的喜爱。 |
| 6 | 《野火春风斗古城》 | 李英儒 | 抗日战争时期,共产党地下工作者在敌后斗争的故事。 | 袁阔成 | "飘""俏""快""脆"的评书演播风格和故事内容相贴合。 |
| 7 | 《烈火金刚》 | 刘流 | 抗日战争时期,冀中军民在共产党的领导下英勇抗敌的故事。 | 袁阔成 | "飘""俏""快""脆"的评书演播风格和故事内容相贴合。 |
| 6 | 《寻找回来的世界》 | 柯岩 | 工读学校老师为"问题学生"重树信心,帮助其回归社会的故事。 | 王刚 | 绝妙的、圆润的、富有弹性的、漂亮的男中音;有高深的演播造诣。 |
| 7 | 《风流才女——石评梅传》 | 柯兴 | 20世纪20年代著名的作家、革命活动家高君宇和石评梅催人泪下的爱情故事。 | 牟云 刘纪宏 | 男女角色需要;男女演播者擅长情感表达;音调、口才好。 |
| 8 | 《贞观长歌》 | 周志方 | 塑造了千古明君李世民及魏征等一代风云人物的英雄群像,同时塑造了安康公主、长孙皇后等女性形象。 | 王绘春 | 音质浑厚悠扬,演绎富有激情;电视剧制作方推荐在《贞观长歌》中扮演岑文本的著名演员王绘春担任演播。 |
| 9 | 《安娜·卡列尼娜》 | 托尔斯泰 | 俄国批判现实主义文学巨著,讲述了贵族妇女安娜追求幸福而不得,最终卧轨自杀的故事。 | 张家声 查曼若 | 拟定做系列世界名著的一次举措,特邀"南查北张"名家演播。 |

续表

| 序号 | 作品 | 作家 | 内容简介 | 演播者 | 选择演播者的理由 |
|---|---|---|---|---|---|
| 10 | 《静静的顿河》 | 肖洛霍夫 | 以第一次世界大战、第二次世界大战、俄国十月革命和国内战争为背景,以主人公格利高里·麦列霍夫的个人经历为主线,再现了在重大历史时期顿河地区哥萨克社会的历史变迁。 | 李野墨 | 能深刻理解角色,声音风格和作品风格贴合。 |
| 11 | 《北京人在纽约》 | 曹桂林 | 20世纪80到90年代,中国大陆尤其是北京前往美国的一批新移民的辛苦、心酸、欣喜、无助、挣扎的心路历程,以及东西方文化价值观的碰撞。 | 瞿弦和 李易 牟云 郑建初 王雪纯 李野墨 | 角色塑造的需要。 |
| 12 | 《西部歌王——王洛宾大写真》 | 李桦 | 以独特的音乐视角诠释王洛宾的音乐人生和永恒的歌声。 | 瞿弦和 张筠英 | 听众喜爱的演播艺术家。 |
| 13 | 《哈利·波特》 | J.K.罗琳 | 小魔法师哈利·波特的成长史。 | 李慧敏 | 声音可塑性强,能够塑造不同的人物形象。 |
| 14 | 《输赢》 | 付遥 | 以两大跨国企业决战中国市场为背景,生动讲述了双方销售高手夺银行超级订单、冲刺销售目标的故事。 | 张东 黎春 | 叙述部分和女性角色都分配给女声,男声演绎全部男性角色。 |
| 15 | 《将军吟》 | 莫应丰 | 以空军某兵团司令彭其受迫害的经历为主线,通过三位将军的不同命运,歌颂老一辈革命家的原则性和斗争性,控诉林彪、"四人帮"的罪行。 | 王刚 | 演播技巧精湛,演播风格和原著风格贴合。 |
| 16 | 《故土》 | 苏叔阳 | 叙述了改革开放初期发生的故事,通过改革斗争、爱情纠葛、爱国主义三条线索,表现多意繁复的主题思想,描绘纷纭绚丽的当代生活。 | 张家声 | 表现力丰富,充满激情而又深沉的演播风格和作品风格贴合。 |

从上表的分析中我们可以看出,对于演播者的选择,首先考虑的是演播者的声音形象同作品风格的一致性。比如选择李野墨演播《平凡的世界》《白鹿原》《静静的顿河》,都是因为演播者深沉、朴实、厚重的声音形象同作品的风格贴合。分别选择王绘春和张家声演播《贞观长歌》和《故土》,也是因为他们的声音形象同作品的精神内涵相统一。选择袁阔成演播《野火春风斗古城》和《烈火金刚》,是因为其细腻、逼真、传神、幽默的传统评书演播风格同小说的内容形式相契合,是"新评书"的有益尝试。选择孙兆林演播《穆斯林的葬礼》,牟云、刘纪宏演播《我的父亲邓小平》《风流才女——石评梅传》,瞿弦和、李易、牟云、郑建初、王雪纯、李野墨演播《北京人在纽约》,李慧敏演播《哈利·波特》,张东、黎春演播《输赢》等,除了考虑其声音形象因素外,还要考虑音声作品的结构和切分,也就是作品的单播、对播、多播,演播者语调、风格协调等。选择张家声、查曼若演播《安娜·卡列尼娜》,瞿弦和、张筠英演播《西部歌王——王洛宾大写真》,除了考虑其声音形象之外,显然还顾及"名家效应",既能保证节目质量,又期待以演播者的知名度带动音声作品被更多关注。多部作品选择王刚来演播,除了王刚的声音可塑性强,演播技巧高超之外,还有编辑的个人因素,也就是编辑对某一声音或者说合作者的偏爱。

# 第三章
# "声音叙事":有声小说的叙事结构及艺术追求

无论是评书还是小说连播,都在用声音讲故事。事实上,小说的叙述行为早已被作家所规定,但是有声小说之所以能存续,并呈现出自身的独特魅力,吸引大批受众,正在于音声叙述附加于文字之上的能动作用。它在评书和小说连播当中呈现出的形象的通俗生动、视角的简中见繁、结构的因声重塑、音乐音响的有机参与等赋予小说新的外观,使小说的叙述呈现多元维度,带给受众以丰富多彩的审美感受。

## 第一节　以声叙事的通俗性与形象性审美追求

有声小说的传播以获取自身的经济和社会效益为目的,它的传播说到底是为了听众。有声小说"传播什么"和"如何传播"只有在受众存在的前提下才有意义。如果说书面小说的接收较为私密和个人化并有回看咀嚼的空间,那么以大众媒介广播作为传播渠道的有声小说则更为开放直白且一听而过,它的大众化需求和传播特性决定着其叙事的通俗性。口说耳听的"音声"是伴随人类文明推进而诞生发展的,音声符号是人类最原始的信息载体,渗透在人类文明发展的血液中。相对于文字更为直观和生动形象的音声本身就是通俗的。从受众的层面来讲,选择以听的方式来接触文学,就是选择了通俗易懂、明白晓畅的通俗文化,认同了以娱乐性、功利性、一次性的过程化消费来缓解精神疲劳、释放生活压力。通俗性和形象性是以声叙事的本质体现,也是其艺术追求。

## 一、评书叙事的通俗性和形象性

众所周知,很多通俗小说就是在口头文学的基础之上诞生的。郑振铎先生在《中国俗文学史(上)》中说,俗文学的"第三个特质是口传的。她从这个人的口里,传到那个人的口里,她不曾被写下来。……像《三国志平话》,原是流传了许久,到了元代方才有了定型;到了罗贯中,方才被修改为现在的式样。像许多弹词,其写定下来的时候,离开她开始弹唱的时候都是很久的。所谓某某秘传,某某秘本,都是这一类性质的东西"[①]。中国最早的白话小说,是宋元时期说话人的话本,或者是一些失意文人为说书艺人专门创作的脚本。这些小说最初由说书艺人在瓦子勾栏、茶肆酒楼、露天空地与街道、寺庙等场所说唱。烟粉、灵怪、传奇、公案是说书的主要内容,市民大众是说书艺人的主要服务对象,情节生动、语言通俗,声调铿锵、节奏多变,态度鲜明、感情饱满是说书艺人追求的艺术特色。音声化和通俗文学是如此血脉相连,通俗性本就是音声作品的原初特质。

以有声小说重要的组成部分评书为例,传统评书分为"袍带书"如《三国演义》、"长枪书"如《精忠岳传》、"短打书"如《水浒传》、"神怪书"如《西游记》,从"袍带""长枪""短打""神怪"的名称上就可以看出其通俗性。而传统评书的代表书目也都源于在民间长期广为流传的通俗章回小说。

在内涵上,评书像一面镜子,深刻而又通俗生动地反映了纷繁复杂、色彩缤纷的大千世界,展示了从古到今的中国历史画卷,囊括了大大小小、形形色色的社会生活画面。它广博、犀利而又形象地反映着社会万象。广博

---

① 郑振铎.中国俗文学史:上[M].长沙:岳麓书社,2011:3.

指反映社会的广度,"不论历史风云,还是生活琐事;不论虎踞龙盘,还是豆棚瓜架皆可纳入评书的画卷之中"①。广博还指生动形象、别开生面的评点议论,这使得评书内容更为广泛,锦上添花。犀利指直陈思想、直抒胸臆、评点江山、扬善嫉恶,这是评书的魅力源泉,也是评书艺人跳出评书直面受众的通俗性链接。评书采用析局部知全局和塑造艺术形象的方式反映社会生活,使得社会生活在评书中的呈现多姿多彩、形象传神。道德观念的传达是评书的重要功能,这一功能体现在传统评书中就是对中华民族传统美德的歌颂。从美学意蕴上讲,文学作品对真善美的赞颂、对假丑恶的批判在传统评书中体现为对清官、忠臣、良师、勇将等社会上层人物和坚守忠、孝、节、义道德准则的社会底层人物的热情讴歌,以及对昏君、奸臣、不良之师、不义之友等违逆传统美德的人物的批判。忠、孝、节、义根植于中国传统的儒家文化,它们是民族认同的道德契约,规范着民间行为,在今天仍有精神威力。有关忠、孝、节、义的叙事容易产生共鸣,是道德观念润物细无声的通俗灌输。人生哲理感悟阐发是传统评书熠熠生辉的精神财富。评书中蕴藏的人生哲理并不抽象,也不说教。世界观附着于具体事物,以事喻理,历史观凝结在特定历史断面,人生观通过人物形象进行体现。在叙述语言和人物语言中、在评点中,人生哲理自然显现。评书的通俗性还表现在它所承载的民俗风貌。评书中人物生存的自然环境如同写意的山水画,以突出特征的特定方式渲染着民俗。庙宇、殿阁、亭台、楼榭、园林、器物等人工与自然的结合体更凝聚着民间的审美情趣和风情习俗。而作为民俗核心也是民俗载体的人,无论是外在的相貌、行为、言语以及衣、食、住、行,还是内在的喜、怒、忧、思、悲、恐、惊等无不带有鲜明的民俗特征。

在构成上,故事是评书的框架。评书的故事设计和丰富性根植于丰厚的生活万象,评书艺人驾驭故事根植于生活经验的积累。和其他文学作品一样,评书的故事是对生活的提炼加工,经过反复打磨才"既有头有尾,又波

---

① 汪景寿,王决,曾惠杰.中国评书艺术论[M].北京:经济日报出版社,1997:63.

澜起伏;既明白通畅,又悬念丛生;既贯通一气,又不排除剪断接说"①。与其他文学作品不同的是,评书属于二度创作,在故事创演的过程中不断调动听众的联想,并融入听众的联想诉求不断完善和共同完成艺术创作。这是评书故事的特色,也是通俗艺术的魅力之源。故事同时为各种技巧提供了施展的舞台,成就了其思想性、娱乐性和戏剧性。比如故事头绪纷繁时的"花开两朵,各表一枝";故事时空跨度过长时的"剪断接说""一路无话";故事跌宕起伏时的抛出"扣子";故事疑窦丛生时的巧用误会巧合等。细节是评书构成必不可少的砖石,也是评书通俗性的生动体现。细节附着于故事,是评书事、理、情的具体化、生动化和形象化。细节在精、细、巧之间散发着民间的生活方式和风土人情的审美意蕴。表情动作是评书构成的重要元素,也是它通俗性的表现。表情动作基于书中人物,由说书艺人来具体实施。说书艺人用表情动作既区分书中人物又模拟书中人物,使人物形象立体化、形象化、个性化,形神兼备。同时,说书艺人通过眼神、动作渲染自然环境和社会环境,正所谓"装文扮武我自己,好似一台大戏"。在表演中,受众的联想被激发,视觉想象被建立,有形有色、有血有肉的艺术形象呼之欲出。

　　在特征上,首先,评书的通俗性表现在文本的结构、句式、用词等的节奏变化和表演技巧的丰富多变中。评书的结构灵活多变、错落有致,多种句式交错使用,口语化特征鲜明。词的大小、轻重、深浅、抑扬对比变化多端,极具魅力。其次,评书的手、眼、身、法、步等表演既生动又写意,是评书思想内容通俗性的辅助表达。手,即手势。评书艺人的表演手势通过远近、高低、快慢、动静等的变化,蕴含了丰富的内涵。眼,指眼神。眼神的远近、动静、高低,既再现环境,又传达了人物的内心情感。身,是身段。身段的变换,塑造了人物、彰显了舞台美感。法,是对评书表演程式规律的遵循,是评书意境的有效营造。步的运用,使联想和想象在具象的依托下更为生动和可感。再次,评书的通俗性还表现在其内容的灵活性上。"说书人说一部书,每说

---

① 汪景寿,王决,曾惠杰.中国评书艺术论[M].北京:经济日报出版社,1997:78.

一遍都有变化"①,根据听众的情况当场"现挂"。"现挂"产生于与观众的直接互动和书场氛围等因素的刺激,以随意性的表演来展现,当然这一"现挂"是切题、机智、精到的,"既不是信口开河,又不是随便乱来,而必须服从评书表达的需要,目的是更新颖,更美好,更具艺术魅力"②。最后,评书的幽默特征是其通俗性最为直观的展现。评书的幽默来源于说书艺人揭露丑恶事物时的对比嘲讽,来源于运用俏皮话、歇后语或巧妙双关的语言对触及本质、耐人寻味的事物的评点,还来源于其或惟妙惟肖、或变形丑化的表情动作。

## 二、小说连播叙事的通俗性和形象性

同为听的艺术的小说连播,和评书一样具有通俗性的鲜明特征。如果说评书根植于中国传统文化,产生之初直面受众传播,除语言之外还有其他辅助理解的表现手段的话,小说连播则伴随现代大众传媒广播的产生而产生,有着与生俱来的现代性。它既要保有精神的、启蒙的、审美的意识形态属性,又要在物质的、市场的、经济的、商业的语境下生存发展。它借助大众传媒进行传播,演播者和受众并不见面,对于文学文本和声音表现等的通俗化要求就更为严格。

选择的文学文本要适合于听,基本要求是人物形象生动鲜活,故事情节曲折跌宕,故事的脉络清晰、条理分明。事实上,一些表现高级复杂的情感,带有强烈的个人主观色彩,对人的生存境况、生命价值、人生真谛、未来路径等问题做深度探讨的小说作品,是极具文学价值的,它们带给读者的往往是艰难的思索和思想的涤荡以及深刻沉重的审美感受,对读者的影响深远。这样的小说无疑是文学精品,但与此同时它们对读者的文化素质和艺术感受能力也会提出要求。这些厚重得让读者的心仿佛注满沉重铅块的、需要深入思考的作品更适合文字符号去承载,供人反复研究理解,而不宜用线

---

① 汪景寿,王决,曾惠杰.中国评书艺术论[M].北京:经济日报出版社,1997:91.
② 汪景寿,王决,曾惠杰.中国评书艺术论[M].北京:经济日报出版社,1997:92.

性、易逝的音声去传播。另外,作为大众媒体的广播,它期待着吸引广大受众来实现社会和经济效益,太深奥的音声作品往往曲高和寡,没有一定数量的受众就产生不了影响力,也吸引不来更多的广告收入。

美国学者托马斯·英奇在阐释包括有声传播在内的通俗文化时说:"通俗文化的服务对象是普通人,是人口中的多数,因而只有凭借消费者个人的欣赏趣味来评价。作品的成功与声誉取决于发行范围之广或欣赏该作品的人数之多。销售量统计表及作者赚得的酬金是评判作品价值的唯一途径。"[①]这显然是基于美国高度发达的商业社会作出的判断,但其对通俗文化服务对象的界定是准确的。有声小说是大众文化,其服务对象无疑是普通人,是人口中的多数,它的"成功与声誉"取决于它的受众人数,受普通大众欣赏趣味的制约。胡平先生在《叙事文学感染力研究》中分析,马斯洛分析人类五种主要需要由低层次到高层次排列分别是生理需要、安全需要、爱与归属需要、尊重需要和自我实现的需要。需要的层次越低,相联系的情感与情绪反应越强烈,低层次的需要获得满足后,才可能向高层次的需要发展,任何一种需要并不因为下一个高层次需要的发展而消失,各层次的需要相互依赖与重叠,高层次的需要发展后,低层次的需要将继续存在,只是减低了对行为影响的比重[②]。小说连播无论从内容还是形式上看,正是着重表现人的基本性情感的通俗文艺,会引起受众更为显著的情感反应,更能宣泄和净化情绪,富于娱乐性,易被理解和吸引。而"由于低层次需要满足后,才可能向高层次需要发展,通俗文学在读者方面必然占有较大的优势"[③],又"由于人类的基本性情感是永久性的、稳定的情感,低层次需要并不因为高层次需要出现而丧失其意义,所以通俗文学及其表达的情感内容就永远含有固定价值"。因此,小说连播虽然几经沉浮但始终有固定的收听群,而且受众始终包含了为数不少的高级知识分子。小说连播书源的选择必须秉持通俗

---

① 英奇,龚文庠.美国通俗文化研究[J].美国研究,1989(3):142-161+7.
② 胡平.叙事文学感染力研究[M].天津:百花文艺出版社,1995:259.
③ 胡平.叙事文学感染力研究[M].天津:百花文艺出版社,1995:260.

性的原则,首先满足人的低层次的需要。我们不妨以20世纪90年代最受欢迎的有声小说作品(表3-1)为例,做一简要分析。

表3-1　20世纪90年代最受欢迎的有声小说作品①

| 序号 | 作品 | 类型 |
| --- | --- | --- |
| 1 | 《基度山恩仇记》 | 复仇小说 |
| 2 | 《大唐游侠传》(上、中、下) | 武侠小说 |
| 3 | 《沂蒙九章》 | 报告文学 |
| 4 | 《蓝城》 | 通俗小说 |
| 5 | 《一个陌生女人的来信》 | 通俗小说 |
| 6 | 《醉红尘》 | 言情小说 |
| 7 | 《高玉宝·续集》 | 人物传记 |
| 8 | 《无盐娘娘》 | 评书 |
| 9 | 《孔子传》 | 人物传记 |
| 10 | "世界著名音乐家传记系列" | 人物传记 |
| 11 | 《走下神坛的毛泽东》 | 人物传记 |
| 12 | 《无极之路》 | 报告文学 |
| 13 | 《转折》 | 改革小说 |
| 14 | 《神阙辉煌》 | 纪实报告文学 |
| 15 | 《老子传》 | 人物传记 |
| 15 | 《康熙大帝》(三、四) | 人物传奇小说 |
| 16 | 《筑向太空的长城》 | 两弹揭秘小说 |
| 17 | 《饮马流花河》 | 武侠小说 |
| 18 | 《风流武媚娘》 | 人物传奇小说 |
| 19 | 《西行漫记》 | 纪实报道作品 |
| 20 | 《走向天堂》 | 报告文学 |
| 21 | 《天网》 | 小说 |

① 王大方,叶子."上帝"青睐的节目:《小说连播》业务专著[M].北京:中国文联出版公司,1995:393-410.

续表

| 序号 | 作品 | 类型 |
| --- | --- | --- |
| 22 | 《飞向太空港》 | 网络小说 |
| 23 | 《重庆谈判》(上、下) | 评书 |
| 24 | 《大决堤》 | 改革小说 |
| 25 | 《曾国藩》 | 人物传奇小说 |
| 26 | 《小丑叫人流泪》 | 政治惊险小说 |
| 27 | 《孽债》 | 知青情感小说 |
| 28 | 《乱世枭雄》 | 评书 |
| 29 | 《白蝴蝶》 | 言情小说 |
| 30 | 《千古功臣张学良》 | 评书 |
| 31 | 《赖宁的世界》 | 人物传记 |
| 32 | 《陪读夫人》 | 通俗小说 |
| 33 | 《曼哈顿的中国女人》 | 通俗小说 |
| 34 | 《永远在初恋》 | 爱情传记小说 |
| 35 | 《冰心传》 | 名人传记 |
| 36 | 《魂系青山》 | 报告文学 |
| 37 | 《红墙内外》 | 名人生活纪实 |
| 38 | 《马三立别传》 | 名人传记 |
| 39 | 《深圳的斯芬克斯之谜》 | 报告文学 |
| 40 | 《一百个孩子的梦》 | 报告文学 |
| 41 | 《戏剧大师曹禺》 | 名人传记 |
| 42 | 《天地人心》 | 报告文学 |
| 43 | 《昨夜长风》 | 言情小说 |
| 44 | 《幻灭》 | 网络玄幻小说 |
| 45 | 《李大钊》 | 名人传记 |
| 46 | 《红色间谍》 | 传奇小说 |
| 47 | 《活泉》 | 自传体小说 |
| 48 | 《少年天子》 | 人物传奇小说 |
| 49 | 《他乡明月》 | 通俗小说 |
| 50 | 《中越边境大扫雷》 | 报告文学 |
| 51 | 《北京人在纽约》 | 通俗小说 |

续表

| 序号 | 作品 | 类型 |
|---|---|---|
| 52 | 《毛泽东的故事》 | 名人纪实小说 |
| 53 | 《白鹿原》 | 史诗传奇小说 |
| 54 | 《西部歌王——王洛宾大写真》 | 名人纪实小说 |
| 55 | 《我的父亲邓小平》 | 人物传记 |
| 56 | 《黄传贵——黄家医圈八代传人》 | 人物纪实 |

从上表中我们可以看出，在20世纪90年代最受欢迎的有声小说作品中，人物传记和纪实文学共有24部，占到了总作品数的43%，其余则是复仇、武侠、言情、传奇等通俗类小说和评书等。90年代备受听众喜爱的人物传记和纪实文学有声小说作品明显带有通俗文学的性质。以与毛泽东有关的三部纪实通俗类读本为例，作者多为在毛泽东身边工作和生活过的人，内容反映伟人的生活和情感。人物传记和纪实文学的通俗性同20世纪90年代改革开放思想禁区的不断被突破，政治日渐透明和人们不断地尝试"发现""寻找"自我的时代语境密切相关。

"通俗文学的主要艺术特征是情节的曲折性、人物的传奇性和语言的通俗性。"① 通俗小说在选材上偏重于特殊、曲折、新奇，在创作上受中国传统章回小说的影响，语言通俗，情节密集，悬念丛生，有浓厚的戏剧色彩和强烈的娱乐性。此外，通俗小说的创作迎合着商业化的生产过程，高度重视读者，将读者作为创作的立足点。这一切都使得通俗小说文本天然地适合进行音声二度创作，并经由大众媒体进行传播。

沃尔特·翁在论及口头传统和口语文化的思维及表达特征时，列出了口语的九大特征：附加的、聚合的、丰裕的、保守的、贴近人生世界的、带有对抗色彩的、移情参与的、衡稳的和情景式的。在口语表达中，人们往往会将信息条目相加，只罗列不解释，也并不组成等级结构，这酷似儿童讲故事，通常用大量固化的套语聚合重要信息，在重复中理清自己的思绪并帮助听者

---

① 胡平.叙事文学感染力研究[M].天津:百花文艺出版社,1995:262.

理解和记忆,同时又反复吟诵确保观念化的知识得以保存流传。口语中不存在繁复、抽象的范畴,也不脱离人的行为环境使人疏远,它基于人的活动,贴近人生世界,贴近认识对象,它源自口语文化把人纳入人生的世界。在口语文化社会中,语汇与意义同当下保持密切且稳定的关系,借以保持社会的平衡和稳定。此外,口语文化中交流的思维方式是情景和具化的,而不是抽象的。

九大特征是基于口语社会的研究,但研究结果呈现出的有关口语的文化、技术和艺术特质等层面的规律特性对当下的语言文化研究和传播仍具有指导意义。仔细分析这九大特征我们会发现,它们有一个共性基点即"人生的世界",和人的最本质的物质、精神需求更为接近,口语文化显然更通俗。具体到小说连播的改编创作来讲,在音声创作中,追求通俗性是口语思维和表达特征的规律要求。自觉遵循口语思维和表达规律的音声作品往往在精神和艺术层面有较为出色的呈现,并能赢得听者的喜爱。

事实上,"一切书面文字都和语音世界,自然语言的栖息地有千丝万缕的联系,包括间接的和直接的联系,唯有依靠这样的联系,书面文本才能够产生意义"①。有阅读经验的人都会有这样的体验,阅读时仿佛在发声,就是在把文字转化为语音,或以真实的语音再现,或在脑海中再现。在人类文明进程中,有声语言系统是原生系统。叶蜚声和徐通锵先生在《语言学纲要》中阐述儿童学习语言的过程时也分析,婴儿从出生开始就身处于一个现成的语言环境里,学说话是孩子最早的智力活动,他们通过学说话来认识世界,发展思维。语言和思维从每个人的孩提时期就如影随形,始终保持着密切的关系。语言是人的第一项智力活动,"有人猜测孩子的大脑有从遗传而来的学习语言的'装置'"②。语言在某种程度上带有人的"本能"的特质,语言符号在传播过程中比文字符号省去了一道程序而增加了理解的便利程度。此外,与文字相比,"繁复、抽象的范畴依赖文字给知识提供结构,使之

---

① 翁.口语文化与书面文化:语词的技术化[M].何道宽,译.北京:北京大学出版社,2008:4.
② 叶蜚声,徐通锵.语言学纲要[M].北京:北京大学出版社,1997:16.

和实际的生活经验拉开距离。口语文化里没有这样的范畴,所以口语文化在使知识概念化、用口语表达一切知识时,不得不多多少少地贴近人生世界,以便使陌生的客观世界近似于更为即时的、人们熟悉的、人际互动的世界"①。虽然小说连播的改编创作是基于书面文本的,但它仍然是口语表达,仍然带有口语的性质,它更贴近人生世界,更有形象感,这也使得音声的呈现显得通俗和易于理解。口语的冗余化本是旨在"使听说双方都牢牢地追随既定的思路"②,但在小说的音声化中除了有这一基本用途之外,语言表达适当冗余,比如添加语气词、延长停顿等会为音声作品增添艺术效果,从而使其更加打动人心。口语"移情和参与式"的思维与表达的核心是贴近认识对象,与其产生共鸣并让其全身心地参与到场域的大众共鸣中,昭示了主体与认识对象的主动共情共鸣,是对听者集体的、趋同的参与召唤。这种召唤形成固有的仪式:浅唱低吟、高歌唱和、呐喊助威、鼓掌欢呼,人们常常全身心地参与到集体的交流活动中来。有声小说改编创作中体现出的音声艺术和传播本质是对口语"移情和参与式"的回应。正是音声主体即演播者在与文学文本共情的基础上形成生动的言语表达,使听者首先在音声易于理解的基础之上对音声主体产生了身份认同,继而与音声主体产生情感共鸣,从而和音声主体、文学文本中的人物故事一道全身心地投入音声创立的世界之中。

在小说连播作品中,除了语言本身具备通俗性之外,普遍使用的配乐也在加强着这一通俗性。音乐能带给人无限的想象,起着塑造人物、渲染气氛、深化主题、抒发情感等作用。在故事情节的高潮、人物强烈的内心活动激发听者共鸣等难以用语言来展现情感氛围时,音乐会给以恰切的解读,虽然可能会限制听众的想象,但是能帮助听众理解音声作品想要表达的主题并强化情感。在小说连播作品中,抒情音乐往往有明确的指向性,与作品的基调、主题,人物的性格、命运,人物的处境、心境相契合。与此同时,受到演

---

① 翁.口语文化与书面文化:语词的技术化[M].何道宽,译.北京:北京大学出版社,2008:4.
② 翁.口语文化与书面文化:语词的技术化[M].何道宽,译.北京:北京大学出版社,2008:30.

播进程等的限制,抒情音乐不可能完整呈现,而是片段、零碎和间断出现的。随着情节、人物、环境的不同,音乐呈现出同一片段的复沓式出现和不同旋律、节奏的片段性出现等特点。同一片段音乐反复出现会不断强化人物情感,渲染故事情节氛围,而不同旋律、节奏的音乐的片段性出现则暗示着故事的进展,象征着人物的情感关系。在有声小说作品中,配乐的旋律与基调和作品的主题、故事以及人物命运走向相契合,会对小说连播作品的语言产生增益作用,能帮助听者准确地理解并体验整部作品的思想和情感。此外,小说连播节目是以天为单位分段播出的,音乐可以迅速唤起听者的情感记忆,使其快速进入有声小说作品的氛围之中。

在小说连播作品中,音响,即事物声音也在强化着通俗性。事物声音主要是背景声音,它由环境声音、人物动作声音等构成。音响最重要而独特的功能是用声音说话,表现主题,增强现场感,使人如身临其境。在生活当中,我们身处一个声音无处不在的环境之中,一切有生物、无生物和自然环境、社会环境都有自己独特的声音,人们对于这些声音已经非常熟悉,甚至只听声音脑海中就会浮现相应的画面。这些声音都有一定的含义,都在传达信息,都有丰富的表现力。正如英国导演希区柯克所说:"音响效果应该当对话来处理,对话可以当音响效果来处理,人的喊叫和笑同样可以传达重要的含义。"[①]有声小说作品正是利用音响的这种广泛性、密集性、熟悉性和表意性来使听众轻易而形象地联想到环境氛围,从而使音声作品中的"当下"的场景环境更为具体、生动、可感。

我们不妨以《穆斯林的葬礼》中"序曲月梦"为例,简要分析小说连播作品的通俗性和形象性叙事特质。

在小说连播作品《穆斯林的葬礼》中,"序曲月梦"时长 14 分 30 秒,由男女声对播完成。

> 清晨,她走来了。一辆出租车停在路口,她下了车,略略站了

---

① 周传基.电影·电视·广播中的声音[M].北京:中国电影出版社,1991:160.

站,环顾着四周。然后熟悉地穿过大街、小巷向前走去……远处,炊烟缭绕。迷蒙的曙色中,矗立着这一带唯一的高出民房的建筑,顶尖如塔,橘黄色的琉璃瓦闪闪发光。那是清真寺的"邦克"楼,每日五次,那里传出警钟似的召唤:"真主至大!万物非主,唯有安拉;穆罕默德,主之使者。快礼拜啊!"

这一段时长3分50秒,由女声演播。这一段是书中的关键人物——历经人生悲欢的梁冰玉阔别故土多年后重返家乡的出场。作者用第三人称平静而又略带忧伤地观察叙述。梁冰玉在书中没有占最大的篇幅,但她却是书中最重要的人物。她本身是一个悲剧人物,同时也是书中悲剧的源头。用女声且用音色厚实沉静、情感深沉的女声叙述,能够使听者产生具体形象的想象,进入小说营造的氛围当中。

这儿是"达尔·伊斯兰"——穆斯林居住区,聚集着一群安拉的信徒,芸芸众生中的另一个世界……他们相信人生有"后世",相信"末日审判",每个人的灵魂被接纳进天园或是被投入火狱,一切将由真主判定。他们相信善行必定得到报偿,邪恶必定受到惩罚……

这一段时长5分钟,由男声演播。这一段简要叙述了回族的历史,情感悲怆而苍凉,由音色富有磁性、情感深沉的男声叙述,有强烈的历史感。

她从梦中醒来,面对着这个苦苦寻找的世界,是那么熟悉,仿佛岁月倒流了,那不堪回首的一切都不曾发生……但是她看见,在大门的旁边,古老的青砖墙上,镶着一块她从未见过的汉白玉标志,上面,用仿宋字和隶书刻着……

这一段时长4分钟,由女声演播。时空从历史转回现实,回到了梁冰玉的寻梦之旅。由男声转回女声,是对听者的提醒。

北京市重点文物保护单位 四合院 北京市文物事业管理局 1979……

这段标牌的内容由男声宣读,一方面,庄重有仪式感;另一方面,冷静坚实的男声响鼓重槌地敲击着梁冰玉和听者的内心,使他们同时感到惊诧。

她愣住了,她不知道这块崭新的,显然是今年刚刚镶上的汉白玉标志意味着什么?是这里的一切都改变了吗?……一道门,隔着两个世界。隔绝得太久了,大门里贮藏着她所知道的和不知道的一切……

这一段时长近6分钟,由女声演播。这是梁冰玉内心焦灼忐忑的描述,女声既在描述又在坦陈着梁冰玉此刻内心的矛盾。男女声对播使"序曲月梦"从内容到情感再到节奏变化都十分清晰和形象,带给听者的是具象化的审美感受。

"序曲月梦"中共有三段音乐:梁冰玉出场到介绍回回民族的形成和信仰之前,伴随着梁冰玉的行动和她所见的景物描写的,一直是曲调悠扬哀婉的小提琴曲,是梁冰玉此刻心情的写照,也是她性格命运的主旋律。介绍回回民族的形成和信仰的段落使用的是萧吹奏出的中国古典民乐,旋律低沉婉约,一唱三叹。叙述再回归梁冰玉身上,在她接近故宅,思绪在梦境和现实间回旋交织时,小提琴协奏曲《梁祝》悠然响起。《梁祝》在小说中具有重要的象征性意义,此时响起既渲染气氛,又预示书中人物悲剧性的命运。

在"序曲月梦"中,演播者适时加入了语气词和儿化音等,这些都符合口语的特征(表3-2)。

表 3-2 有声小说作品的口语化

| 原文 | 有声小说作品 |
| --- | --- |
| 她从梦中醒来,面对着这个苦苦寻找的世界,是那么熟悉。 | 她从梦中醒来,面对着这个苦苦寻找的世界,是那么(样的)熟悉。 |
| 重新回到这个世界,她老了,这里也已经变得陌生。 | (当)重新回到这个世界(之时),她老了,这里也已经变得陌生。 |
| 过去,每当春天来临,它就绽开串串白花,香气飘满整个胡同。 | 过去,每当春天来临,它就绽开串串白花(儿),香气飘满整个胡同(儿)。 |

口语化的语言表达处理进一步拉近了音声作品与"人生的世界"的距离,带给听者的是更为亲切的感受。

## 第二节 以声叙事视角的简繁选择及结构艺术

叙事视角,简单地说就是在小说中由谁来讲故事。叙事视角深刻影响着"讲故事"的效果。正如珀西·卢伯克在他的经典著作《小说写作技巧》中所说:"在整个复杂的小说写作技巧中,视点(叙述者与他所讲的故事之间的关系)起着决定性的作用。"在有声小说作品中,叙事视角的选择相对单一,这和有声小说的音声性质及传播方式相关。但也正是其"音声"和"传播"的特点,使其叙事视角附加了多层的含义。

### 一、以声叙事视角的简

小说的叙事视角通常被划定为三种模式:全聚焦模式、内聚焦模式和外聚焦模式。全聚焦模式是"迄今为止发展得最成熟、被运用得最普遍的一种结构模式,几乎出现于从荷马史诗到 19 世纪批判现实主义与浪漫主义的绝大部分经典小说"[1]。在全聚焦模式中,叙述者仿佛全知全能的上帝,正如罗

---

[1] 徐岱.小说叙事学[M].北京:商务印书馆,2010:208.

兰·巴特所说:"叙述者既在人物之内又在人物之外,知道他们身上所发生的一切但又从不与其中的任何一个人物认同。"①叙述者掌握着比故事中所有人物都多的情况,知道他们的过去与未来,在故事中他可以任意穿行游走。全聚焦模式根据叙述者活动范围的大小,又可分为三种类型:叙述者全知全能、君临一切,常以第一人称亮相且凌驾于故事之上的主观型;采用第三人称的方式,以较为隐蔽的态度进行叙述的客观型;叙述者一方面掌握着全局,对故事中的人与事不断做着全景式的描述,另一方面一旦描述的焦点对准某个人物并且这个人物出现内心活动时,叙述者就悄无声息地消失了的主观型和客观型相混合的混合型。

内聚焦模式又称"人物视点式"或"同视界式"。"在这类模式中,叙述者好像是寄居于某个人物之中,借着他的意识与感官在视、听、感、想,所知道的和人物一样多。"②在内聚焦模式中,叙述者可以是小说中的主角,也可以是一般的见证人,甚至可以深居某个人物的内心深处而并不直接在作品中露面。但不管叙述者是作品中的人物还是藏身角色内心,他的活动范围只是人物的内心世界,只叙述这个人物的内心活动,通过这面屏幕来映现他之外的人物和故事。和全聚焦模式相比,内聚焦模式最大的特点在于它的叙述者不再是超越时空、无所不知、无所不在的,叙述者的权利和活动范围受到限制。叙述者不再高高在上,他和读者的关系变得平等了,与此同时,小说也给读者留下了可供想象的空间。

外聚焦模式是叙述者对故事的掌握呈最低限度的一种模式。在这一模式中,"叙述者所了解的情况少于剧中人物,如同局外人与旁观者。扮演这种角色的叙述者既可以是一位隐身人,通过第三人称进行叙述,也可以第一人称在故事中亮相"③。与全聚焦模式和内聚焦模式相比,外聚焦模式更为

---

① 巴特.叙事作品结构分析导论[M]//张寅德.叙述学研究.北京:中国社会科学出版社,1989:29.
② 徐岱.小说叙事学[M].北京:商务印书馆,2010:222.
③ 徐岱.小说叙事学[M].北京:商务印书馆,2010:233.

客观,"最大限度地保留现实生活以原生性与客观性"①。具体讲,叙述主体的主体性被极大地克制,而留给接受主体的空间变大了。读者的主体性被调动,文本充满空白,召唤读者积极投入其中,运用自身的生活经验和艺术感知去想象,虽然这种调动有可能是被动的。外聚焦模式严格控制叙述主体的主观介入,绝对排斥进入人物的内心世界,文本显示出去人格化和冷漠的特征。这一特征最主要表现为对人内心世界的回避,这在某种程度上放弃了小说的特长,带给读者的是强烈的内心压迫感。这也是外聚焦模式"除了在一些篇幅比较短小的作品中,其常规功能是充当其他两种叙述模式配角"②的原因之一。

有学者概括了全聚焦模式的三方面不足:第一,虚幻性。即在现代社会,当上帝的威严在科学的光芒下消失殆尽的时候,再以无所不知、无所不在的身份叙述小说显得不够真实。第二,封闭性。即全知全能的叙述者既掌握人物的全部情况又洞知故事的最终结局,整个文本呈现出封闭状态。第三,被动性。简单说就是一切都掌握在叙述者手中,读者唯一能做的就是被动接受。三个不足"足以动摇全聚焦模式在小说叙事文本建构活动中的那种独裁女皇的地位"③。在有声小说音声的和大众传播的语境中,在书面文本中全聚焦叙事视角的缺陷恰恰变得不可或缺——虚幻意味着全局和全面,封闭意味着清晰和明确,被动意味着轻松和娱乐。小说音声化,其本质是用语言来讲故事,它价值的实现要依托大众媒体的传播。一方面,和小说隐秘的交流方式、隐蔽的个体阅读接受方式相比,小说音声化的"音声"性使它的交流是公开的,而大众传播又使它的接受方式可以是个体的也可以是群体的。另一方面,小说音声化传播的线性和易逝性使得听者无暇去揣摩和追溯文本内容,而听者的想象和联想是建立在音声之上亦即"你说我听"之上,因此有声小说的改编和创作必须要通俗和形象。

---

① 徐岱.小说叙事学[M].北京:商务印书馆,2010:239.
② 徐岱.小说叙事学[M].北京:商务印书馆,2010:240.
③ 徐岱.小说叙事学[M].北京:商务印书馆,2010:215.

精神上的娱乐功能,满足受众的期待感是小说音声化的审美旨归。这使得在叙述视角的选择上,小说的有声创作要遵循自身的规律。内聚焦模式多被使用在意识流小说中。在这种模式里,叙述者寄居于某个人物之中,叙述者不再全知全能,虽然和读者的地位平等了,且为读者留下了广阔的想象空间,但在音声传播中,留白并非越多越好。因此,情节不强的,更多注重心理刻画的、主观的、虚幻的意识流类的内聚焦模式作品不可能作为有声小说改编创作的主体书源。外聚焦模式因其"最大限度地保留现实生活以原生性与客观性",读者甚至与作者一同在重构作品,虽然给了读者更大的自由,但情感因素往往过于稀薄,而声音是表达情感的最佳载体,情感正是有声小说审美的核心,因此有声小说的改编创作一般不会选择外聚焦模式的小说作为书源。

综上所述,我们可以看出叙述者犹如全知全能的上帝的全聚焦模式是适合小说音声改编的创作规律的。叙述者以全能的方式进行叙述,以先知的形象而存在,他可以将作品中的一切都向读者解释清楚,与此同时也使听众听得清楚。全聚焦模式适用于具有宏大布局的、人物众多的、故事线索复杂的题材,在表现历史的厚度和现实的广度方面得心应手,这与有声小说的娱乐性和教育性追求不谋而合。事实上,全聚焦模式在我国传统的口头讲说表演艺术评书当中应用广泛,尤其是主观型的全聚焦模式,全知全能的叙述者常以第一人称直接登场亮相,凌驾于故事之上发表感想和评论。评书的精髓"评"就是无所不能的说书艺人直接向受众陈述,显示着强大的存在感。比如新评书《跃马扬刀》开头的一段:

> 其实马占山并不是真投降日寇,他有他自己的打算,他是在部队四面受敌,才使了这么一招儿,这叫诈降计。这事他跟任何人都没说,就自己老婆子都没告诉,你想,他能不挨骂吗?这骂他总共挨了一个月零十天,在这段时间里,使部队得以休养生息,养了个兵精粮足。现在,十一天,马占山已经做好了起义前的一切准备工

作,今天是三月二十一号,他决定就在今夜起义。

说书先生知道马占山的所有思考,掌握着他的过去和未来,是评书故事中的上帝。"评书不评,演员无能",贯穿评书的主观型全聚焦视角由优秀的说书艺人呈现,带给听者的是充满智慧的,洞人生之幽、烛历史之微的思想和情感升华。

在小说书面文本中,全聚焦模式容易导致"空洞无味的夸夸其谈和装腔作势的自我表现"①,但是在音声文本中,叙述附加了音声的规律和特点,这就使单一的叙述模式有了情感和情绪的负载,使叙述视角仿佛也变得多维了。当然,这要求音声主体必须胸襟博大、眼界开阔、见多识广,性格亲善且声音动听,情感分寸拿捏得当,语言表达起伏跌宕、变化多端、个性鲜明。

评书因为是为"听"而创作的,是说书艺人口头讲述故事,佐以评论的叙事艺术,因此自觉遵循着全聚焦的叙述模式,这是经验的累积,也是古人智慧的体现。在叙事笔法上,评书多采用正笔、暗笔、伏笔、补笔、倒插笔、惊人笔等②,它们构筑了评书的情节结构。正笔,又称明笔,是按事件发展过程依次叙述。这一顺序可以体现在按照时间记叙人或事的发展过程上,也可以体现在人或事的发展伴随空间的更迭和推进上。这是评书采用最多的叙事方式,也使得评书的情节结构一般只有一条主线。暗笔,"是为了制造悬念,故意对某些情节隐而不讲,一带而过,等故事发展到特定关头,再中断叙述,对前面设下的悬念加以交代和说明"③。暗笔分为暗表法,用"书中暗表"提示听众,解开听众心中的悬念。暗示法,描绘人物的心理活动或对即将发生的事件做暗示从而制造悬念。暗藏法,不用言语解释,只展示与悬念有关的事件。伏笔,"是对即将在书中出现的人物或事件露个'先声',以求前后呼

---

① 徐岱.小说叙事学[M].北京:商务印书馆,2010:217.
② 汪景寿,王决,曾惠杰.中国评书艺术论[M].北京:经济日报出版社,1997:117.
③ 汪景寿,王决,曾惠杰.中国评书艺术论[M].北京:经济日报出版社,1997:120.

应,为关照下文而事先有计划地埋伏下笔墨"①。伏笔有情节上和叙述上的伏笔。补笔,"是使整部书内容完整,结构严谨和谐的重要笔法之一"②。倒插笔,分为倒笔和插笔。倒笔和正笔相反,先叙述结果再展示原因,从而制造悬念。插笔是在主要情节推进的过程中,插入另一个情节。惊人笔,是指用在关节点的对惊天动地的行为和出人意料的事件等的叙事。从评书的叙事笔法上我们可以感受到,全知全能的叙述者无处不在,他胸有成竹地叙述着故事,时而制造悬念,时而埋下伏笔,时而为了故事情节的完整补上一段,时而为了让故事更精彩跌宕而头尾倒置,时而又在关键处陡然出奇制胜。故事和听众尽在他的掌握之中,他自己就是"一台大戏",而听众也乐于在有魅力的叙述者的带领下展开娱乐身心的美妙旅程。

小说连播也自觉遵循着全聚焦模式的小说文本选择,我们不妨看看中国《小说连播》60 周年最具影响力的 60 部作品的叙事模式(表 3-3)。

表 3-3　中国《小说连播》60 周年最具影响力的 60 部作品的叙事模式③

| 序号 | 作品 | 主体叙事模式 |
| --- | --- | --- |
| 1 | 《夜幕下的哈尔滨》 | 全聚焦模式 |
| 2 | 《穆斯林的葬礼》 | 全聚焦模式 |
| 3 | 《青春之歌》 | 全聚焦模式 |
| 4 | 《红岩》 | 全聚焦模式 |
| 5 | 《李自成》 | 全聚焦模式 |
| 6 | 《白鹿原》 | 全聚焦模式 |
| 7 | 《四世同堂》 | 全聚焦模式 |
| 8 | 《平凡的世界》 | 全聚焦模式 |
| 9 | 《我的父亲邓小平》 | 全聚焦模式 |
| 10 | 《林海雪原》 | 全聚焦模式 |

---

① 汪景寿,王决,曾惠杰.中国评书艺术论[M].北京:经济日报出版社,1997:125.
② 汪景寿,王决,曾惠杰.中国评书艺术论[M].北京:经济日报出版社,1997:131.
③ 叶咏梅.中国长篇连播历史档案:上卷 作家作品卷[M].北京:中国广播电视出版社,2010:15.

续表

| 序号 | 作品 | 主体叙事模式 |
| --- | --- | --- |
| 11 | 《钢铁是怎样炼成的》 | 全聚焦模式 |
| 12 | 《牛虻》 | 全聚焦模式 |
| 13 | 《上海的早晨》 | 全聚焦模式 |
| 14 | 《水浒》 | 全聚焦模式 |
| 15 | 《野火春风斗古城》 | 全聚焦模式 |
| 16 | 《烈火金刚》 | 全聚焦模式 |
| 17 | 《暴风骤雨》 | 全聚焦模式 |
| 18 | 《抉择》 | 全聚焦模式 |
| 19 | 《藏獒》 | 全聚焦模式 |
| 20 | 《狼图腾》 | 全聚焦模式 |
| 21 | 《风流才女——石评梅传》 | 全聚焦模式 |
| 22 | 《寻找回来的世界》 | 全聚焦模式 |
| 23 | 《曾国藩》 | 全聚焦模式 |
| 24 | 《绝对权力》 | 全聚焦模式 |
| 25 | 《贞观长歌》 | 全聚焦模式 |
| 26 | 《苦菜花》 | 全聚焦模式 |
| 27 | 《欧阳海之歌》 | 全聚焦模式 |
| 28 | 《高山下的花环》 | 全聚焦模式 |
| 29 | 《苍天在上》 | 全聚焦模式 |
| 30 | 《安娜·卡列尼娜》 | 全聚焦模式 |
| 31 | 《三国演义》 | 全聚焦模式 |
| 32 | 《敌后武工队》 | 全聚焦模式 |
| 33 | 《红旗谱》 | 全聚焦模式 |
| 34 | 《许茂和他的女儿们》 | 全聚焦模式 |
| 35 | 《静静的顿河》 | 全聚焦模式 |
| 36 | 《保卫延安》 | 全聚焦模式 |
| 37 | 《铁道游击队》 | 全聚焦模式 |
| 38 | 《大雪无痕》 | 全聚焦模式 |

续表

| 序号 | 作品 | 主体叙事模式 |
| --- | --- | --- |
| 39 | 《永不瞑目》 | 全聚焦模式 |
| 40 | 《创业史》 | 全聚焦模式 |
| 41 | 《康熙大帝》 | 全聚焦模式 |
| 42 | 《北京人在纽约》 | 全聚焦模式 |
| 43 | 《西部歌王——王洛宾大写真》 | 全聚焦模式 |
| 44 | "哈利·波特系列集锦" | 全聚焦模式 |
| 45 | 《红日》 | 全聚焦模式 |
| 46 | 《艳阳天》 | 全聚焦模式 |
| 47 | 《太阳照在桑干河上》 | 全聚焦模式 |
| 48 | 《芙蓉镇》 | 全聚焦模式 |
| 49 | 《沉重的翅膀》 | 全聚焦模式 |
| 50 | 《大法官》 | 全聚焦模式 |
| 51 | 《我在天堂等你》 | 全聚焦模式 |
| 52 | 《历史的天空》 | 全聚焦模式 |
| 53 | 《输赢》 | 全聚焦模式 |
| 54 | 《沉船》 | 全聚焦模式 |
| 55 | 《将军吟》 | 全聚焦模式 |
| 56 | 《故土》 | 全聚焦模式 |
| 57 | 《人生》 | 全聚焦模式 |
| 58 | 《百年风云》 | 全聚焦模式 |
| 59 | 《红楼梦》 | 全聚焦模式 |
| 60 | 《中国式离婚》 | 全聚焦模式 |

从上表我们可以看出，小说作品都采用全聚焦模式，其中，混合型全聚焦模式数量占优。"最具影响力"足以说明这些小说音声作品在思想艺术、接受度、市场反应等方面具备一定水准，也能够说明全聚焦模式是适合小说音声化这一艺术形式的。

## 二、以声叙事视角的繁

在小说音声文本中,叙事视角的"繁"是依托音声来体现的。文字文本转换为音声文本,文字符号转化为音声符号,小说音声化文本的全聚焦叙事视角也被赋予了音声的特点,并伴随着音声主体的不同和音色配置的不同而使"讲故事"呈现出不同的效果。

相对于"看"故事,"听"故事在接收上少了一个环节,就是将看到的文字转换为脑海里的声音。受众脑海里不再回响映入眼帘的文字,而是直接从入耳的音声中感知故事的情节和人物。因此,音声虽然不改变小说文本的叙事视角,但却直接干预听者的情感和思维走向,也影响了其对叙事视角的感受,这种干预在听者的情感层面上更为显著。在小说书面文本中,再全知全能、无所不在的叙述者也是以文字符号来负载的,他们把握故事走向、掌控人物命运必须依赖于受众的想象和联想;而在小说音声文本里,叙述者可以借音声来"显形",他们可男可女,也可以一会儿男一会儿女。与文字相比,音声部分地限制了受众的想象力,但也赋予了叙述者以强烈的生命力,听声音远比看文字更能使人感受到活生生的生命的存在。尤其是如果声音形象和小说的意境相贴合,将带给受众轻松与清晰的感受。音声是有声小说的核心,选择并确定音声是小说音声改编创作这一依托于小说文学文本的文学活动主观能动性的体现。

在有声小说的创作过程中,音声主体主要承担叙事和角色塑造任务。根据小说文本的内容形式和录制时的实际情况,音声主体可由男声、女声分别承担,也可由男声和女声同时承担,在一些强调戏剧性效果如《北京人在纽约》这样的音声文本中,会有多个音声主体来塑造人物,但一般情况下叙述者不会超过两个声音。正是男声、女声,单播、对播等不同的设置和音声主体在处理声音时情感、技巧等的腾挪回转,使音声文本中的叙事带给听者以复杂多变的情感和艺术感受。

我们不妨以音声作品《狼图腾》为例(表3-4),来简要分析音声对于叙事的影响。《狼图腾》是北京作家姜戎创作的半自传体长篇小说。小说主要讲述了20世纪六七十年代,北京知青陈阵在内蒙古草原插队时与草原狼、蒙古游牧民族人民相互依存的故事。该书2004年4月出版,连续6年排名文学图书畅销榜前十,获得各种奖项几十余种。《狼图腾》出版当年被中央人民广播电台改编为音声作品,由徐涛演播。徐涛音质宽厚有磁性,语音规范,吐字清晰有力,声音气质深沉厚重,与小说的基调风格相得益彰。有声小说作品《狼图腾》播出后深受欢迎,在中国《小说连播》60周年最具影响力的60部作品节目排行榜中位居第20位。中央人民广播电台播出小说连播《狼图腾》后,不断有音频商业网站推出由不同演播者演播的这部小说的音声作品。

表3-4 有声小说作品《狼图腾》片段

| 角色 | 内容 | 声音运用情感表达 |
| --- | --- | --- |
| 旁白 | 大青马哆嗦着走进了阴森山谷喇叭形的开口处,当陈阵猛地转头向山谷望去时,他几乎吓得栽下马背,距他不到四十米的雪坡上,在晚霞的天空下竟然出现了一大群金毛灿灿杀气腾腾的蒙古狼。 | 气促声虚惊讶害怕 |
| 旁白 | 全部正面或侧头瞪着他,一片锥子般的目光嗖嗖飞来,几乎把陈阵射成了刺猬。离他最近的正好是几头巨狼,大如花豹,足足比他在北京动物园里见到的狼粗一倍高半倍长半个身子。此时十几条蹲坐在雪地上的大狼忽地一下子全部站立起来,长尾统统提翘,像一把即将出鞘的军刀,一副弓在弦上居高临下准备扑杀的架势。 | 气沉声实凶残威严 |
| 旁白 | 狼群中一头被大狼们簇拥着的白狼王,它的脖子、前胸和腹部大片的灰白毛发出白金般的光亮,耀眼夺目,散发出一股凶傲的虎狼之威。 | 气实声宽雄壮威严 |
| 毕力格 | 后来,陈阵和毕力格老人详细讲起狼群当时的阵势,老人用食指刮了一下额头的冷汗说:"狼八成正在开会,山那边正好有一群马,狼王正给手下布置袭击马群的计划,幸亏这不是群饥狼,毛色发亮的狼就不是饿狼。" | 气沉声缓担心后怕 |
| 陈阵心理活动 | 陈阵在那一瞬其实已经失去了任何知觉,他记忆中的最后感觉是头顶蹦出一缕轻微但极其恐怖的声音,像是口吹足色银圆发出的那种细微震颤的铮铮声。这一定是他的魂魄被惊出天灵盖的碰击声。陈阵觉得自己的生命曾有过几十秒钟的中断,那一刻他已经变成了一个灵魂出窍的躯壳,一具虚空的肉身遗体。 | 气浅声断害怕绝望 |

续表

| 角色 | 内容 | 声音运用<br>情感表达 |
|---|---|---|
| 旁白 | 陈阵没有栽下马是因为他骑的不是一般的马,那是一匹在狼阵中长大,身经百战的著名烈马,事到临头千钧一发之际,大青马突然异常镇静,它假装着没有看见狼群,或是一副无意冲搅狼群聚会的样子,仍然踏着赶路过客的步伐缓缓前行,它挺着胆子,控着蹄子,既不挣扎摆动也不夺路狂奔,而是极力稳稳地驮正鞍子上的临时主人,像一个头上顶着高耸的玻璃杯叠假盘的杂技高手,在陈阵身下灵敏地调整马步,小心翼翼地控制着陈阵脊椎中轴的垂直,不让他的重心倾斜失去了平衡一头栽进狼阵。可能正是大青马巨大的勇气和智慧将陈阵出窍的灵魂追了回来,也可能是陈阵突然领受到了腾格里的精神抚爱为他过早走失上天的灵魂揉进了信心与定力。当陈阵在寒空中游飞了几十秒的灵魂再次收进他的躯壳时,他觉得自己已经侥幸复活,并且冷静得出奇。 | 气沉声实<br>从容镇定<br>勇敢智慧 |
| 旁白 | 陈阵感到狼王正伸长脖子向他身后的山坡瞭望,狼群都把金碗形的长耳像雷达一样,朝着狼王张望的方向,所有的杀手都在静候狼王下令。但是这个无枪无杆的单人单马竟敢如此大胆招摇地路过狼群却令狼王和所有的大狼生疑…… | 气沉声坚<br>冷静狡猾 |

　　这一段描写了北京知青陈阵才来草原不久与蒙古草原狼群的邂逅,主要是行为动作和心理的描写,读之令人惊心动魄。不难看出,此段的叙事是全聚焦模式,这也是全书的叙事模式。在本段中,叙述者旁观一切,掌握全局,全景叙述着陈阵与蒙古草原狼群邂逅的前前后后。这一段一共有四个角色主体,分别是知青陈阵、毕力格老人、大青马和草原狼。若再加上环境描写,给受众传递的是五个信息点。和看文字不同,音声表达可以借助声音位置、语速、节奏等的变化赋予这些信息点以别样的情感色彩,叙事视角没有变,但从这个角度看过去的人、物变得具体可感,"讲故事"的效果改变了。陈阵是刚来草原的北京知青,年纪轻和阅历浅使他多少有些毛躁,做事不计后果。不听毕力格老人的话选择抄近道回厂部印证了他的这一性格特点。在音声作品中,演播者徐涛宽厚深沉的声音给这一形象增添了踏实的气质。在处理毕力格老人的语言时,徐涛加入了语气词,语速稍缓慢,声音实中有虚,让老人的形象在睿智的基础之上增加了慈祥的色彩。在本段中,大青马和狼王狼群都显示出了令人叹服的智慧,同为动物,徐涛在音声处理上有着

明显的不同。演播大青马,徐涛声音略微靠前,语速稍显急促,在聪明中透出忠诚和纯善。而在狼群尤其是狼王的处理上,徐涛语速拖慢,声音靠后,节奏迟滞,使狼王显得阴险而老练。在描述太阳、天空、草原、山丘等景物时,徐涛的声音苍凉而冷静,使环境在渲染气氛的同时,产生了智者昭示的意趣。

在《狼图腾》音声文本中,徐涛用声音完成了叙事的任务。声音的物质属性限制了受众的想象,好在徐涛的声音气质和小说思想主旨契合,演播技巧纯熟,为全聚焦的叙事增添了具体而人格化的审美旨趣,大幅度地缩短了受众与文本之间的距离,营造出亲切自然的接受心理氛围。同为《狼图腾》音声作品,一些商业网站推出的音声文本却并未受到受众的认可,主要原因是"播读者的声音难听,表现力较差,不能准确生动地展现作品内容与内在情感,层次单一,生硬刻板,无法给接受者带来听觉与心理满足"[①]。比如笔者曾听到过一个音声文本,音声主体也为男声,音质单薄,气息浅弱,语音不规范,情感粗糙造作,在叙述陈阵、毕力格、大青马、草原狼、环境时,语气、声音色彩、节奏、情感等没有变化,索然无味。这样的音声作品是以"声音好听、普通话语音规范、语言生动、表达富有特色、表达契合审美心理"[②]作为选择音声作品标准的受众难以接受的。这从不同的维度证明了音声对于叙事的能动影响。

《穆斯林的葬礼》是回族作家霍达的长篇力作,这部小说于1989年被中央人民广播电台制作为有声作品播出,19年后的2008年被中央人民广播电台重新制作并播出。不同的是第一版由女声演播,第二版是男女声对播。同一部小说,同样的全聚焦模式,由于音声主体的不同,带给受众的审美和情感体验也不同。以第二版(表3-5)为例:

---

① 曾志华,卢彬.声领其境:全媒体有声读物研究综论[M].北京:中国传媒大学出版社,2019:34.
② 曾志华,卢彬.声领其境:全媒体有声读物研究综论[M].北京:中国传媒大学出版社,2019:35.

表 3-5 有声小说作品《穆斯林的葬礼》片段

| 声音<br>(角色) | 内容 | 声音运用<br>情感表达 |
|---|---|---|
| 女声<br>(韩新月) | "不要再瞒我了,爸爸!" | 气促声虚<br>焦急渴望 |
| 男声<br>(旁白) | 新月把脸贴着父亲的白发,泪水洒在那缕缕银丝上。 | 气浅声柔<br>真挚爱怜 |
| 女声<br>(韩新月) | "十几年了,我总是看着您在痛苦中沉默,却不知道是因为什么。都是因为我吧?爸爸,不要再为我痛苦了,女儿……不会再麻烦您太久了,恐怕要离开您了!您该告诉我了,到底是谁生下了我?即使您和妈妈都不是我的生身父母,也应该告诉我,不管过去曾经发生了什么事,都告诉我吧!别让我……到死都不认识自己的妈妈,我想她!她到底是谁啊?" | 气虚声断<br>焦急渴望<br>绝望哀伤 |
| 男声<br>(韩子奇) | "新月!别……别问……"滚滚的热泪涌出了那深陷的眼眶,洒在女儿的脸上,手上。他战栗着抬起头,惊恐地看着女儿,女儿那晶莹的眼睛正期望着他!啊,新月,不是爸爸狠心地欺骗你,是因为还没有等到你长大成人,开始独立的人生!也许……那一天已经没有了?!深深的恐惧攫住了他的心,他那瘦骨嶙峋的手在颤抖,在痉挛,他伸出手臂,搂着女儿的脖子,抚摸着她那柔软的头发,紧紧地抱在怀里,生怕她会突然离去。 | 气虚声颤<br>爱怜绝望 |

这一段是长篇小说《穆斯林的葬礼》的高潮之一。韩子奇、韩新月父女俩即将生离死别,重病中的韩新月恳求父亲告诉她身世真相,进退两难的父亲韩子奇备受煎熬。这一刻,渴望、眷恋、疼惜、自责、犹豫种种情感相互交织,复杂而炽热。从接受的角度来讲,关于浓烈的情感,对心理起抽象作用的文字似乎更能激发读者的联想和想象,而直接作用于感官的声音因情感过于多元和复杂,叙事表情难度较大,且使听众信服并引发情感共鸣的空间收窄。

第一版音声作品选择女声来演播的原因是"《穆斯林的葬礼》描写了三代人60年间的生活,最主要的人物有五个,而女性的分量很重,加之作品人情味、动情处颇多,选用女声来播,效果会更好"①。演播者孙兆林声音清亮干净,语音纯正,情感细腻,亲切自然,她的演播不仅让作者霍达"在录制过

---

① 叶咏梅.中国长篇连播历史档案:上卷 作家作品卷[M].北京:中国广播电视出版社,2010:56.

程中,亲自来录音间审听,一听便放了心"①,也让听众因音声作品的"情感美、文彩美、编辑手法美和演播美"②,而感到"能听到这样撼动人心的作品,实在如沙漠中赶路的人喝到一捧甘泉,留给人们的回味是隽永的,启迪是深邃的"③。正如作者和听众的感受,在这部女性分量很重的小说里,无论是女性角色语言的塑造还是女性行为、心理等的叙述,孙兆林的声音形象气质贴合而又驾驭自如,但在转换到男性角色的语言、心理、行动或在男女角色交锋碰撞、情感浓烈等场景时,女声叙事会使听众短暂地游离于讲故事之外。这在阅读书面文本的过程中是不会出现的,这是音声可感的物质属性使然,也是音声之于"叙事"的能动性的表现。比如在这一段处理韩新月的声音时,她气息稍虚,略带哭腔,而情感却热烈执着,用声音生动塑造出病中的新月渴求真相的形象,听之令人不禁对这个身世悲凉的少女更为同情和爱怜。在转换到对韩子奇的描述时,孙兆林刻意发音靠后、语速放缓,为的是向男性角色靠近,虽然感情也是深沉浓烈的,但听起来总会让人产生脱离感,从而部分削减了艺术感染力。

在第二版音声作品创作时,"作者首先提出演播要男女对播"④,"并以听觉艺术的审美标准选择了徐涛、李慧敏演播"⑤。事实上,男女对播也使音声叙事的性别转换问题得到了解决。还是以韩新月探求身世真相一段为例。女声成功表现了新月身体的虚弱和精神的渴望,叙述转换到韩子奇,男声响起,厚重、深沉、痛苦、纠结,和听者的审美情感期待相契合,此时的韩子奇的形象顺畅地出现在听者的脑海里。男女声对播,丰富了小说文本叙事视角,使音声作品产生了丰富而独特的艺术魅力。

在评书当中,艺术造诣深厚的评书艺人随心所欲地驾驭着自己的声音,

---

① 叶咏梅.中国长篇连播历史档案:上卷 作家作品卷[M].北京:中国广播电视出版社,2010:56.
② 叶咏梅.中国长篇连播历史档案:上卷 作家作品卷[M].北京:中国广播电视出版社,2010:52.
③ 叶咏梅.中国长篇连播历史档案:上卷 作家作品卷[M].北京:中国广播电视出版社,2010:52.
④ 叶咏梅.中国长篇连播历史档案:上卷 作家作品卷[M].北京:中国广播电视出版社,2010:58.
⑤ 叶咏梅.中国长篇连播历史档案:上卷 作家作品卷[M].北京:中国广播电视出版社,2010:55.

构造了丰富的叙事维度。

评书《百年风云》是入选中国《小说连播》60周年最具影响力的60部作品节目的为数不多的评书,也是评书演播艺术家单田芳的代表作。这部评书以1840—1912年中国近代百年大变革为背景,聚焦"鸦片战争""太平天国运动"等重大事件,用一个个生动的故事再现了辛亥革命前近代中国的百年苦难史和这一时期的重要人物。《百年风云》事件多,出场人物多,采用全聚焦模式叙事。单田芳一人演播,既讲故事又是故事中的人物,变化多端的声音给单一的叙事视角增添了多样的表现色彩,正所谓"吐字千斤重,听众自动容"①。

比如评书一开篇的环境描述:

> 说的是道光十八年,那年的冬天啊,北京是格外地寒冷,正可谓滴水成冰啊,冷到什么程度,吐个唾沫到了地上"啪"摔碎了,淌出眼泪能变成冰条儿,打个哈欠都能冻冰……

通俗的口语表达,象声词的巧妙使用,自问自答的强调,把酷寒的场景展现给听众,逼真立体的声音叙事带给听众的不仅是听觉感受,还有视觉和触觉感受。

又比如道光皇帝和林则徐第一次正式见面的场景:

> 林则徐从外面进来了,跪倒在拜殿之上,免冠叩首:"臣林则徐叩见皇上,万岁万岁万万岁!"道光在上看着,林则徐一进乾清宫他这个眼光就盯住了林则徐,以前见过没注意,这次仔细一看,林则徐上中等个儿,方面大耳浓眉阔目是鼻直口方,三绺短墨髯,长得是庄重。很好很好啊,一看着,道光皇帝心里就喜欢。"爱卿免礼平身!""谢皇上!"

---

① 杨佩琴.单田芳评书的艺术风格[J].现代传播,1995(4):75-76.

这段话包括道光皇帝的语言、林则徐的语言、道光皇帝眼中的林则徐形象、道光皇帝的心理活动等。在处理林则徐的语言时,单田芳声音位置偏高,语速稍快,气息稳定,凸显林则徐既敬畏又保持尊严的状态,而道光的声音处理则是声音低沉,语速平缓,气息平稳扎实,体现道光的皇帝威仪。对于道光的心理活动,单田芳声音相对柔和,气息平缓,颧肌微提,体现的是他此刻对于林则徐的喜爱和期许。在全长200回的《百年风云》评书中,单田芳的语言通俗、精炼、准确、鲜明,为听众营造了丰富的想象空间,紧紧地抓住了听众。

事实上,评书艺人多变的声音是评书最吸引听众的元素。悦耳清晰的声音口齿,跌宕起伏的声音节奏,惟妙惟肖的口技仿学,细腻入微的声音塑形,精心设计的方言描摹,声音肢体的巧妙配合等使通常线索单一、叙事视角单一的评书平添了丰富的色彩,带给听众多元的艺术感受。

## 第三节 以声叙事的结构

"按照现代结构主义理论,事物的结构就是把其中各个部分联系起来的整体,这样,创造出一种新颖独特的性质。"[①]这一新颖独特的性质由部分与部分形成的关系而展现,并遵循一定的规律和原因。"关系"无疑是事物形成结构的形式逻辑。维戈茨基曾经指出:"如果我们单说作为某一小说的基础的事件本身,这就是这一小说的材料。如果我们谈到这一材料的各个部分以某种顺序、某种安排呈现给读者,即如何叙述这一事件,这就是这一作品的形式。"[②]结构美学的含义昭示着"关系"对于"意义"的生成作用,在讲故事时结构关系的分配极大地影响故事效果。同样,在有声小说的改编创作过程中,"听"是接收路径,在"说故事"的时候,"怎么说"的结构安排对

---

① 徐岱.小说形态学[M].杭州:杭州大学出版社,1992:198.
② 维戈茨基.艺术心理学[M].周新,译.上海:上海文艺出版社,1985:194.

"说什么"的内容有重要的生成作用,它也体现着有声小说的艺术本质特征。在有声作品中,小说书面文本是作品的"前内容",形成音声文本第一要同音声媒介相结合,第二要采取符合音声创作规律的形式。如果只按照小说书面文本照本宣科,音声主体的技术和艺术表现没有形式的衬托展现,音声创作主体充其量只是一个"传声筒"而已,音声小说也就不能成为艺术。由此,"怎么说"是在小说音声创作中应该被重点关注的,当然关注的归宿还是"说什么"。塞米利安曾经说过:"赋予不具形式的素材以形式,这是小说家的艰巨使命。"[①] 对于小说音声化的创作来讲,调整小说文本结构使其适合于以音声来表现,是音声创作者的任务和使命。

## 一、评书的叙事结构

事实上,我国的传统评书非常注重结构布局,因为是为"听"而创作的,它的结构形式和书面文学大有不同,在某种程度上"说什么"服从和服务于"怎么说"。评书的结构是由线性结构和块状结构联系起来的整体。线性结构是指一段书中只能有一个中心人物,而不能存在多个中心人物和多条活动主线。块状结构是指故事在发展过程中人物和情节矛盾纠葛而形成一块块的"活"。"活"与"活"之间以"提""连""带""挂"等方法串联在一起。正是周密严谨、勾搭连环、前后呼应、浑然一体、紧凑生动的结构形式使评书虽然内容架构规模巨大、场面恢宏、事件繁杂、人物众多,但在说书艺人的演绎下既波澜起伏、矛盾错综、引人入胜,又层次分明、条理清晰。

在评书艺术中,"梁子"在某种程度上统领着整个结构,它是评书的提纲,记录着故事梗概和人物名号,是一部评书的骨架。"梁子"标识了主线的发展与"活"块的连缀。因为"梁子"只是提纲,所以最能锻炼评书艺人的"活口",也就是依托"梁子"运用说书技巧敷衍和发挥,这是评书艺人的

---

① 塞米利安.现代小说美学[M].宋协立,译.西安:陕西人民出版社,1987:29.

基本功。评书的素材来自民间故事、传说,文学名著或是社会生活。"梁子"是这些素材加工后的框架,也是原素材和演出本之间的桥梁。再丰富精彩的评书也要以"梁子"为故事框架和蓝本,"梁子"为评书艺人提供了即兴口语的发挥空间,正所谓"一遍拆洗一遍新",这也是评书的魅力所在。从"梁子"到评书内容的丰富扩展,一定不是评书艺人盲目随意的即兴发挥,它必然遵循一定的规律,比如渲染细节、刻画心理活动、衍生情节、穿插书外书、口语化通俗化描述书情、评论书理等。比如袁阔成演播的《旋流》的开篇:

> 李明同志提的那个皮箱啊,那里面放着十多份党的重要文件,他为什么有点后悔呢?自己肩负重任、刚才"啪"一管这个事,要是暴露了身份,怎么得了呢?这要让组织上知道了要批评他啊。可是作为一个共产党员怎么能够见死不救呢?自己当时理智不能不控制感情了,所以才把那打手的手腕子给抓住,这个事情很冒险呐。他站在这儿正想,他为什么站在这儿啊?因为他买票买得太晚了,没买着铺位,现在是一二三四等舱,连五等舱都满了,只好在这儿站着了。

"梁子"当中并没有李明的这段心理描述,从叙述方式上能明显感觉出这是一段口语,这段即兴发挥为的是"这样矛盾就扯起来了,扯开了,这个情节就一环接一环顺下去了"[①]。在"梁子"的框架之上穿插敷衍,常洗常新,这是结构评书的特点。

"柁子"是评书中的特有结构,它可以理解为"单元",是评书中多种矛盾的扭结点和高潮部分,相当于章回小说中的章回。在"柁子"中,众多人物的命运纠缠扭结,众多悬念产生,再一一被调整化解。以"柁子"为标志,结构上会形成大的段落单元。比如传统评书《三国演义》中"官渡之战""火烧博

---

① 袁阔成.评书演播的二度创作[M]//叶咏梅.中国长篇连播历史档案:中卷 演播风格卷.北京:广播电视出版社,2001:58.

望坡""赤壁之战""彝陵之战"等就属于"柁子"。"柁子"可以是一回书,也可以由几回书共同构成,比如《智取威虎山》中的"初探神河庙""杨子荣打虎"等就是它的"回目"。"柁子"的划分是以故事情节的编撰为中心的,它使评书线索清晰、逻辑严谨,人物刻画丰满生动。评书的"柁子"是评书听的艺术的智慧应对。

"扣子"也就是"悬念",是扣住听众的关子。它是评书当中不可或缺的结构,也是联系"回目"的桥梁和纽带。"扣子"是故事情节发展到关键之处,中止叙述,暂时悬挂起来,给听众留下疑团,促使他们产生期待心理和非听不可的愿望。"扣子"一方面是结构手段,使情节发展环环相扣而又跌宕起伏;另一方面是评书艺人把控受众心理的匠心独运。"扣子"标志着"柁子"的起止,大小不一,形式不拘,"有明扣子,也有暗扣子;有单结扣,也有多结扣;有梅花扣,也有连环扣;还有纽中纽、扣中扣……"评书艺人都知道"不会使扣子,必是劳神子"①。袁阔成先生在《评书演播的二度创作》中谈到过"扣子"对于听众的吸引:"有的观众就晚来一会儿,就等着听最后面的这个扣。听书爱听这个扣子,觉得扣子很有意思,就是在说听了明天还想听。"②"扣子"的吸引力来自吊足听众胃口,选择恰当时机释"扣",使听众悬着的心放下来,精神松弛从而获得快感。袁阔成先生还谈到了在音声艺术中"扣子"设置的灵活性和机动性:"他随时到哪儿都可以成为一个扣。你比如说两个人在屋里正说着话,甲起身'啪'把门一开说道:'哎哟,可真没想到啊,你怎么来了?'乙立刻一回头说道:'啊?啊呀呀,原来是他。'不讲了,明天再说,怎么回事呢?时间到了。"③因为音声文本的传播一方面受到听者注意力集中度和接受兴趣时长的限制,另一方面受到大众媒体播出的规定限制,所以音声作品是以段落的方式播出的,"扣子"结构是故事起承转合的最好的

---

① 裘笠翁.醒木惊天连阔如[M].北京:当代中国出版社,2005:187.
② 袁阔成.评书演播的二度创作[M]//叶咏梅.中国长篇连播历史档案:中卷 演播风格卷.北京:广播电视出版社,2001:62.
③ 袁阔成.评书演播的二度创作[M]//叶咏梅.中国长篇连播历史档案:中卷 演播风格卷.北京:广播电视出版社,2001:62.

联系和结构安排。

在小说中,人物的外貌描写一般不会作为独立的部分存在;而在评书当中,人物面貌、穿着打扮和外在特征的描写也就是"开脸画像"是重要的部分。评书是听的艺术,人物形象不以具体直接的方式映入受众的脑海,且声音稍纵即逝,不像文字可以反复回看,这就需要评书艺人着力抓住人物特点、突出人物特点,在人物出场之时即先声夺人,展现人物的思想、性格、经历、职业等,给听者留下鲜明深刻的印象,唤起联想,使其在脑海中浮现人物形象从而闻其声见其人。"开脸"的独立能动性还体现在它能够推动情节发展并增强戏剧效果。比如《三国演义》对周瑜的"开脸",除了"资质风流、仪容秀丽"外,还为他专门设立了重要特征"眉心中间隐隐有根青筋,不气没事,一气就鼓起来了"。这一"开脸"被诸葛亮抓住,并判定了周瑜的性格特征,为之后的"三气周瑜"埋下伏笔。

在评书当中,与其音声叙事传播相伴相生的还有"赋赞"结构,它以歌、赋、赞、诗、对等文体为载体,附着于塑造人物形象、描绘特定环境和景物、渲染场景气氛等内容之上。之所以把"赋赞"列为单独结构,是因为它在形式上和叙事语言有明显区别,它或讲求合辙押韵可以唱,或迭字垛句、排比对仗,或引用古典诗词。如《永庆升平》中用到的《西江月》评论:"欲避饥寒二字,当思勤俭为先。勤能创业俭能传,勤俭传家久远。勤为修身之本,俭为致富之源。克勤克俭有余钱,免受他人轻贱。"评书当中的"赋赞"节奏感强,通俗易懂,是活在艺人口头的艺术语言,是用来说和听而不是阅读的。"赋赞"形象生动,特点突出,这一点在"开脸"和景物叙述中有鲜明体现。它还言简意赅、精炼优美,体现出浓郁的口语艺术之美。正如之前所说,"赋赞"的广泛流传、历久不衰和评书的音声属性紧密相关,"赋赞"用得多且到位,内容表达就会生动,"赋赞"的韵律和工整性又增加了评书的文学和音乐美感。

评书中,还有一种关系结构不能不提,即"定场"和"收场"。"定场",顾名思义是让场面安定下来,以引导听众静下心来听书。"定场"一般采用定场诗、小故事或带评论的话。在评书这样音声叙事的"说话"艺术中,"定场"有着重要的作用:首先使听者的注意力集中,进入说书的氛围当中;其次给后至的听者留下理解余地;最后调动听者情绪,使他们对正书充满期待。"收场"是一个书目结束时,对全书的内容进行概括并预告下面的书情,往往也用诗来呈现。收场诗往往会成为整回书的一个小高潮,比如《刘秀传》的第二十六回结尾"良相知良将,真诚见真心",说书先生抑扬顿挫、爱憎分明、饱含激情的唱念,令听者回味无穷。

## 二、小说连播的叙事结构

如果说多数评书本身就是为听而创作,它的结构形式契合音声表达和传播的话,小说连播则是基于小说书面文本的音声二度创作,音声文本"怎么说"的结构安排既要尊重小说书面文本的"前内容",又要符合音声的创作规律。

正如塞米利安所说:"赋予不具备形式的素材以形式,这是小说家的艰巨使命。"[①]有声小说的改编创作就是在书面文本的素材之上,通过调整顺序,删减或增加内容,利用语速、节奏、停连、重音等声音控制技巧能动地制造各个事件之间的间隔和叙述比例来掌控听者的接受心理,从而使有声小说满足听者的审美期待。

顺序在有声小说作品中的功能在于让人明白这是什么样的故事,小说的逻辑链条要符合听的要求。比如在音声作品《穆斯林的葬礼》中,第九章"月游"主要描写了1936年,在压抑恐怖的气氛之中,韩子奇、梁冰玉同沙蒙·亨特一道逃往英国。就在亨特父子精心策划以韩子奇为主角的"中国玉展"时,日本全面侵华战争爆发了。在小说书面文本中,这一章的最后一句话是"清脆的枪声震破了北平沉睡的夜空,一场为期8年的血与火的搏斗,开始了!"主要描述沙蒙·亨特的儿子奥利弗追求梁冰玉而不得,最终在

---

① 塞米利安.现代小说美学[M].宋协立,译.西安:陕西人民出版社,1987:29.

伦敦大轰炸中死去的第十一章"玉劫"的开篇,又重新叙述了 1937 年的北平沦陷,抗日战争全面爆发:

> 1937 年 7 月 29 日,北平沦陷。
>
> 8 月 13 日,日军进攻上海,抗日战争全面爆发。
>
> 1938 年 10 月,武汉广州沦陷。
>
> ……
>
> 与此同时,战火在地球的另一半迅速蔓延。
>
> 1938 年 3 月,德国鲸吞地处中欧心脏的奥地利。
>
> 1939 年 3 月,德军占领捷克斯洛伐克。
>
> ……
>
> 1940 年 6 月,法国对德投降。英国孤悬海外,岌岌可危。踌躇满志的希特勒凭借空中优势,对英伦三岛展开空中闪电战,把 6 万吨炸弹向英国的土地上倾泻……

这一段放在第十一章"玉劫"的开篇渲染了战争的残酷气氛,铺垫了情节的发展。因为书面文本可以让读者回看,从而理解并接续故事情节,但是在音声文本中重述在第九章已经叙述过的 1937 年抗日战争的全面爆发,并且之后接续的是 1940 年的伦敦大轰炸,就显得有些烦冗,并在听的思维逻辑上不够顺畅。因此,在音声作品中,十一章"玉劫"的开篇被调整到第九章"月游"之后,接"一场为期 8 年的血与火的搏斗,开始了!"这是符合音声传播的线性特点的。事实上,这样的顺序调整在中国《小说连播》60 周年最具影响力的 60 部作品中屡见不鲜。

除了这样比较大的段落顺序调整之外,在小说音声文本中处处存在着和小说书面文本不同的叙事顺序(表 3-6)。

表 3-6  音声文本的叙事顺序调整

| 作品 | 书面文本 | 音声文本 |
| --- | --- | --- |
| 《平凡的世界》 | "你吃饭了没?"贾冰问。 | 贾冰问:"你吃饭了没?" |
| | "你原来是干什么的?"书记的老婆轻声问他。 | 书记的老婆轻声问他:"你原来是干什么的?" |
| | "山里的活不是爸爸做着哩嘛!"少安反驳说。 | 少安反驳说:"山里的活不是爸爸做着哩嘛!" |
| | "我已经受够了!"她泪流满面地对丈夫说。 | 她泪流满面地对丈夫说:"我已经受够了!" |
| | "你打吧!你打吧!"秀莲一动也不动,哭着对丈夫说。 | 秀莲一动也不动,哭着对丈夫说:"你打吧!你打吧!" |
| 《穆斯林的葬礼》 | "为什么还不让我出院?爸爸都已经出院了,我还在这儿养啊,养啊,养什么?"新月慢慢地走着,心绪不宁地在手指上缠绕着病员服上的带子,缠上了又打开,打开了再缠上。 | 新月慢慢地走着,心绪不宁地在手指上缠绕着病员服上的带子,缠上了又打开,打开了再缠上:"为什么还不让我出院?爸爸都已经出院了,我还在这儿养啊,养啊,养什么?" |
| | "要相信你的老师,他和医生一样对你负责,不要激动,你们慢慢地谈一谈,考虑考虑我的建议。"卢大夫站起身来。 | 卢大夫站起身来:"要相信你的老师,他和医生一样对你负责,不要激动,你们慢慢地谈一谈,考虑考虑我的建议。" |
| | "卢大夫比我更了解你……"楚雁潮望着卢大夫远去的背影,对新月说。 | 楚雁潮望着卢大夫远去的背影,对新月说:"卢大夫比我更了解你……" |

在书面文本中,将说话人放在所说的话的后面的叙述方式,一方面可以突出说话的内容,使说话者的形象更为鲜明;另一方面可以使表达比较新颖。但这样的叙述方式在声音稍纵即逝的音声作品中容易使人混淆,尤其是在对话比较密集的情况下,会产生人物语言听觉错位。因为声音是易逝的,且"听"往往是伴随性的,听者的注意力稍有分散就会影响理解。将说话者放在所说话的前面,人物确立清晰,一开始就对听者有了提醒,这也符合人耳"听"的接收习惯。

在小说连播作品中,基于小说书面文本的删、改、增既适应音声叙事规律,也是小说音声创作中重塑结构和重建部分与部分之间关系的常用手段。

"删"通常遵循不改变小说的主旨和在听觉上文气贯通两方面的原则。在这样的规约之下,补充说明的和抒发情感的两类内容会被删减。

比如在由张家声播讲的长篇小说《抉择》中,就有大段的补充说明的内容被删除(表 3-7)。

表 3-7 音声文本的内容删除

| 作品 | 书面文本 | 音声文本 | 删除部分 |
| --- | --- | --- | --- |
| 《抉择》 | 中阳纺织集团公司在 1985 年后开始走下坡路,到 1986 年以后,由盈利走向亏损。国家利税制度的深化改革,粮棉价格的全面放开,乡镇企业的迅速崛起,市场经济的进一步确立,国营大型企业的管理不善以及自身包袱越背越沉等诸多原因,致使中阳纺织集团公司陷入越来越无法自拔的困境。①截至1995年年底,除去外欠的款项,中阳纺织集团公司累计亏损和负债额已达到四亿五千万元人民币!而最近的亏损和负债额还没有结算出来,预计总外债额将接近六亿元!从 1995 年 2 月份开始,公司便已发不出一份工资。到 1995 年 7 月份为止,离退休工人和干部每人每月二百元的生活费也全部停发。 | 中阳纺织集团公司在 1985 年后开始走下坡路,到 1986 年以后,由盈利走向亏损。国家利税制度的深化改革,粮棉价格的全面放开,乡镇企业的迅速崛起,市场经济的进一步确立,国营大型企业的管理不善以及自身包袱越背越沉等诸多原因,致使中阳纺织集团公司陷入越来越无法自拔的困境。从 1995 年 2 月份开始,公司便已发不出一份工资。到 1995 年 7 月份为止,离退休工人和干部每人每月二百元的生活费也全部停发。 | 截至 1995 年年底,除去外欠的款项,中阳纺织集团公司累计亏损和负债额已达到四亿五千万元人民币!而最近的亏损和负债额还没有结算出来,预计总外债额将接近六亿元。 |
| | 市委市政府也早已把如何救活中阳纺织集团公司列入 1996 年工作中重点的重点。市常委会多次开会研究,并且决定由市长李高成亲自挂帅,由市银行、市经委、市计委、市财委等部门联合成立了一个领导小组,专门负责解决中纺的一系列问题。②这个领导小组成立时,已经是 1995 年 10 月份了。虽然早已开始了工作,也已经连续几次给市委市政府做了汇报,但由于已接近年底,各种各样的事情一下子全压了过来。 | 市委市政府也早已把如何救活中阳纺织集团公司列入 1996 年工作中重点的重点。市常委会多次开会研究,并且决定由市长李高成亲自挂帅,由市银行、市经委、市计委、市财委等部门联合成立了一个领导小组,专门负责解决中纺的一系列问题。然而偏是没想到在这个节骨眼上,工人们却真的要闹出事来了,而且规模还是如此之大,这就不能不让人感到忧虑焦心了。 | 这个领导小组成立时,已经是 1995 年 10 月份了。虽然早已开始了工作,也已经连续几次给市委市政府做了汇报,但由于已接近年底,各种各样的事情一下子全压了过来,哪儿也忙得一塌糊涂,关于中阳纺织集团公司的最终决策还是没能拿出来,到了 1996 |

续表

| 作品 | 文字文本 | 音声文本 | 删除部分 |
|---|---|---|---|
| 《抉择》 | 哪儿也忙得一塌糊涂,关于中阳纺织集团公司的最终决策还是没能拿出来,到了1996年元月份,市委市政府又曾研究了一次,而这次只是政策性的,到春节期间,一定要想尽一切办法,给中纺的全体职工补发一到两个月的工资,而其他的事情,只有等到春节后再说了。然而偏是没想到在这个节骨眼上,工人们却真的要闹出事来了,而且规模还是如此之大,这就不能不让人感到忧虑焦心了。 |  | 年元月份,市委市政府又曾研究了一次,而这次只是政策性的,到春节期间,一定要想尽一切办法,给中纺的全体职工补发一到两个月的工资,而其他的事情,只有等到春节后再说了。 |
| | 几乎可以这么说,现在中阳纺织集团公司的领导班子成员大都是他一手培养和提拔起来的,他对他们当中的每一个人都了若指掌,知根知底,③甚至对他们的性情和脾气都了解得一清二楚。 | 几乎可以这么说,现在中阳纺织集团公司的领导班子成员大都是他一手培养和提拔起来的,他对他们当中的每一个人都了若指掌,知根知底。 | 甚至对他们的性情和脾气都了解得一清二楚。 |
| | 任何人都会有缺点,就算你把他们全换掉,那新上来的人就会没缺点了吗?④何况现在换班子,也是不合时宜、极不现实的。一出问题就换班子,换了班子就能解决问题吗?谁干工作能保证不出问题?⑤再说,中纺现在成了这样一个摊子,懂行的、有本事的、有魄力、有责任心的又有谁会到那里去?何况现在大面积地调换领导,原因究竟是为什么?是查出问题了,还是有什么严重的失职行为?这怎么跟群众交代,又怎么跟领导交代?要是一换再换还是解决不了问题,那又怎样去面对群众、面对领导? | 任何人都会有缺点,就算你把他们全换掉,那新上来的人就会没缺点了吗?一出问题就换班子,换了班子就能解决问题吗?谁干工作能保证不出问题?要是一换再换还是解决不了问题,那又怎样去面对群众、面对领导? | 何况现在换班子,也是不合时宜、极不现实的。再说,中纺现在成了这样一个摊子,懂行的、有本事的、有魄力、有责任心的又有谁会到那里去?何况现在大面积地调换领导,原因究竟是为什么?是查出问题了,还是有什么严重的失职行为?这怎么跟群众交代,又怎么跟领导交代? |

可以看到,音声作品删除的部分都是前面内容的补充说明。①是对中阳公司陷入困境的进一步说明。②是叙述领导小组成立后的一系列工作,这些工作没有产生任何成效,也就是说与后续情节的发展没有关系,在书面文本中

这是针对读者"看"的情绪共鸣和渲染。③仍然是对李高成对中阳集团领导班子熟悉程度的补充说明,在书面文本中其作用更多的是情绪渲染而不具有其他意义。④和⑤既是阐发议论又是对上文的补充解释和说明,它们同样不关乎文意逻辑,重点也是情绪的渲染。有声小说本质是通俗大众的,音声首先作用于人的听觉器官,大脑先接收到的是听到的内容,思考往往发生于听到之后,并不像看书面文本的边看边思考,因此听得清楚和明白是小说音声改编创作的基本要求。删去补充说明的内容并不影响听的内容逻辑,在某种程度上节约了时间,使内容简洁清晰明了,符合音声叙事的规律要求。

人物语言前后思考和抒发情感的内容或对人物神态表情的描述,在小说音声文本中也常常会被删去(表3-8)。

表3-8 音声文本的内容删除

| 作品 | 书面文本 | 音声文本 | 删除部分 |
| --- | --- | --- | --- |
| 《穆斯林的葬礼》 | "让我给毁了?"卢大夫慈祥地微微一笑,新月对她的嗔怪,并没有使她生气,她觉得这很像自己的女儿在妈妈面前"撒娇"时的劲儿,经过一个多月的相处,她们之间已经培养起了类似母女的情感。 | "让我给毁了?" | 卢大夫慈祥地微微一笑,新月对她的嗔怪,并没有使她生气,她觉得这很像自己的女儿在妈妈面前"撒娇"时的劲儿,经过一个多月的相处,她们之间已经培养起了类似母女的情感。 |
| | "也许是吧?**我们这些科学工作者,常常被人们认为冷酷无情,**"卢大夫温和地笑着说。 | "也许是吧?" | 我们这些科学工作者,常常被人们认为冷酷无情,卢大夫温和地笑着说。 |
| | "在伦敦,剑桥大学……"**卢大夫楠楠地说。人老了,回忆往事,总是怀有深情的。** | "在伦敦,剑桥大学……" | 卢大夫楠楠地说。人老了,回忆往事,总是怀有深情的。 |
| | "为什么?"**新月完全不可理解,对这样的好事儿,竟然还会有不热心的人。** | "为什么?" | 新月完全不可理解,对这样的好事儿,竟然还会有不热心的人。 |
| | **卢大夫的脸色突然变了:**"你这是听谁说的?" | "你这是听谁说的?" | 卢大夫的脸色突然变了。 |

续表

| 作品 | 文学文本 | 音声文本 | 删除部分 |
|---|---|---|---|
| 《穆斯林的葬礼》 | 泪水在卢大夫的眼眶中打转,但是,她不能让泪水流下来,一个医生不需要这种毫无医疗价值的液体!她强迫泪水止住,强迫自己做出轻松的笑容,抚着新月的手,说:"好吧,我都告诉你。孩子,你不是对我说你过去常有关节疼的毛病吗?这是一种风湿症,并不可怕。可是,它却给你的心脏带来了一些麻烦,你患有二尖瓣狭窄和轻度闭锁不全……" | "好吧,我都告诉你。孩子,你不是对我说你过去常有关节疼的毛病吗?这是一种风湿症,并不可怕。可是,它却给你的心脏带来了一些麻烦,你患有二尖瓣狭窄和轻度闭锁不全……" | 泪水在卢大夫的眼眶中打转,但是,她不能让泪水流下来,一个医生不需要这种毫无医疗价值的液体!她强迫泪水止住,强迫自己做出轻松的笑容,抚着新月的手,说…… |

  这是《穆斯林的葬礼》第十四章"月落"中,病重的新月和卢大夫之间的一段对话。卢大夫和新月的心理活动、情感抒发和神态表情等叙述在音声文本中都被删掉了,但这丝毫没有影响受众的理解。在看书面文本时,对人物语言的解读是此时此景下作者对于人物思考和情感的精准补充,它帮助读者更具体准确地展开联想、理解作品,产生美的感受。而在音声作品中,音声是物质的,它本身就具有情感属性,通过变换发音时的气息、位置、高低、快慢、急缓、轻重能够精准地表达情感。在音声文本中,人物话语之前或之后的思考、情感和神态表情等的补充说明反而显得重复累赘了。这是音声在结构布局中能动作用的体现。

  与"删"相比,小说连播作品不会大幅度地改,但是在频率上并不低,这主要体现在人称的改动上(表3-9)。

表 3-9　音声文本的内容改动

| 作品 | 书面文本 | 音声文本 | 改动内容 |
|---|---|---|---|
| 《平凡的世界》 | 他迎着清冷的晨风,在静悄悄的街道上匆忙地走着。城市的一切在他的眼里都是模糊的,他现在一心想的只是要找到那位没见过面的亲戚。 | **少平**迎着清冷的晨风,在静悄悄的街道上匆忙地走着。城市的一切在他的眼里都是模糊的,他现在一心想的只是要找到那位没见过面的亲戚。 | "他"改为"少平"。 |
| | 他在沟道中没有铺沥青的土路上一边走,一边发愁地想:在这么密集庞杂的居住区寻找一家农民,看来太困难了。 | **少平**在沟道中没有铺沥青的土路上一边走,一边发愁地想:在这么密集庞杂的居住区寻找一家农民,看来太困难了。 | "他"改为"少平"。 |
| | 离开这座富丽的建筑物,不知为什么,他猛一下想起了田晓霞。 | 离开这座富丽的建筑物,不知为什么,**少平**猛一下想起了田晓霞。 | "他"改为"少平"。 |
| 《穆斯林的葬礼》 | 在规定的探视的时间里,他早早地领了小牌牌儿,病房里却不见新月,正在为新月收拾饭盒的姑妈告诉他,新月跟着卢大夫"遛弯儿去了",他才找到这里。 | 在规定的探视的时间里,他早早地领了小牌牌儿,病房里却不见新月,正在为新月收拾饭盒的姑妈告诉他,新月跟着卢大夫"遛弯儿去了",**楚雁潮**才找到这里。 | "他"改为"楚雁潮"。 |
| | 不,现在无法收回了,卢大夫已经把话说出去了,而她无疑是完全正确的。 | 不,现在无法收回了,卢大夫已经把话说出去了,而**卢大夫**无疑是完全正确的。 | "她"改为"卢大夫"。 |

同为第三人称,"他"或"她"是抽象的泛指,而人名则更为准确具体。在音声作品中之所以常用人名来替代第三人称,一方面是因为音声易逝,要时刻提醒听者,特别是没有接续收听的听者,以便他们听得明白;另一方面是因为具体的人名带有情感色彩,在某些时候可以唤起听者的情感共鸣,让他们深入故事情节中去。

在音声文本中,利用音声的能动性来构建叙述的间隔和比例,会使故事呈现出独特的面貌和艺术效果。音声的能动性是通过语言表达的停连、重音、语气、节奏来完成的。在有声语言表达中,停连、重音、语气、节奏属于外部技巧,任何体裁、题材的文章的有声表达处理都离不开这些技巧。停连,指停顿和连接,它起着显示语义、抒发情感的作用。重音明确了词语之间的主次,它可以使语义更准确、逻辑更清晰、思想感情更鲜明。语气是思想感情运动状态支配下语句的声音形式①,它在传情达意上有着重要的作用。节奏则是声音形式的抑扬顿挫、轻重缓急。

在小说音声文本中,小的事件之间会因停连、重音、语气、节奏的不同而产生间隔,间隔产生了距离,距离又带来了变化,这都使得音声文本更为丰富多彩和曲折生动。

在有声作品《平凡的世界》中,少平得知晓霞牺牲的这一段,就充分运用了音声的表达技巧,强烈渲染了少平的悲哀和绝望(表3-10)。

表3-10 有声作品的音声表达技巧

| 音声文本 | 音声技巧 |
| --- | --- |
| 但是,对孙少平来说,真正爆炸性的新闻是紧接着这条消息的另几行字…… | 语气震惊、节奏紧迫,句尾长时间停顿。 |
| 又讯:本报记者田晓霞发出这条消息后,在抗洪第一线为抢救群众的生命英勇牺牲…… | 语气惊讶、节奏舒缓,句尾长时间停顿。 |
| 牺牲?我的晓霞? | 语气震惊,重音在"牺牲"和"晓霞"上。 |
| 他疯狂地奔过洗煤楼,沿着铁路向东面奔跑。他任凭雨水在头上身上漫流,两条腿一直狂奔不已。 | 第一句语速急促,第二句节奏放缓,情感炽烈悲哀,句尾长时间停顿,重音在"漫流"和"狂奔不已"。 |
| 他奔过了东边的火车站。他奔出了矿区。他一直奔跑到心力衰竭,然后倒在了铁道旁的一个泥水洼里。 | 感情真挚、悲恸,语速节奏缓慢,一字一顿,句尾长时间停顿。 |
| 东面驶来一辆运煤车在风雨中喷吐着白雾,车头如小山一般急速奔涌而过——他几乎和汽笛的喧鸣同时发出了一声长嚎…… | 语速沉慢,节奏缓滞,悲伤的情感几乎到达了顶点。 |

---

① 张颂.播音创作基础:第三版[M].北京:中国传媒大学出版社,2011:104.

这一段是《平凡的世界》整部小说的高潮之一，贯穿始终的情感主线是震惊、悲哀、痛苦、绝望。在这一段音声表达中，首先语速沉慢、节奏缓滞，刻画出了少平此刻的沉重和悲痛欲绝。其次，句与句之间的间隔明显要长于有声作品中的间隔平均时长，这一方面是着力用声音塑造少平的恍惚失智，另一方面是让听者有理解思索和产生情感共鸣的时间。最后，这一段和上下两部分的节奏明显不同，且衔接时的间隔也相对长，突出了这一部分情感的高潮，也使整个作品的情感色彩更为丰富多变。

在音声文本中，事件在叙述时空上的比例，也就是叙述比例，能够鲜明地表现出叙述者的态度：是强调、突出还是回避、淡漠。叙述比例能够通过音声表达技巧得以展现，从而带给听者以独特的艺术感受。

比如在《狼图腾》中，小狼所占的篇幅并不多，但小狼却给听众留下了深刻的印象，原因之一是每当小狼出场时，演播者都倾注了真挚的情感：

> 没想到这条不到四个月狼龄的半大小狼，这一夜突然就发出了"呜欧——呜欧"的狼嗥声，那声音和动作，嗥得真和野狼一模一样。陈阵兴奋得真想把小狼紧紧抱在怀里，再亲它一口。但他不愿打断它初展歌喉的兴奋，也想最近距离地欣赏自己宝贝小狼的歌声。陈阵比一个年轻的父亲听到自己宝贝孩子第一次叫他爸爸还要激动。他忍不住轻轻抚摸小狼的背毛。小狼高兴地舔了一下他的手，又继续引吭高歌。

在这一段中，演播者声音轻柔，语气亲切，提颧肌，语速轻缓，节奏均匀和谐，整体上充满柔情。事实上，在整部小说中，凡是小狼出场的时候，演播者的基调总是充满爱怜和深情的。带有情感的声音是最能够打动人心并给人留下深刻印象的，这样的处理无疑会直抵听者的内心，给他们以深刻的情感刺激，从而使听者产生有小狼的情节在整个故事叙述中占有突出比例的感受。可见，音声在结构比例上的安排具备一种神奇的力量，它能够在文本中制造出各种幻影和错觉，这是有声语言艺术别具一格的魅力。

## 第四节　叙事情境的营造与音响歌曲的融合

在有声小说作品中,音乐有着非常重要的作用。正如一位文学家所说,在笔墨不能形容作品中男女主人公的感情时,靠音乐可以表达。音乐是抽象的艺术,它的重要功能是激发人的心理反应从而产生准确细腻的感情和情绪。音乐是有思想的,但是它的思想必须通过感情体现出来,它的内涵价值主要是制造气氛、展示表情和表达情绪。但这一切并不是音乐自身能做到的,任何音乐形象必然包含理性因素,它是感情与思想的统一体,是音乐和受众合作的结果,所以旋律相同的音乐在身处不同环境,不同时间,不同心境、年龄、性别、身份等的人听来,会产生不同的感受。这也是在有声小说作品中要慎重使用音乐的原因。但是像《穆斯林的葬礼》这样的有声小说作品,一旦音乐使用得当,就会使听众感到"文学与音乐的结合而创造出来的纯美纯情的意境,令人久久难以忘怀"[①]。

### 一、评书当中的音乐和音响

从音乐的抽象性、情感性和乐思的属性出发,由此及彼,在凝聚着我国民间智慧的传统口头表演艺术评书中,也有一种音声发挥着音乐的作用,那就是"醒木声声"。"醒木,又称响木,是一块长方形的小木块。一般长约一寸,厚约半寸,上面抹边,共二十条边线,十个平面。大多由红木、花梨、紫檀或乌木制成,竖放于演员右手扶案处,便于使用。"[②]之所以称之为"醒木",是因为其有"惊醒"之意,用来聚集、提振观众的精神,同时也可渲染气氛、表达情感、区分段落。著名评书表演艺术家连阔如曾有过"醒木词"的概括:

---

[①] 叶咏梅.中国长篇连播历史档案:上卷 作家作品卷[M].北京:中国广播电视出版社,2010:57.
[②] 梁彦.说说评书的三样道具[J].曲艺,2016:58-59.

一块醒木七下分,上至君王下至臣。

君王一块辖文武,文武一块管黎民。

圣人一块警儒教,天师一块警鬼神。

僧家一块劝佛法,道家一块劝玄门。

一块传在江湖手,流落八方劝世人。

湖海朋友不供我,如要有艺论家门。①

一块醒木在说书艺人的手中会产生多种音声效果,抽象出多种概念意义,引发听众丰富的想象,而想象通常关乎情感。拍下醒木的一刻,是在表达情绪和感情,引发的是听众感情的抽象的运动。说书艺人通过醒木的高碰、低碰、先说后碰、后说先碰、欲碰不碰等方式为叙事带来丰富的色彩和变化。

以袁阔成先生的现代评书《烈火金刚》片段《肖飞买药》为例(表3-11)。

表3-11 有声作品中醒木的效果

| 内容 | 醒木效果 |
| --- | --- |
| 肖飞同志化了妆,腰里头带着药单子,走在公路上,他一边儿走着一边儿想。 | ①先碰后说,高碰 |
| 正往前走着呢,猛然这么一抬头。 | ②先说后碰,低碰 |
| 英雄的枪口已经对准了特务的胸膛。 | ③先说后碰,高碰 |
| 我要买的药,平常家的药房根本没有,城里头有一家最大的药房,叫平民大药房,可是那个药房的经理是日本鬼子川岛一郎,上那儿买去,一旦暴露了,将有不堪设想的危险,怎么办呢,又一想,自己在领导跟前做了保证,同志们在期待你,不入虎穴焉得虎子。 | ④先说后碰,高碰 |
| 鸣枪开炮欢送我们孤胆英雄完成任务,是胜利而归。 | ⑤结束前两字碰,欲碰不碰 |

在这一段惊险刺激而又诙谐幽默的评书段子中,醒木精彩地完成了表意和抒情的功能。①让听众集中注意力,并提醒听众主角登场了,高碰的响

---

① 连阔如.江湖丛谈:典藏本[M].北京:中华书局,2010:239-240.

声远比人声更具力量感和提示性。②是设置悬念,让人疑窦丛生,对接下来的内容充满好奇。③一方面营造了紧张的氛围,另一方面展现了英雄的胆大心细、有勇有谋。④是展示心理,在经过一系列的心理斗争之后,伴随着一声高碰的醒木声,主角下定了决心。⑤欲碰不碰是给之前为被凶残追捕、命悬一线的肖飞而万分紧张的听众的一个心理缓冲,同时展现了肖飞的举重若轻,更加凸显英雄的胆大心细、机智勇猛。可以说,在没有音乐的评书当中,醒木在某种程度上发挥着音乐的作用,在评书的线性音声叙事中掌控着某一刻的气氛和情绪。

无论是书面文字还是有声语言,它们都是抽象的,有着很强的概括性,能引发读者和听众的联想与想象。虽然音声更为具体可感,也更能附加情绪情感等,但它还是不能创造具体的声音形象,比如"杀声震天"的叙述并不能使听众的耳膜受到更大的震荡。因此,利用好音响可以巧妙替代叙述语言,并使音声作品更为生动。与此同时,音响可以和音声叙述"共时",以增加信息和情感等的厚度。

事实上,评书艺人早已意识到音响的重要作用:

> 千军万马一张口,
> 满台风云吼,全凭一张口,
> 在家练功如有千百观众,登台演出如入无人之境。①

好的评书演员都是口技高手,他们用一张口便把环境音响模仿得惟妙惟肖,令听众"以为绝妙"。比如著名评书艺人、新评书的开创者杨田荣在《激战无名川》一段书中就用口技同时表现了飞机、坦克、大炮、汽车、长短枪、重轻机枪、手榴弹、炸弹等武器的声音,令曾亲临战场的听众"听了您那动人的评书和惊人的口技,我简直忘记了自己是坐在收音机旁,仿佛我又回

---

① 汪景寿,王决,曾惠杰.中国评书艺术论[M].北京:经济日报出版社,1997:227.

到了那战争的岁月之中"①。可见环境声音对于评书演播所产生的特殊艺术效果,也可以窥见评书艺人早已洞悉环境声的重要作用。

## 二、小说连播当中的音乐和音响

在现代的小说音声化中,音乐不断为叙事铺陈情感,增添信息。有声作品中的音乐通常有这样几种作用:

第一,烘托气氛。这需要音乐的指向性和文本基调一致,音乐和语言在同一时空出现,音乐表达的感情已不是抽象的,而是具体的,音乐意境成为这一音声作品的一部分。此时的听者根据语言内容来感受音乐,自然而然将音乐和音声叙事情节相关联,从而受到语言和音乐所共同营造的氛围的感染。

比如在有声作品《青春之歌》中,一开篇首先响起的是旋律单调、懵懂、清冷但又不失优美的钢琴声,之后是干净、甜美的女声叙述:

> 清晨,一列从北平向东北开行的列车,驰行在广阔碧绿的原野上,车内一个十七八岁的女学生,穿着白洋布短旗袍、白线袜、白运动鞋,手里捏着一条白色的手绢,浑身上下全是白。她没有同伴,只有一个小小的行李卷儿……

音乐减弱,消失。音乐旋律的单一和女学生一身白的服装色调相贴合,也暗示着女学生的单纯,这种氛围的营造,引发听者探寻女学生命运的强烈的心理期待。

又比如音声作品《输赢》的引子充满了寓意:在天堂,上帝对人做了严格的选择,事实上这也是这部商战小说的主旨所在,发人深省。引子部分用了唱诗班的音乐,并伴随仿佛天堂传来的钟声。叙述是年轻、清亮的男声:

---

① 杨佩琴.刚柔相济娓娓动听:浅谈杨田荣的表演艺术[M]//佚名.评书艺术论集.沈阳:春风文艺出版社,1987:84.

> 一位老人带着爱犬行走在乡间小路,看着沿路的风景,突然间,老人意识到自己已经离开了人世,他不知道这条路通向何方,只是茫然地向前走着,走了一段路程,只见前面高耸着大理石的围墙,围墙的中间是流光溢彩的拱门,上面装饰着各种珠宝……

唱诗班的歌声本身就给人以圣洁的感觉,在这里营造了一种良心审判的氛围,也预示着小说的内涵主旨。烘托气氛的音乐就如同解说词一般,是对叙事从音乐上做出的情感回应和评价。

第二,书写主人公或人物之间的关系际遇等。音乐是抽象的,但它一旦被固定下来诠释某种情感,给人的暗示又是牢固的,这就是古今中外脍炙人口的世界名曲总会引发人们某一特定情感共鸣的原因。有声作品《穆斯林的葬礼》在韩子奇和梁冰玉于不伦之恋中挣扎时:

> 梁冰玉自怜自叹,忧伤的眼睛里充盈了泪水,无声地坠落下来,她不去拂拭,让冰冷的泪珠流过面颊,浇灭心头那一点残焰。韩子奇站起身来,抚着她的双肩,掏出身上的手绢儿,为她擦去泪痕:"玉儿,我求你……"别这么伤感,这儿永远是你的家!

在梁新月和楚雁潮沉浸在爱的幸福中时:

> 那不是星星,那是楚雁潮贮满深情的眼睛!楚雁潮热切地凝视着她,炽烈的诗句脱口而出,新月惊呆了,粉红的嘴唇轻轻颤动:"老师,您说的是……""是卡尔·马克思赠给燕妮的诗,"楚雁潮说,"现在,让我转赠给你,连同我的——爱情!"

小提琴协奏曲《梁祝》会悠扬地响起,"梁祝"这一耳熟能详的悲情故事和小提琴协奏曲广受喜爱的凄婉清丽的旋律,正应和着作品中两对恋人的不幸命运,并使这种悲剧意味得以累加,引发听众的强烈共鸣。

在音声作品《平凡的世界》中,当润叶对少安情到深处又求之不得时,当少平和晓霞两情相悦但最终被命运掌控阴阳两隔时,陕北信天游的曲调就会响起：

>  山挡不住云彩,树挡不住风,神仙挡不住人想人,羊肚子手巾三道道弯,咱们见面容易,拉话话难……

虽然感情炽烈,神仙也挡不住思念,但终究只能相见而不能相守。带有浓郁地方特色的民谣也述说着主人公的关系际遇,并抒发了比文字更深、更强的情感。

第三,在叙事中推动情节发展。这一类型的音乐是出现在叙事空间中的,也就是说声源具体进入了叙事空间,比如故事中出现的录音机等音响播出的音乐,或者故事中的人物唱歌等。在《北京人在纽约》中,王起明和阿春跳舞时的音乐是由叙事空间的留声机播放出来的,它既是舞曲,又在推进着王起明和阿春的情感,而王起明和阿春的情感是音声作品的叙事主线之一。《昨夜长风》和《他乡明月》这样的言情类的有声作品经常会使用叙事空间的音乐来推动故事情节的发展。

第四,在叙事中展现人物的内心。这样的音乐也存在于叙事空间之中,通常以叙事空间的有声源的音乐如人物耳畔回响的歌声、听到的音乐等作为触发自由联想的动机。比如在《平凡的世界》中,润叶想要跟少安说出心事时,不知从什么地方传来一阵女孩子的信天游歌声,飘飘荡荡,忽隐忽现:

> 正月里冻冰呀立春消,
> 二月里鱼儿水上漂,
> 水呀上漂来想起我的哥!
> 想起我的哥哥,
> 想起我的哥哥,
> 想起我的哥哥呀你等一等我……

这支信天游是由演播者李野墨唱出来的。这歌声出现在叙事空间中,正是润叶内心的写照。此后每当润叶想念少安时,这支信天游都会响起。

对于听众来说,听到这支信天游就仿佛看到了润叶的内心。

在有声小说作品中,尤其是在进入21世纪后的有声小说作品中,环境音响愈发被重视,并且较为频繁地出现在音声文本中。环境音响可以分为自然环境音响和社会环境音响,它们在音声作品中出现,给听众带来的是某种信息,甚至使他们能够感受到一种情绪气氛。

在小说连播作品中,音响主要起制造气氛和传递信息的作用,恰当的音响本身就是一幅生动的图像。脚步声是在小说连播作品里经常出现的音响之一,脚步的轻重缓急、间隔频率等,不仅能使听众判断出人物,还能传递出人物的情绪情感,推动故事情节发展。比如在小说连播《北京人在纽约》中,王起明接到了一个大单向郭燕报喜时,他的脚步急促但却节奏稳健,让人感觉此刻的他内心既喜悦又自信安定;当他私会阿春时,脚步也急促但却杂乱虚飘,让人明显感觉他内心的渴望和忐忑不安。可见,在直接以声音为媒介的艺术形式中,直接诉诸听觉神经的音响产生的冲击力使叙述大有相形见绌之势。

# 第四章
# "汇声绘色":演播者与有声小说及其音声情境的呈现

在小说音声化这一文学活动中,演播者的重要作用不容置疑,他将文字符号转换为声音符号,完成着有声语言的创作。他们自身的文化素养、生活体验、独特感受和声音审美追求在很大程度上决定音声作品的质量,并"真正达到历史规律、人物精神和审美水平的和谐统一"①。

当然,演播者的艺术创作能否成为精品,成为文学宝库中文字与声音结合的珍品,根本还是取决于文学文本。在音声化的创作过程中,首先要理解、洞悉原著的精神实质和文品格调;然后要精细设计声音运用、语气掌控、节奏张弛、基调色彩等语言表达技术方法;最后要融入真情实感,不做作、不矫情,以本我为主体,表达小说的细节和脉络,尊重原著,描绘人物、情景和诸种关系,力求使本我的声音形象和小说文本思想风格相契合,达到物我合一。

另外,在音声创作的过程中,演播者同作家一样,都会受到时代的影响。"文学家是自己时代的儿子",演播者的音声创作与先天的禀赋气质等所形成的声音形象特质有关,更与其所处时代的政治、经济、文化等的制约和影响,与这个时代的社会心理、审美趋向、社会生活状况及人们的思想情绪等

---

① 张颂.繁华落尽见真淳[M]//叶咏梅.中国长篇连播历史档案:中卷 演播风格卷.北京:中国广播电视出版社,2010:序—2.

有着密切关联。演播者重塑着文学,也被作家、作品、时代等所重塑。

当代有声小说的改编创作有两种重要的体裁形式——评书和小说连播。评书主要以"梁子""柁子""扣子"等结构手段、"说""演""评""噱""学"等表演手段对当代小说尤其是"十七年"小说进行改编并说演。小说连播是与广播这一媒介共生的,它的历史相对于评书要短得多,距今不过60多年。它深受西方戏剧的影响,要求使用标准的普通话,没有"程式和道具",不需要"评",只是"照本宣科"。在20世纪60至90年代,大量的长篇小说经由小说连播推向受众。评书和小说连播的优秀演播者用各自不同的艺术风格为有声小说增添魅力,为受众带去了不同于"读"的别样感受。

## 第一节　新中国成立以来的新评书演播者及其艺术实践

在有声小说改编创作这一文学活动中,评书有着悠久的历史和广泛的影响力,它的起源、发展、成熟和中国文学尤其是小说有着紧密的关联,它也是最具中国特色的小说音声化艺术形式之一。在中国《小说连播》60周年最具影响力的60部作品中就有多部评书,评书演播者也以其"醒木轻敲小扇翻,胸饶野乘口成篇。与君一席评今古,咭哔诗书胜十年"的自成体系、独具风格而受到欢迎。

新中国成立之初,传统评书也在批判地继承的基础上迎来转型,新评书应运而生。这固然与意识形态的影响和政府及有关部门的组织、推动分不开,与评书艺人自身温饱问题的解决、社会地位和文化知识水准的提高、广开本行业及其他姊妹艺术的交流之门分不开,更与"十七年"小说天然地为评书艺人提供了丰富的创作素材分不开。开新评书编演之先河的是评书演员赵英颇。20世纪50年代初,他将短篇小说《一架弹花机》改编为同名评书。"到60年代初,北京书场上演的新评书已占上演书目的三分之一强,可与传统评书分庭抗礼。"①《红岩》《平原枪声》《野火春风斗古城》《急浪丹心》《林海雪原》《赤胆忠心》《烈火金刚》《铁道游击队》等小说被李鑫泉、朱桢富、袁阔成、杨田荣等评书艺人搬上舞台。这一时期的新评书"高台教化"的作用更自觉、更突出,艺术上日臻完善,表演方式不断创新。

在中国《小说连播》60周年最具影响力的60部作品中评书有15部,分别是《红岩》《李自成》《林海雪原》《水浒》《烈火金刚》《暴风骤雨》《三国演义》《敌后武工队》《红旗谱》《保卫延安》《铁道游击队》《创业史》《红日》《艳阳天》《太阳照在桑干河上》。这些评书作品除《水浒》和《三国演义》外,都是根据当代新创作的小说改编的,而这其中,除《李自成》外,又都是革命历史题材和农村现实题材作品。这些作品遵循着"为工农兵服务"的文艺方向和"人民性"的美学规范,在主流意识形态规约下,经评书名家的"创造性转化"迅速得到了大众的认可。

袁阔成、单田芳、刘兰芳是公认的当代评书表演艺术家,他们在新评书的说演上各具特色,并代表了新评书说演的最高水平。

## 一、袁阔成——新评书和传统评书的高超演播

袁阔成在1929年出生于天津的一个评书世家,18岁时便已经在东北成名。他最为人称道的是不断给评书这一古老的传统艺术注入新的元素,始终站在当代评书改编、创作、表演的前沿。在从旧社会走来的说书艺人中,他无疑具备敏锐的政治意识,能够主动响应中国共产党的文艺政策和人民政府的要求,在党的"百花齐放,推陈出新"的文艺方针号召下,一方面对传统评书进行整理,取其精华,弃其糟粕;一方面积极编演现代革命题材和社会主义建设题材的新评书(也有研究者称其为"红色评书")。

在"十七年"小说中,被袁阔成改编并搬上舞台的中长篇有:《吕梁英雄传》(1952年编演)、《二五长征》(1952年编演)、《暴风骤雨》(1952年编

---

① 汪景寿,王决,曾惠杰.中国评书艺术论[M].北京:经济日报出版社,1997:47.

演)、《保卫延安》(1954年编演)、《新儿女英雄传》(1956年编演)、《林海雪原》(1957年编演)、《赤胆忠心》(1957年编演)、《野火春风斗古城》(1957年编演)、《青春之歌》(1958年编演)、《烈火金刚》(1958年编演)、《敌后武工队》(1958年编演)、《创业史》(1960年编演)、《红岩》(1961年编演)、《过海插旗》(1964年编演)①。此外还有如《舌战"小炉匠"》(《林海雪原》选段)、《刺龟山》(《野火春风斗古城》选段)、《许云峰赴宴》《江姐上船》(《红岩》选段)、《肖飞买药》《桥头镇》(《烈火金刚》选段)②等作为选段经常独立演出。

无论是中长篇评书还是独立选段，几乎囊括了"十七年"小说中最重要和流传最广的作品，改编演出的时间也很及时。比如《林海雪原》、《青春之歌》、《烈火金刚》、《敌后武工队》、《创业史》(上卷)、《红岩》等都是原著出版的当年，就被编演为现代评书。《吕梁英雄传》《暴风骤雨》等也是在出版后2—3年被改编为现代评书。把"看"的文本改编为"听"的文本绝非易事，作为新评书第一人，袁阔成进行了多方思考和尝试。情节结构的奇巧紧凑是评书艺术审美原则。袁阔成编演的新评书事件多有一条主题线索，故事有头有尾、脉络清晰，情节前后呼应、环环相扣，矛盾冲突跌宕起伏，一波未平一波又起。在人物塑造上，袁阔成着力在矛盾斗争中表现人物，通过丰富细腻的动作去揭示人物的内心和情感。在表达上，袁阔成强调语言的性格化、动作性、形象性和节奏感，力求让语言清新鲜活、生动明快。这些既贴合评书艺术的原则又紧跟时代步伐。也正因如此，袁阔成编演的新评书经历了短暂的磨合之后即被大众所接受和喜爱。袁阔成以这样的实际行动表达了对新生政权的热爱。

周立波的《暴风骤雨》是被袁阔成较早编创为新评书的长篇小说。评书一经推出就受到了听众的欢迎。在中国《小说连播》60周年最具影响力的60部作品节目排行榜中，《暴风骤雨》排名第17位。小说描写了东北地区一

---

① 张颖.论"袁阔成"的新评书编演[D].北京:中国艺术研究院,2014:2.
② 张颖.论"袁阔成"的新评书编演[D].北京:中国艺术研究院,2014:2.

个叫元茂屯的村子土地改革的全过程,塑造了赵玉林、郭全海等在土改运动中在无产阶级先锋队的教育引导下逐步觉醒,成长为走上革命道路的先进战士的典型形象。正如周立波所说,他的创作动机"是想借着东北土地改革生动丰富的材料,来表现我党20多年来领导人民反帝、反封建的雄伟而艰苦的斗争,和当代农民的苦乐与悲喜,以教育和鼓舞广大的革命群众"。全书充溢着的饱满的战斗激情和热情正是教育和鼓舞作用的体现。在评书的播讲中,袁阔成的声音位置较传统评书播讲明显偏高,声音起伏鲜明,语速和节奏加快,音声表现充满激情。在主要人物赵玉林和郭全海的塑造上,袁阔成的声音既有共性又有个性。共性是气息充沛,声音坚实,吐字饱满干脆,展现了两位主角的质朴、憨厚、坚定。个性是赵玉林的声音相对厚实、语速稍慢,用山东方言,凸显了赵玉林的耿直执着;郭全海则声音清亮、语速相对快,凸显了他的精明周密。

在语言的叙说上,袁阔成追求声音的表演性,不但追求形似,更追求神似,在语言节奏上动静和谐、张弛得体,在音响的模仿中绘声状形、形声并茂,在情绪传递上紧中有松、严中有谐、愁中有乐。袁阔成借鉴传统评书的语言特点但又不单纯套用传统,从而在新评书演播中形成了形神兼备、静动结合、绘声状形的声音特点。比如袁阔成在《肖飞买药》中肖飞"开脸"的音声处理:

> 两人都愣住了,呵,看肖飞的神气,二十多岁,戴镜子,个量不太高,宽脑门,尖下颏,细眉毛,大眼睛,留着大背头,头上戴着一顶巴拿马的草帽,宽边倒翻,大卷沿,身上穿灰纺绸的裤褂……这是个特务打扮,这衣服还说得过去,最可怕的腰里怎么带那么多颗枪……

首先,借别人的眼光来看肖飞,新颖而富有悬念,这是评书常用的"看人"描述技法;其次,状人细腻、重细节描述、形象感强、有韵律,并通过看人者的心理活动给形附加了神。

袁阔成创演的新评书书源都是反映抗日战争、解放战争和社会主义建设时期的革命历史题材小说,它们往往故事性强、人物命运曲折、不断出现矛盾、有伏笔有暗线,在某种程度上和评书的艺术形式有相似之处。袁阔成用"漂""俏""快""脆"的评书的音声方式去展现,使音声和内容达到了和谐统一。

在新评书的具体实践中,袁阔成开创了传统评书前所未有的表现方式和艺术技巧,"为评书这门传统艺术如何在新的历史条件下寻找发展道路,做出了可贵的探索"①。

除新评书之外,袁阔成最大的成就是对传统评书《三国演义》的成功演绎。在中国《小说连播》60周年最具影响力的60部作品节目排行榜中,袁阔成演播的《三国演义》排名第31位。1981年,受中央人民广播电台的邀请,袁阔成开始准备《三国演义》的演播。为说好《三国演义》,袁阔成做了大量案头工作。他阅读小说原著,查阅历史,研学古唱本词,并亲身到三国故地访查感受。历时4年,袁阔成把72万字120回的古典名著《三国演义》创编为150多万字365讲的评书《三国演义》,并于1984年在中央人民广播电台播出。在评书《三国演义》的演播中,袁阔成说、表并重,形、神结合,"漂""俏""快""脆"的艺术风格有了更为鲜明的体现,他温厚悦耳的嗓音,引人入胜的描述,精当入情的注释,哲理深蕴的点评立刻抓住了大批听众。作家冰心和当时的中央领导王震都对他的演播给予了高度评价。

可以毫不夸张地说,"从老人到小孩,从普通工人到知名作家,从学生到专家学者,从老百姓到国家领导人,全中国上亿听众,无不为袁阔成的声音所倾倒"②。

## 二、单田芳——"寻常可亲"的亲民说演

"凡有井水处,皆听单田芳。"单田芳是当代著名的评书大师,他1934年

---

① 刘兰芳.当之无愧的新中国新书第一人:怀念袁阔成先生[N].中国艺术报,2016-03-30.
② 米兰.一代宗师袁阔成:《三国演义》亿万听众的难忘记忆[J].劳动保障世界,2015(4):54-55.

出生于天津,父母都是西河大鼓演员,受家庭熏陶,他八岁便能说一些传统书目。"生动、准确、鲜明是单田芳的一大特点"①,而在他的知识、见识、智慧、胆识、毅力和曲折苦难的人生所生发出来的声音中,有千军万马、百样人生,惊涛拍岸又寻常可亲无疑是他说书叙事鲜明的特点,也是他独特的风格。

著名曲艺理论家汪景寿先生总结出评书艺术的五个特色技巧:说、演、评、噱、学。贯穿这五个评书艺术共性技巧的是单田芳寻常可亲的艺术个性风格。

单田芳说书使用的是"东北普通话",在他的书中,无论是叙述者还是男女老少各种身份、地位、职业的人,都操一口"东北腔"。东北口语天然地"更有原始之气,直接而多致,朗然而诙谐"②,评论间的诗词歌赋、叙白间的乡村俚语,贴近生活、贴近群众,且俗且雅、亲和幽默。"这种奇特的评述语言,又亮、又帅、又亲切,属于口语体、漫画式、粗线条、东北腔。"③在这种语言表达气质的衬托下,原本不是说书艺人优势的沙哑嗓音也显得沧桑而贴切。

评书,一人演说,展现大千世界、万千故事。在某种程度上,一个人的"演"给了评书艺人以无穷的创作可能,同时也激发出受众无穷的审美想象。丰富的人生经历使单田芳能够个性化地去"演"活人物,而又不着痕迹。白描的手法将角色的神态、内心、性格直观地勾勒出来,日常的衣食住行被立体呈现,"现场"便被悄然推送至受众面前。

"评"往往是评书的点睛之笔。借助"评",单田芳的评书"在向人们讲述故事的同时,还向人们讲述政治、经济、史地、文学、哲学、心理学等各方面知识"④,使人增长了知识、受到了教育、明白了哲理。与此同时,这种"评"一定不是长篇大论地说教,而是恰到好处地插入,是润物细无声的和亲近、亲

---

① 汪景寿,王决,曾惠杰.中国评书艺术论[M].北京:经济日报出版社,1997:323.
② 孙郁.单田芳的出奇之处[N].中华读书报,2015-02-04.
③ 张继合.评书大师单田芳的传奇人生[M].北京:当代中国出版社,2008.
④ 杨佩琴.单田芳评书的艺术风格[J].现代传播,1995(3):75-76.

民的。很多人在形容听单田芳的说书感受时都会形容"仿佛是邻家的老爷爷在晚饭后拿着蒲扇,坐在院子里墙根儿下的小凳上娓娓道来"。

抖包袱和笑料的"噱"是单田芳擅长的,他的幽默不着痕迹、自然天成,带着底层百姓的淳朴和狡黠。他在评书的叙说过程中看似不经意地挖坑埋包袱,让受众没有心理准备而开怀大笑。这是巧妙的预先设计,透露着智慧和高明。

"学"是单田芳最为重视的,他一生都坚持学习。用他自己的话讲:"说书是一门艺术,需要演员对掌握的素材进行再创作(删、增、编、背)。唱好评书这台'独角戏',真正考验的是演员的读书功底。"[1]除了读书,他还学方言、学戏曲、学各种人物……"学"是单田芳的艺术源泉。

单田芳在艺术生涯中共编演过100多部评书作品,有很多是具有很高艺术水准的精品。从1958年开始,伴随着全国曲艺界掀起的"说新、唱新"活动,单田芳积极编演了《林海雪原》《平原枪声》《草原烽火》《红岩》《红色保险箱》等作品,在"十七年"间被称为曲艺界的"东北红星"。临近晚年时,单田芳也在计划创演系列长篇"红色评书"。事实上,单田芳的艺术风格和"十七年"时期人民大众的文艺文化需求高度契合:一方面,新中国成立之初的高文盲率,通俗的、"寻常可亲"的口头叙事易于被广泛接受,正如郭沫若所说"认识字的人越少,口头文学,比如评书艺术也就越有生存天地"[2]。另一方面,"十七年"作家们刻意追求的俗文学的"民间叙事"手法适合单田芳亲民的说演风格。单田芳的说演将"十七年"小说引入了一个新的审美领域。

《平原枪声》是当代作家李晓明的长篇力作,讲述了抗日战争时期在冀南平原,英勇机智的年轻八路军干部马英在党的领导下组建游击队,领导群众与日寇汉奸展开殊死搏斗的故事。《平原枪声》借鉴了我国传统小说的创作手法,小说的结构简单,故事情节跌宕起伏、惊心动魄,以马英为代表的英

---

[1] 王超.立志宜思真品格 读书须尽苦功夫:访著名评书表演艺术家单田芳[J].秘书工作,2012(4):52-54.
[2] 蓑笠翁.醒木惊天连阔如[J].曲艺,2012(10):38-40.

雄人物勇毅果敢、充满传奇色彩,各色反面人物性格鲜明、各具特色。其艺术风格与传统评书有着相似之处,这为单田芳的创作提供了广阔的舞台,而单田芳的演播也的确为原著增色不少,尤其是对话的处理,体现出单田芳评书演播的准确、鲜明、生动的特点。

不妨以书中的惊心动魄的一个场景——马英和汉奸刘中正邂逅的对话为例(表4-1)。

表4-1 单田芳演播《平原枪声》片段

| | 内容 | 声音表现 |
| --- | --- | --- |
| 叙述 | 马英一看,吓得吸了口冷气,谁啊?这家伙正是汉奸刘中正。马英在县里面开会和他见过面,知道这小子投降日本人,当了县里的连队长。赶紧把头一低,在他对面走过。刘中正跟着日本人是扫荡出来的,他催着马往前走,一看对面来了个人,嗯,怎么这么眼熟啊?吁,他把马带住了,回头看了看。 | 声音大开大阖,节奏紧凑,起伏有致,描述感强<br>语气词凸显画面,展示现场<br>"东北腔"诙谐而亲切 |
| 刘中正 | 站住!你过来。 | 气飘声高,骄纵蛮横 |
| 叙述 | 马英没走出三步去,听这一叫,不能走啊,干脆把心一横,从容镇定地站在刘中正的马前。刘中正摆弄着马鞭子看看他。 | 气稳声实,节奏平缓,从容镇定 |
| 刘中正 | 喂,我怎么瞅你这么眼熟啊?咱们两个人在哪见过。 | 气沉声慢,一字一顿,满腹狐疑 |
| 叙述 | 马英灵机一动。 | 气浅声弱,内心焦灼 |
| 马英 | 司令咱们是见过,我这县城的生人,开了一个卖烟火的小铺,就在司令部的对过儿,因此司令我见过您几次。 | 气稳声慢,停多连少,边想边说 |
| 刘中正 | 嗯,你这是上哪去? | 气稳声硬,骄纵蛮横 |
| 马英 | 给我娘抓药去。 | 气缓声平,镇定从容 |
| 刘中正 | 给你娘抓药?药方拿来我看看。 | 气稳声硬,骄纵蛮横 |
| 马英 | 哎! | |
| 叙述 | 哪有药方啊?这话是临时编的。马英也聪明。 | 气稳声平,娓娓道来<br>"东北腔"温厚亲切 |

续表

| | 内容 | 声音表现 |
|---|---|---|
| 马英 | 呵司令,我娘有病这不会假,药方也有不过没在我手里头,因为吃了一服药了,这药方在先生的手里头。 | 气稳声平,从容应对 |
| 刘中正 | 哪个先生给看的? | 气稳声硬,骄纵蛮横 |
| 马英 | 刘高手,刘先生。 | 气稳声实,临危不乱 |
| 刘中正 | 哪个药铺? | 气稳声硬,骄纵蛮横 |
| 马英 | 广德堂。 | 气稳声实,临危不乱 |
| 叙述 | 刘中正听了听这都对,还是觉得奇怪,这个人我在哪见过?实在是想不起来了!他突然把眼睛一瞪。 | 气飘声虚,满腹狐疑 |
| 刘中正 | 哈哈哈,真他妈会说瞎话啊!我认识你,你一定是八路! | 气稳声实,一字一顿,狡诈蛮横 |
| 马英 | 司令,我有门有户有家有业,我怎么是八路呢? | 气稳声高,语气略带笑意,机智应对 |
| 刘中正 | 既然你有门有户,我问你,往东去是什么地方? | 气硬声高,骄纵蛮横,外强中干 |
| 马英 | 大东庄。 | 气稳声实,胸有成竹 |
| 刘中正 | 往西呢? | 气硬声高,骄纵蛮横,虚张声势 |
| 马英 | 西河甸。 | 气稳声实,胸有成竹 |
| 刘中正 | 往南呢? | 气硬声高,骄纵蛮横,虚张声势 |
| 马英 | 大柳屯。 | 气稳声实,胸有成竹 |
| 刘中正 | 往北呢? | 气硬声高,骄纵蛮横,虚张声势 |
| 马英 | 浩江屯。 | 气稳声实,胸有成竹 |
| 叙述 | 嗯,说得都对啊! | 气虚声低,气焰被压 |

从这段对话的分析中可以看出,单田芳声音气息运用自如,利用停连、重音、语气、节奏的巧妙变化塑造人物形象,营造氛围。与此同时,"东北腔"和略显沙哑的音色相配合,已经成为单田芳的演播特色,使他形成了有别于他人的播讲魅力。

## 三、刘兰芳——注重说演的"韵律美"

刘兰芳 1944 年出生于辽宁省辽阳市的东北大鼓表演世家,6 岁时学唱东北大鼓,1979 年开始改说评书。奠定刘兰芳艺术地位的是长篇传统评书《岳飞传》,而在新评书的编演上,刘兰芳也有自己鲜明的特点。

评书所依托的审美材质无疑是语言表达,音声是其物质外壳。刘兰芳的天赋优良,"又非常勤奋,舍得下苦功"①,勤于嗓音养护与吐字归音的训练,在发声上呈现出气息下沉、喉部放松,不僵不挤、声音贯通、字音轻弹、如珠如流,气随情动、声随情走的特点。天赋良好又掌握正确的发声方式,刘兰芳的嗓音听起来高亢明亮、稳健扎实、穿透力强,唇舌有力,吐字坚实圆润,"念字千斤重"。

在 1979 年之前,刘兰芳一直在表演东北大鼓,她演唱的东北大鼓《刑场婚礼》还曾获得辽宁省曲艺汇演的优秀表演奖。东北大鼓的表演经历对她日后的评书演播产生了有益的影响。说演有唱的影子,所谓"唱着说",具体表现为:第一,注重语言节奏的变化。语速、语流、语气随情节变化而张弛有致。"赋赞""贯口""串口"等韵语说演技巧的有机使用,使演说不再平铺直叙,呈现出丰富多彩的语言美感。文字经由语言音声的渲染夸张而给人以更为强烈的印象。第二,声音造型富有乐感。评书是"音声"的艺术,要用声音去"造型"。叙述描摹、人物代言、情境铺排、音响仿学都需要说书艺人的"音声"。与此同时,说演客体的情节、情境、人物、情感等也因说演主体语言的组合运用而呈现出无数可能。刘兰芳"唱着说"的风格使语言的表达更富音乐的美感。"唱着说"使评书强调的"语言美"发挥得更好。

说演"韵律美"的强调,使刘兰芳的舞台动作形态呈现出"大开门"特点,"台风火爆热情"②。

---

① 刘兰芳.当之无愧的新中国新书第一人:怀念袁阔成先生[N].中国艺术报,2016-03-30.
② 汪景寿,王决,曾惠杰.中国评书艺术论[M].北京:经济日报出版社,1997:322.

在说讲题材的选择上,刘兰芳偏爱"塑造英雄人物、讴歌爱国情怀、弘扬民族正气、表彰行业模范"①类型,这一类型贴合刘兰芳豪迈大气、激情热烈、富于韵律的演说风格。刘兰芳的艺术高峰是从 20 世纪 70 年代末开始的,因此她的"十七年"时段的新评书数量不多,但她的评书说演风格和艺术价值取向同"十七年"小说的精神气质相贴合,她为"十七年"小说的音声化提供了高质量的音声文本。

在中国《小说连播》60 周年最具影响力的 60 部作品节目排行榜中,刘兰芳演播的《红楼梦》位列第 59 位。这部评书作品获得了"上至耄耋老人,下至上学不久的小学生的绝大多数听众的充分肯定"②。古典名著《红楼梦》情节复杂、人物众多、语言细腻、多有隐语,且雅致的诗词歌赋频繁出现。怎样用通俗的语言说清故事、捋清人物关系是评书演播的难点,而刘兰芳语言的"韵律美"使评书《红楼梦》呈现出了俗中显雅、雅俗共赏的艺术面貌。

以宝黛初会为例(表 4-2)。

表 4-2 刘兰芳演播的《红楼梦》片段

|  | 内容 | 声音表现 |
| --- | --- | --- |
| 叙述 | 贾宝玉紧走几步上前施礼。 | 气稳声徐,平静叙述 |
| 贾宝玉 | 老祖宗,我回来晚了,我给您问安。 | 气稳声平,温和恭敬 |
| 叙述 | 老太太看见宝玉乐得眉毛都开花了。 | 气稳声高,笑意明显 |
| 贾母 | 这孩子,一走就大半天,你父亲上哪去了? | 气稳声慢,慈祥亲切 |
| 贾宝玉 | 我父亲从那边又去北静王府了,说等晚上才回来。 | 气浅声高,稚气未脱 |
| 贾母 | 哦,你呀,快去看看你母亲,走了多半天,她不放心,哎,把衣服换了再过来啊! | 气稳声慢,慈爱关怀 |
| 贾宝玉 | 是。 | 气浅声高,稚气未脱 |
| 叙述 | 宝玉"噔噔蹬蹬"转身出去了。过了很长时间又回到了屋里。 | 前半句气稳语快,后半句气稳声高,区别明显 |
| 贾母 | 还不过去,见你远道来的妹妹。 | 气稳声硬,慈祥威严 |

---

① 吴文科.刘兰芳评书说演的声韵美及其当下意义[J].曲艺,2009(3):36-38.
② 邹宇平.用评书弘扬文化,传承文明:浅谈评书制作的几点体会[J].中国编辑,2009(1):46-48.

续表

| | 内容 | 声音表现 |
|---|---|---|
| 叙述 | 其实贾宝玉刚才一进屋就看见屋里多了一个女孩儿,他猜啊是姑妈的女儿,急忙上前作揖。 | 气稳语平,讲说叙述 |
| 贾宝玉 | 妹妹,你好。 | 气浅声高,亲切好奇 |
| 叙述 | 林黛玉连忙还礼。 | 气稳声平,讲说叙述 |
| 林黛玉 | 表兄好。 | 气稳声柔,羞涩好奇 |
| 贾宝玉 | 妹妹,嘿!好相貌啊。 | 气浅声高,由衷夸赞 |
| 叙述 | 他细看黛玉容貌真是与众不同。与众不同这四个字可不是轻易啊!尤其是贾宝玉净在女孩儿堆儿里晃啊,什么样的女孩儿没见到?一看到林黛玉为之一震!就见林黛玉两道似皱非皱的青烟眉,一双似笑非笑的含泪眼,两个酒窝的愁容,也掩不住那妩媚多姿的风韵。病弱的身体更显出她那娇滴滴的情态。泪光点点,细喘微微,真是娴静时如娇花映月,行动处似弱柳扶风。心却比比干多一窍,病如西子胜三分。人都说她有八个心眼儿,比上古传说中比干丞相还多一个呢。宝玉看罢笑了。 | 气深声稳,起伏跌宕,快慢交替,高低有致,娓娓道来 |
| 贾宝玉 | 哎,这个妹妹我有些面熟,好像我们在哪见过?又像久别重逢。 | 气浅声高,难掩兴奋 |
| 叙述 | 说得黛玉不好意思了,扑哧一笑,把头低下了。贾母哈哈大笑。 | 气稳声平,讲述故事 |
| 贾母 | 看我孙子说得多好啊,原本是亲骨肉嘛!今后住在一起就更相和睦了。 | 气稳声高,高低变化,慈祥兴奋 |

宝黛相会是评书中的重要情节,为了将这段评书演播好,刘兰芳做了大量的案头工作,在演播中充分体现出了她富有韵律的特点。"韵律"是指声韵和节律,评书演播当中的韵律体现为声音的高低、轻重、长短的组合变换以及间歇和停顿的匀称别致。在叙述部分,刘兰芳采用的是平缓的中音,语速适中;贾母的声音较低沉,语速略慢;贾宝玉声音略高,语速稍快;林黛玉声音中柔,语速略慢,在叙述和角色的转换衔接时依据情节气氛有紧有松。韵律的变化不仅生动描摹了人物形象,烘托了气氛,同时使人感受到富有乐感的美。

## 第二节　新时期以来的小说连播演播名家的独特魅力

有声小说在 20 世纪八九十年代迎来了发展的高峰,无论是作品的数量还是质量都有质的飞跃,演播者们也以其和评书截然不同的演播方式以及自身独特的艺术魅力赢得了广大听众的喜爱。

在中国《小说连播》60 周年最具影响力的 60 部作品中,王刚演播的有 5 部,分别是《夜幕下的哈尔滨》《牛虻》《上海的早晨》《寻找回来的世界》《将军吟》。王刚的音质富有磁性且清晰有穿透力,再加上他有很强的声音模仿和塑造能力,能够驾驭多种体裁和题材的文本,受到听众的欢迎。王刚的小说音声化创作的高峰期是 20 世纪 80 年代,他的演播也带有 80 年代文学所特有的精神气质。王刚是 20 世纪 80 年代最为重要的一位有声小说演播者,他的有声小说作品《夜幕下的哈尔滨》高居中国《小说连播》60 周年最具影响力的 60 部作品的第 1 位。

在中国《小说连播》60 周年最具影响力的 60 部作品中,李野默演播的作品有 4 部,其中《平凡的世界》排名第 8。有资料显示,这部有声小说作品 1988 年在中央人民广播电台首播时听众超过 3 亿,并在此后的 20 年间应听众的要求重播 3 次,在 21 世纪听众点播小说连播作品排行榜中位列第一。李野墨也凭借对这部小说的成功演播为广大听众所熟悉和喜爱。

### 一、王刚和他的《夜幕下的哈尔滨》

《夜幕下的哈尔滨》是东北作家陈玙于 1982 年完成的 72 万字的长篇小说。小说描写了 20 世纪 30 年代,日本帝国主义占领我国东北后,以哈尔滨市第一中学教师王一民为首的中共地下党员及爱国人士,在我党领导下与日军浴血斗争的故事。

作家陈玙1924年出生于黑龙江，少年时期在东北沦陷区的生活经历给他留下了惨痛的记忆，使他在以后的文学生涯中总想以文笔展现哈尔滨人民的这段血泪史和抗争史。20世纪60年代，陈玙在整理中共鞍山市委第二书记、市长李维民的长篇回忆录《地下烽火》的过程中，被李维民早年惊心动魄、颇富传奇色彩的秘密革命经历所打动，产生了创作灵感，但未及动笔便被"文化大革命"打断。1978年，写作被再次提上日程。在经历了前期的从档案馆、图书馆及有关部门查资料，到找在东北秘密战线战斗过的当事人采访，再到走遍了哈尔滨的大街小巷熟悉它的人文历史之后，1979年陈玙投入艰苦的写作，用了两年多时间完成了这部时代特征鲜明、人物形象丰满鲜活、故事惊险跌宕的力作。

《夜幕下的哈尔滨》1982年5月由春风文艺出版社出版发行，"一时间洛阳纸贵，读者蜂拥，两年内共印了3次，行销达297,600册，并于2002年被春风文艺出版社再版发行，2008年又被解放军文艺出版社出版"[1]。此外，《夜幕下的哈尔滨》被改编为多种艺术形式，影响力最大的是有声小说。据统计，这部有声作品全国有108家广播电台复制播出，听众有3亿人。

民族性和通俗性是《夜幕下的哈尔滨》最鲜明的特色，也是它适合进行音声化编演传播，并被听众所接受的原因之一。

作家陈玙自己曾说："我是个土生土长的作家。从小看闲书，就看《三侠五义》《江湖奇侠传》，当然也看《水浒》《红楼》《三国》等。这些东西在脑子里扎下根，所以是在民族文化的土壤中生长起来的。看外国名著，还是后来的事情，这些当然也被吸收了好多东西，但是这是在原有基础上吸收的，基础打好了，就不动摇了。"[2]民族性指导着作家的创作，也是作家的艺术追求。

《夜幕下的哈尔滨》的民族性和通俗性首先表现在它的结构上。它在结构线索上沿袭着小说长期形成的传统，一个个惊险的故事都由王一民的地

---

[1] 熊坤静.陈玙和他的长篇巨著《夜幕下的哈尔滨》[J].党史纵览,2016(7):29-32.
[2] 庐湘.作品的民族特色与作家的自觉追求:《夜幕下的哈尔滨》纵横谈[J].当代作家评论,1984(4):88-94.

下秘密工作所串联,线性结构和块状结构相结合,可以明显看出评书的影子。小说通篇制造悬念,传统评书中的"扣子"在小说中屡见不鲜。结构手段的调度,把情节逐步推向高潮,把戏"挤"到千钧一发之势,形成强烈的艺术感染力。此外《夜幕下的哈尔滨》很注重站在民族的、大众的立场来设立情节。故事紧张热闹、惊险刺激,情节错综多变、扣人心弦,重大场面删繁就简、浓墨重彩。正如作家自己坦陈:"注意情节中的戏剧性,但不故弄玄虚;注意描写中的简练含蓄,但要避免隐晦难解;注意故事的来龙去脉,但要减少交代过程;注意通俗易懂,但不降低文学性。"①这也是中国古典小说的美学原则。在人物塑造上,作家用民族的、本土的眼睛和心灵观察体验,多采用传统小说的表现技巧,人物个性鲜明,王一民、玉旨一郎、玉旨雄一、葛明礼等人物形象活灵活现,这样的人物为群众所喜闻乐见。

小说《夜幕下的哈尔滨》1982年一经出版,便被辽宁人民广播电台编辑刘宝祥相中,并于同年春天推出了由王刚播讲的音声化作品,引发了强烈的社会关注:

> 这部书据统计全国有108家电台复制播出,以至于老作家陈玙在去外地开笔会回来之后,对我讲,这一路火车上、轮船上,他听到广播里都在播讲着他的《夜幕下的哈尔滨》。他叹道:"我这书顶多也就出10万册,可现在知道它的,少说也有几千万人。"后来我知道,确切的数字是3亿听众。
>
> ……
>
> 那时候没几家有空调的,电扇都算奢侈品,人们为了降暑,只好打开窗户。我清晰地听见我在每家讲故事,家家户户的收音机里在同一时刻传出的几乎都是我的声音。②

有声小说作品《夜幕下的哈尔滨》取得"超乎寻常"的成功,是作家作品、

---

① 陈玙.艺文陈语[M].沈阳:沈阳出版社,2000:142.
② 王刚.我本顽痴:王刚自传[M].南京:江苏文艺出版社,2010:114-115.

演播者王刚和时代形成合力的结果。

在1982年前后,和评书相比,小说连播处于弱势。首先,在收听率方面"评书的收听率要远高于小说"①;其次,在受欢迎程度方面,小说连播也远逊于评书,在1983年全国市地州盟长书交换会上,"在交换的19部书中,就有10部304段是评书和快板书,其他书类加起来只占9部237段"②。这和小说连播的选材不到位以及评书演员的精彩演播有着直接关系。

《夜幕下的哈尔滨》小说文本的民族性和通俗性的"评书"韵味,使其具备了改编为音声化文本的良好基础。它脱胎于中国传统小说但有鲜明现代性的叙述方式给王刚的创作提供了广阔的空间。王刚创造性的演播实践使小说锦上添花。

王刚在20世纪70年代中期和有声小说演播结缘,从业期间也说过评书,并把袁阔成当成典范学习。但是,改革开放似乎赋予了王刚更多的自信和不羁,他坦陈:"师承?当我步入这个行业以后,可以这样讲,我没有具体的宗师。我可以虚心向每一位前辈、每一位因其独特性令我印象深刻的明星来学习,学习无所不在,'拿来主义'也时而为之。"③这使王刚在创作的过程中少了一些束缚。

在有声作品《夜幕下的哈尔滨》的创作中,王刚将评书的演播技巧运用到了小说连播的语言表达当中,他充满自信,状态积极,气息稳健,吐字饱满坚实、抑扬顿挫、节奏鲜明,讲述故事时娓娓道来、细腻幽默,人物塑造活灵活现、逼真传神,在充分尊重原著的前提下,在分段时"推前错后"留下悬念"扣子",通过二度创作生动传神地再现了小说意境,让听者欲罢不能。其中,《玉旨一郎之死》这一片段是王刚钟爱的也是他表现上佳的片段:

---

① 陆群.《小说连播》十二年:一个历史的描述[M]//王大方,叶子."上帝"青睐的节目:《小说连播》业务专著.北京:中国文联出版公司,1995:9.
② 陆群.《小说连播》十二年:一个历史的描述[M]//王大方,叶子."上帝"青睐的节目:《小说连播》业务专著.北京:中国文联出版公司,1995:9.
③ 王刚.我本顽痴:王刚自传[M].南京:江苏文艺出版社,2010.

……哗啦！大玻璃窗碎了，王一民被玉旨一郎推出了窗外。望着打碎的玻璃，玉旨一郎嘴角露出了一丝欣慰的笑容，鲜血从他捂住的胸前的手指缝里流了出来。他的叔叔玉旨雄一完全被眼前发生的一切惊呆了。他直愣愣地看着被自己打中的亲侄子，直到看见那鲜红的血才猛然醒悟过来，丢掉手枪，扑向玉旨一郎，呼唤着一郎的名字："一郎！一郎！一郎……"玉旨一郎圆睁双眼盯着他的叔叔，用尽最后的力气说了一句："叔叔，叔叔……假如我死了……请把我埋在……中国人的墓……墓地里。"说完，他便倒了下去。玉旨雄一痛心疾首地扑倒在侄子身上，呼唤着他的名字："一郎！一郎！一郎……"

这一段是全书的高潮之一。为救王一民而献身，玉旨一郎的形象得到升华。在这段的处理上，王刚的叙述语言基调是深沉的，停顿较多，以便使听者在脑海中铺陈场景，节奏伴随情节的推进时疾时徐，语气紧贴情境。在表现玉旨一郎临死之前的交代时，王刚多用虚声和喉音，气息深且弱，语流时断时续，音量逐渐变小变弱，贴切展现了玉旨一郎的悲凉和无奈。而玉旨雄一呼唤玉旨一郎时，王刚不顾及声音质量，声嘶力竭，几近破音，展现了老特务头子的疯狂绝望以及残留的人性。

王刚在不同的场合多次表演过《玉旨一郎之死》，"王刚说，选择这一片段的原因，是我觉得这是《夜幕下的哈尔滨》中最经典的一段，也是令我印象最深的部分。'玉旨一郎之死'表达了在抗日战争的大背景下，中日两国的普通民众之间仍保持着一种友好关系"[①]。事实上，玉旨一郎是小说《夜幕下的哈尔滨》中达到相当艺术水平的人物，作家陈玙和演播者王刚似乎都很偏爱他，这也契合了20世纪80年代文学人和人性回归的主题。

小说连播《夜幕下的哈尔滨》的出现，在有声小说的发展历程中具有重

---

① 王刚批评港台腔 重新朗诵《夜幕下的哈尔滨》[EB/OL].（2005-08-03）[2020-05-15].http://ent.sina.com.cn.

要的意义,王刚的演播功不可没。有关评论家评述王刚的演播风格时如是说:"王刚借鉴了传统评书的播讲方法,来表现现代小说,改变了以往传统评书听众多、现代小说听众少的局面,开创了现代小说吸引听众的新局面。"[①]

## 二、王刚和他的《寻找回来的世界》

小说连播《寻找回来的世界》于1984年在中央人民广播电台播出,播出后反响热烈,王刚的演播被作者柯岩评价为"播得有声有色,真挚感人"[②],被听众评价"他不仅能很好地运用语言来表达各种人的心理、行动,惟妙惟肖地刻画各种人物,而且还能唱,唱得还很好,同时能讲一口流利的英语。王刚同志真不愧是一名多才多艺的演播者"[③]。《寻找回来的世界》在中国《小说连播》60周年最具影响力的60部作品中排名第22,在小说音声化的发展历程中占有比较重要的地位,也是王刚小说播讲生涯当中的重要作品。

《寻找回来的世界》是诗人作家柯岩的长篇小说,发表于1983年。作家柯岩试图用文学来解答中国政府该如何解决"文革"之后青少年犯罪激增这一举世瞩目的问题。小说聚焦"文革"过后的工读学校,围绕对工读生的心灵挽救展开故事。虽然只写了工读学校,但小说联系到了广阔的社会背景,真实集中地反映党的三中全会之后,一个拨乱反正、正本清源的过渡时期的现实生活,回答了紧迫、尖锐的时代问题。小说热情歌颂了以徐问、黄树林、于倩倩为代表的工读学校的教师,他们以党和人民事业为己任,全身心投入到挽救心灵的工读教育事业当中,大公无私、光明磊落、充满爱心。小说对成长在"文革"时期,被病态的社会扭曲灵魂、淹没人性的失足青年谢悦、向秀儿、郭喜相、宋小丽等给予深切的同情,同时对党员干部中如沙局长、迟副

---

① 王刚.我本顽痴:王刚自传[M].南京:江苏文艺出版社,2010:114.
② 柯岩.美丽的嫁衣[M]//叶咏梅.中国长篇连播历史档案:上卷 作家作品卷.北京:中国广播电视出版社,2010:102.
③ 文学之窗.《寻找回来的世界》信箱节目[M]//叶咏梅.中国长篇连播历史档案:上卷 作家作品卷.北京:中国广播电视出版社,2010:106.

处长、薛副校长等落后和反动分子给予了深刻揭示。

《寻找回来的世界》事实上是对"文革"伤痕的揭发和反思,作为有着沉重心灵负载的类型小说,作者用"真实""亲切""深刻""创新"来统领创作,吸引并打动读者。这也是《寻找回来的世界》能被改编为音声化作品,并且和王刚的创作意图达成一致促使他在演播中不断尝试现代性的新的演播方式以及吸引大批听众的原因。

"真实"使得听众"在听的过程中真正达到了崇高的忘我的境界,想书中所想,急书中所急。徐问、黄树林、吴家驹、于倩倩等献身于工读事业的人物形象,在心中早已超出了艺术形象的范围,而成了活生生的真人,成了生活的楷模"①。"亲切"使听众在收听完小说之后仍然感到"心依然留在那个'世界'里,和徐问、黄树林、于倩倩、谢悦们连在一起,并以同样的频率震颤着"②。对于"诸如政党、接班人、改革、精神文明建设、教育事业、社会生活、家庭生活等大大小小的问题,都可以从中得到启示,各方面各层次的人物,包括老中青少幼,均可从中照照镜子……"③"深刻"使得听众"看到了我们时代的风貌、世事的变迁,懂得了生活哲理。从中感受到了人类真正的真、善、美,也体味到了可憎的假、恶、丑"④。而在"创新"这一点上,作家和演播者不谋而合。柯岩的创新是"力求在立意、结构、人物、生活场景、事件和细节上……既不重复别人,也不重复自己"⑤。王刚则希望通过创新寻找更现代的表达方式,将比较沉重的工读题材的作品"播得尽量能够生动一些,活泼一些"⑥,也就是说,更接近人的真实情感。

---

① 文学之窗:《寻找回来的世界》信箱节目[M]//叶咏梅.中国长篇连播历史档案:上卷 作家作品卷.北京:中国广播电视出版社,2010:105.
② 文学之窗:《寻找回来的世界》信箱节目[M]//叶咏梅.中国长篇连播历史档案:上卷 作家作品卷.北京:中国广播电视出版社,2010:107.
③ 柯岩.柯岩文集:第一卷[M].成都:四川文艺出版社,2009:357.
④ 文学之窗:《寻找回来的世界》信箱节目[M]//叶咏梅.中国长篇连播历史档案:上卷 作家作品卷.北京:中国广播电视出版社,2010:106.
⑤ 柯岩.柯岩文集:第一卷[M].成都:四川文艺出版社,2009:381.
⑥ 王刚与柯岩的对话.

"文革"过后,人们追求的是一种世俗化、反理想主义、反英雄主义的现代性文化,这体现在文艺创作的方方面面。王刚在"文革"中度过青年时期,他的艺术创作不可能不带有强烈的时代标签,而长期的传统长书的演播使其自身历史性地带有中国传统说书文化的印记。于是,"敢于以人的姿态而不是'模范''标兵'的圣洁形象面对外界"①,努力适应时代,寻找现代性的叙述方式成为王刚在20世纪80年代初期的自觉追求。王刚自己也坦陈:

比如《牛虻》,这是"文革"以后中央电台播出的第一部外国长篇小说,更是我在中央人民广播电台演播的第一部长篇,我焉敢懈怠?于是,"偷艺"开始!从电台找来《牛虻》的电影录音剪辑录音带,反复地听。还嫌不够,又大量地听其他经典作品,一定是上海电影译制厂译制的影片。这是我艺术人生中的一次痛快淋漓的"全方位模仿"。②

在演播《寻找回来的世界》的过程中,王刚同样在追寻现代性的"自我突破"。我们以全书的高潮段落之一——经过改造心灵得以净化的赵建国朗诵完自创诗之后,父母以及现场观众的反应为例,分析王刚的音声表达处理:

①场灯一下子全亮了起来,人们啊,可有谁曾见过这样奇异的场景吗?②在演出当中舞台逐渐暗了下去,成千的观众在明亮的大厅里,向着两个观众,是的,不是作者,不是导演,不是名人,而只是两个默默无闻的普通劳动者,两个曾经那样不幸的人,热烈鼓掌,情不自禁地、发自衷心地、热烈地鼓掌。③小建国突然发现,爸爸妈妈的头发全都花白了,多少年,他们从来怕见人,可现在,在上

---

① 王刚.我本顽痴:王刚自传[M].南京:江苏文艺出版社,2010:127.
② 王刚.我本顽痴:王刚自传[M].南京:江苏文艺出版社,2010:111.

千双目光的注视下,他们竟是那样毫无掩饰,就像在自己的家里一样,流着泪却又笑着,万分幸福,却又十分不好意思地向着四面八方的观众深深鞠躬、深深鞠躬。④小建国在暗了的舞台上随着他的双亲一次又一次,向全场观众,向他心里所有挚爱的人们深深鞠躬,他的头每次都几乎碰到地板,现在并没有人注意他,但是他情不自禁地这样做着。⑤是的,他还小,一时也许还说不清人们怎么会这样多情,生活为什么会这样美好,就在这一瞬间,这一刹那,我们的小建国长大了,成人了。

这一段落一共5句话。①节奏紧凑,语速稍快,气息稍浮,略显兴奋。②语速稍慢,激动而深情。③节奏慢,气息沉,句尾下沉。④节奏慢,气息沉,饱含深情。⑤前半句语速稍快,兴奋欣慰,后半句节奏渐缓,气息沉稳,"长大了,成人了"六个字,一字一顿,饱含深情,意犹未尽。

这一段落的处理方式,体现着王刚演播《寻找回来的世界》整部小说的情感基调和音声运用,即节奏平稳,气息扎实,情感内敛深沉,充满人文关怀。如果说王刚之前的演播追求的是一种声音的完美、语句的韵律、情绪的高亢的话,在《寻找回来的世界》中他的音声更多体现的是温暖和对个体命运的关注,这不仅和小说的精神内涵相关,也展现了王刚对20世纪80年代"人的回归"的深刻理解和现代性的自觉追寻。

### 三、李野墨和他的《平凡的世界》

《平凡的世界》是当代著名作家路遥发表于1986年的长篇小说,以孙少平兄弟的命运起伏为主线,真实反映了1975年到1985年间,处于大转型时期的城乡交叉地带的中国底层农民的生活,对那段历史做了真实和细致的表述,同时对苦难生活中的美好人性和摒弃私欲的人生理想的追求做了深情的褒扬,对劳动和奋斗的崇高做了深刻的诠释。

事实上,《平凡的世界》第一部甫一发表并未受到文学评论界的青睐,许多评论家对其持否定态度,认为在各种外部文学思潮、新文化思潮涌进国门时,"你路遥这么一个老手用现实主义手法来写这个东西,多沉闷啊!多没意思啊"①。与评论相对应,《平凡的世界》在市场上反应冷淡。而在中央人民广播电台1988年推出由李野墨演播的同名有声小说作品时,却有数以亿计的听众被孙少安、孙少平兄弟不屈的奋斗深深打动,小说《平凡的世界》随即引发了极大关注。这也给了路遥以鼓励和信心。《平凡的世界》第三部的创作是和第一部、第二部在中央人民广播电台播出同步进行的。可以说,《平凡的世界》被改编为有声小说作品且在广播电台播出,助力了小说的传播。

当然,《平凡的世界》有声小说的广受欢迎,是以小说文本里普通人物在苦难中的忍耐精神、真实朴素厚重的美学风格和新时期以孙少安、孙少平兄弟为代表的"人"的意识不断觉醒的时代精神对读者心灵的震撼为基础的。正如听众的反馈:"听了《平凡的世界》,它教我们走路,教我们生活,教我们如何去实现自我人生价值。在这个天地里,我们领教了作家手中笔的厉害,体会到了作家撼人的魅力。""《平凡的世界》播完了,小说中主人公的生活却在继续,我们的生活也在继续,愿这次收听,在我人生的旅途中,刻下又一深深的烙印,给我青春之火的炉膛添一块煤,给我远航的风帆送一股劲风。""主人公孙少平的形象深深地留在我的脑海里。他是农民的子弟,我也是农民的儿子,但比起他来,愧之不及。我觉得我们的现实生活中,像孙少平这样能吃苦的人还是不多的,所以他是我们青年学习的榜样。孙少平的道路还告诉我们:人,不应该依靠别人来获得享受和满足,来打开自己的前途,而应该用自己的双手、血汗获取甘甜。只有这样,我们才觉得骄傲自豪。"②当然,听众也没有忘记《平凡的世界》音声作品的演播者李野墨,认为"对比一

---

① 白描.对路遥最大的支持:在20年后新版座谈会上的发言[M]//叶咏梅.中国长篇连播历史档案:上卷 作家作品卷.北京:中国广播电视出版社,2010:42.
② 叶子.谈听众的审美情趣:从长篇小说《平凡的世界》连播引起瞩目说起[M]//叶咏梅.中国长篇连播历史档案:上卷 作家作品卷.北京:中国广播电视出版社,2010:28.

下诸多明星的演播,李野墨锤炼、创作出了区别于他人的演播风格,这就是:贴近听众,侃侃而播,绘声绘色,口语自然,以粗犷、憨厚、豪放、诚挚的声音魅力吸引了广大听众"①。

李野墨进行了成功的二度创作,并借助大众媒体使文学作品《平凡的世界》获得了广泛的社会关注。小说《平凡的世界》自身具备的震撼人心的艺术魅力也成就了李野墨,使其成为演播艺术家行列中最为年轻的一员。

真实朴素厚重的现实主义基调是《平凡的世界》的鲜明特质。路遥运用历史唯物主义观点,以宏大叙事描绘中国1975—1985年这一转型时期的社会景观,高扬时代旗帜,运用经典现实主义的创作方法塑造了以孙少平为代表的典型环境中的人物群像。《平凡的世界》无论是结构设置、情节安排还是人物性格刻画都没有过分戏剧化,主要是日常生活的描写,在平凡中升华出不平凡,从而构筑起了一个极不平凡的艺术世界。读者尤其是青年读者之所以会被孙少平、孙少安、李晓霞、田润叶深深打动,就是因为他们在这些人物身上看到了自己的影子,看到了他们的处境、他们的无奈和他们的奋斗。

苦难美学的精神追求是小说《平凡的世界》又一吸引人之处。无论是少平还是少安,晓霞还是润叶,他们的魅力都是通过受难而体现出来的,受难是他们生命里最实在、最有意义的内容,接受苦难并战胜它在一定意义上反衬着他们人性的光辉。不甘在贫困落后的家乡待一辈子而出去闯世界的少平始终挣扎在社会的最底层,给他以爱和力量的恋人田晓霞又因公殉职;因害怕不能给予而拒绝了润叶的少安,事业上也屡屡碰壁;润叶只想赢得爱而终不得;厌恶平庸,充满激情和诗意追求的晓霞和少平心神相契却因公殉职;金波陷入"柏拉图式"恋爱不能自拔;李向前在婚姻的幌子下过着单身生活后又致残……生活布下了无尽的风浪和坎坷,不变的是顽强地同苦难命运做斗争的精神追求。正如孙少平给妹妹兰香的信中所写:"我们出身于贫

---

① 叶子.谈听众的审美情趣:从长篇小说《平凡的世界》连播引起瞩目说起[M]//叶咏梅.中国长篇连播历史档案:上卷 作家作品卷.北京:中国广播电视出版社,2010:28.

困的农民家庭——永远不要鄙薄我们的出身,它给我们带来的好处将一生受用不尽。但我们一定又要从我们出身的局限中解脱出来,从意识上彻底背叛农民的狭隘性,追求更高的生活意义。首先要自强自立,勇敢地面对我们不熟悉的世界,不要怕苦难,如果能深刻理解苦难,苦难就会给人带来崇高感……痛苦难道是白忍受的吗?它应该使我们伟大。"[1]

现实主义手法和苦难叙事使小说整体处于深沉、厚重、悲凉、朴质的基调之中。由此,小说有声创作的基调一定是深沉、厚重、内敛、稳健和不事雕琢的,正如路遥笔下的"被流水蚀剥得沟壑纵横、支离破碎、四分五裂,像老年人的一张粗糙的皱脸的广袤的黄土地"。

在音声化创作中,基调是指"将稿件转化为有声语言时的一种总体把握。它既包含稿件本身固有基调,同时,也必须含有播讲者在播讲目的制约下的播讲态度"[2]。"一篇稿件播得是否成功,基调提供着最'直观',亦即最直接,最容易感觉到的判断依据。"[3]有声小说作品的基调是小说文本的基调和播讲者播音表达基调的统一。播讲者的基调如果与小说基调不符,势必会造成音声作品的思想内容和艺术审美因内容与形式的不匹配而大大损耗,这是听众所不能接受的。基调的确立首先依赖于播讲者的声音特质,其次是播讲者对作品的理解和感受。正如全国首届"小说连续广播节目"编辑奖评选中的获奖者的经验之谈:"长篇小说《保卫延安》是一部很好的作品,在选择播讲时应选择声音洪亮、铿锵入耳的,而且基调把握比较深沉的人来播讲,但我在选择这一播讲者时,只考虑到他在陕西生活过,本人对作品又非常喜欢,对其他条件考虑得就少了一些,所以这部书播出之后没有收到预期的效果。"[4]没有收到预期效果主要因为播讲者的声音特质与小说的风格不相一致。

---

[1] 路遥.平凡的世界:第二部[M].北京:北京十月文艺出版社,2017:370.
[2] 张颂.中国播音学:修订版[M].北京:北京广播学院出版社,2003:214.
[3] 张颂.中国播音学:修订版[M].北京:北京广播学院出版社,2003:214.
[4] 范凤英.浅谈《小说连播》节目的编辑工作[M]//王大方,叶子."上帝"青睐的节目:《小说连播》业务专著.北京:中国文联出版公司,1995:35-42.

李野墨的声音沉稳厚重、富有磁性,带有鼻音,因为"从来都没有把演播艺术或者语言艺术当成我的事业"①,所以他没有刻意追求声音的完美。作为20世纪80年代的青年人,他"成天满脑子想的都是些'创新'呀、'个性'啦之类的词儿,因此对一切传统的东西都强烈地带有成见"②,这都使他的声音表达区别于同时代中规中矩、留有距离的演播者,呈现出贴近群众、侃侃而播、绘声绘色、口语自然、粗犷、憨厚、豪放、诚挚的风貌。这样的声音特质恰恰是《平凡的世界》音声创作所需要的。在感受和理解方面,李野墨"对《平凡的世界》很喜欢,也常常读"③,而本职工作为导演的他曾因为拍摄电影走遍了陕西省,并在一个小山村的农家留宿,这家人的古朴热情、安于清贫给他留下了深刻印象,他还与这家人很像少安的小儿子建立了友谊。因此,"对我来说,书里的一切都那么熟悉,那么亲切,以至于书里的人物历历在目,呼之欲出……","希望能为那片古老贫瘠的土地,为那群质朴、善良而又贫穷的人说出一点什么"。亲身经历使他对《平凡的世界》所描述的人和生活并不陌生并充满感情,深沉、厚重、悲凉、朴质是那片土地留给他的深刻印象。

以有声小说《平凡的世界》开篇少平出场为例:

> 小伙子独个儿来到馍筐跟前,先是愣了一下,然后便弯下腰去拾了两个黑高粱面馍,他直起身子来,眼睛不由得朝三只空荡荡的菜盆那儿瞥了一眼,他瞧见乙菜盆的底子上还有一点残汤剩水,房上的檐水滴了下来,盆底上的菜汤四处飞溅,他扭头瞧了瞧,雨雪迷蒙的大院坝里空无一人,他很快地蹲下来,慌得如同盗窃一般,用勺子把盆底上混合着雨水的剩菜汤往自己的碗里舀,铁勺刮盆底的嘶啦声像炸弹的爆炸声一样令人惊心。血涌上了他黄瘦的

---

① 李野墨.追求完美[M]//王大方,叶子."上帝"青睐的节目:《小说连播》业务专著.北京:中国文联出版公司,1995:350.
② 李野墨.从受罪到受用[J].中国广播电视学刊,1995(8).
③ 李野墨在新版《平凡的世界》座谈会上的发言。

脸,一滴很大的檐水落在了盆底,溅了他一脸的菜汤,他闭住眼,紧接着只见两颗泪珠慢慢地从脸颊上滑落下来,他站起来,用手抹了一把脸,端着半碗剩菜汤来到西南拐角处的开水房间……

这是主人公少平的初次登场,也是音声基调奠定之时。李野墨播得含蓄自然,气息平稳,声音低沉,节奏不疾不徐。他冷静从容地讲述着故事,营造出一种深沉而略显悲凉的氛围。语气节奏停连的变化出现在少平刮菜汤之后,复杂的情绪交织在一起使少平落泪了,"他闭住眼,紧接着只见两颗泪珠慢慢地从脸颊上滑落下来",这一句李野墨将语速明显放慢,字与字的间隙拉大,声音也更为轻柔。一个比较长的停顿之后再接"他站起来,用手抹了一把脸",这一句声音由弱转强,由低沉变得稍稍扬起,透出一种坚定和不屈。至此,李野墨比较成功地树立起了音声作品的基调,文学文本和音声紧密结合,使这部音声作品展现出真实、朴素、厚重、不屈的美学风格。

在小说音声化的过程当中,人物的塑造是难点也是重点。《平凡的世界》里最重要的人物无疑是少平和少安。

孙少平是有知识的农村青年,他热爱生他养他的土地,但又鄙视农村落后的生产关系。一家人整天为了一口吃食和最基本的生存而殚精竭虑,即便是如此卑微的愿望也从未满足过。也许孙少平的天性是不安分的,他不甘终生做农民,他需要精神的自由,渴望更为广阔的世界。文学为他打开了一扇窗。当孙少平接触到《钢铁是怎样炼成的》时,"他一下子就被这本书迷住了。记得第二天是星期天,本来往常他都要出山给家里砍一捆柴,可是这天他哪里也没去,一个人躲在村子打麦场的麦秸垛后面,贪婪地赶天黑前看完了这本书……他突然感觉到,在他们这座山包围的双水村外面,有一个辽阔的大世界"。少平从此一发而不可收,他频繁到"县文化馆图书馆里千方百计搜寻书籍",《马丁·伊登》《热爱生命》《简·爱》《艰难时世》《复活》《苦难的历程》《欧也妮·葛朗台》《白轮船》……书籍极大地丰富了他的精神世界,让他不断地去发现"外面的世界",也重塑着他的世界观和价值观。

与此同时,孙少平的气质也有了脱胎换骨的改变,田晓霞夸他"我发现你这个人气质还不错"。而孙少平最为人津津乐道的品质仍然是"奋斗",他似乎永远在流浪,执拗地和命运抗争。"面对更好的'机会',省委副书记女儿的爱情,孙少平更看重的,不是寄生虫(无论是家庭或是体制的庇护)的虚荣,而是劳动者的尊严——他是一个'用双手创造生活的劳动者'。"①。基于文学文本的人物形象,在音声创作的声音形象设计上,少平应该是动静结合的。他的静体现在他天生的文学气质,他的动体现在不安于现状、和命运抗争到底的奋斗精神。

和孙少平一样,孙少安的人生同样充满挫折和苦难。同孙少平自觉的个人奋斗意识相比,孙少安的奋斗主线似乎更为单纯,那就是摆脱贫困,他的奋斗包含着更多的隐忍和理性。负责任是孙少安身上显著的标签,他也是《平凡的世界》里困苦中的情爱的审美情趣的集中体现。他的负责任首先体现在处理和润叶的关系上,他深深爱着润叶,也完全可以接受润叶的爱,但他除了爱就只剩下贫穷,身份地位和物质条件的差异是他和润叶之间不可逾越的鸿沟,他们如果结合就是润叶对他的给予,他有责任给润叶幸福,既然不能,他就必须放弃自我欲求。孙少安的负责任还体现在他对待家庭的态度上,他奋斗的一个很重要的目标是支撑这个家在无数艰难困苦中不要垮。他也"因此而感到自己活得还有点意思",他对父母姐妹兄弟的爱是全家人在困苦中最为温暖坚实的依靠和慰藉。除了负责任,孙少安还有一个显著的性格特征——果敢创新。多分饲料地,实行承包责任制,推行联产责任制……他为改变生活所做的努力,每一步都是在刀尖上跳舞,虽屡遭"批判"但义无反顾。因此,少安声音形象的底色是深沉、宽厚、坚毅和执着。

李野墨在演播的过程中,比较好地抓住了人物的性格特征,找到了较为合适的声音体现方式。在一次节目访谈中,李野墨谈到了对孙少平和孙少安的塑造:

---

① 黄平.从"劳动"到"奋斗":"励志型"读法、改革文学与《平凡的世界》[J].文艺争鸣,2010(3):48-55.

> 孙少平、孙少安这两个人物,没有做太多的声音上的处理,是从人物的感觉上去找,就是我说这话的时候,那我就是哥,我不能让你饿着,哥,你吃,你先吃,声音上又没什么太明显的区别,但又能清清楚楚地听见哪个是哥,哪个是弟,我觉得这也是从角色出发,从性格出发。①

"从角色出发,从性格出发"是小说音声化创作中塑造人物的根本遵循,它是建立在创作主体的"感觉"之上的。在小说音声化过程当中,演播者的"感觉"事实上首先是演播者从作品中获得的某种意思和概念,加上自己因为生活经历或想象而产生的理解后,生成的一种"感受"。"感受"是"感之于外,受之于心"的过程。"感之于外",即演播者感觉到符号所代表的具体的客观事物的存在。"受之于心",则是客观事物引起演播者内心的反应和体会。感受由形象感受和逻辑感受构成,这是一个主观能动的过程。感受建立在演播者对小说中心思想、创作背景以及播讲目的了然于胸的基础之上。在感受的过程中,联想和想象起着巨大的作用,它们唤醒播讲者的审美知觉感受,是播讲者调动、引发感情的重要手段。在《平凡的世界》确立演播者的时候,李野墨给编辑去信详述了自己在陕西拍片,邂逅山中一家人并和这家"心性、经历都很像书中的少安"的小儿子结下友谊的经历。正是这封信使编辑最后下定决心确定李野墨演播《平凡的世界》,而这经历所引发的真实生动的感受在一定程度上支持了李野墨的创作,从而让听众"能清清楚楚地听见哪个是哥,哪个是弟"。

> 少平也看见了哥哥,兴奋地加快了脚步赶过来了,少安问少平:
> ①"你手里提了些什么?"
> ②"十几斤白面!"

---

① 中央电视台《中国文艺·"向经典致敬"——广播节目〈长篇连播〉》,2018年8月11日播出。

③"白面？哪儿来的？"

④"润叶姐给的！"

⑤"润叶？"

⑥"嗯。"

少平接着就把润叶叫他去她二爸家的前前后后都给哥哥说了。最后少平对他哥一再强调说：

⑦"润叶姐叫你这几天一定去一下。"

⑧"她没说是什么事儿吧？"

⑨"没说，就说叫你一定去一下。"

少平说完就引着两个孩子回家去了。

这是小说开篇不久，少安兄弟俩第一次同时在一个场景里出现的一段对话，对话很短但很重要。演播者在一问一答的直接比对中展现兄弟俩的性格特征，并为整个音声作品中两个重要人物定下贯穿始终的声音形象。

①③⑤⑧是少安的问话，李野墨在处理时气息沉稳，声音扎实，声音位置在自如声区的中偏低部，强度不大，语气平和，节奏较慢。一个负责任的、沉稳的、内敛的、温暖的人物形象通过声音被刻画了出来。

②④⑥⑨是少平的回答，李野墨在处理时气息通畅，节奏平稳，声音饱满、有力、果断，声音位置在自如声区的中偏高部，尤其是⑥"嗯"的处理，语调向上滑，既是对少安追问的肯定回复，又明显向哥哥表达了对润叶的好感，只一个升调便生动刻画出了少平的聪慧和善解人意。少平坚定、果断、善良的性格特质在对话中得到了鲜明的展现。

李野墨在《平凡的世界》的音声化二度创作中，紧紧抓住了小说的基调和主要人物的性格特征，忠实传达了小说的风格特色和精神内涵，并用"自己的声音魅力吸引了广大听众"①。

---

① 张淑芝.李野墨的艺术生涯与追求[J].中国广播报，2002(34).

## 第三节 演播者的新探索：小说连播艺术的对播与联播

有声小说发展到20世纪90年代之后愈发成熟，伴随着采录技术和演播艺术的发展，男女对播和多人联播被广泛地运用到有声小说的创作当中，演播艺术家以他们和谐的声音配合为作品增色，赢得听众的喜爱。

### 一、牟云、刘纪宏和他们的《风流才女——石评梅传》

在《小说连播》60周年最具影响力的60部作品中，由牟云、刘纪宏演播的《风流才女——石评梅传》位列第21，这部作品也是60部作品中为数不多的男女对播作品。

《风流才女——石评梅传》于1986年在中央人民广播电台《长篇连播》栏目播出，之后上百家电台相继进行连播，1991年中央人民广播电台再次连播，都在社会上引起了强烈的反响。在作品首播当年的清明节，"近2000人去陶然亭高、石之墓祭奠，仅北大团委就组织了50人的团队为高、石扫墓"[1]。

《风流才女——石评梅传》是一部长篇传记文学作品，作者是柯兴，出版于1986年。柯兴曾供职于中国评剧院，从事剧本创作工作，后转入小说创作领域，专攻传记和侦探文学。长期的中国传统戏剧剧本创作使柯兴的小说具有明显的中国古典俗文学甚或是话本的特质：扎根百姓、结构紧凑单纯、语言通俗、情节传奇、情感丰富细腻。有评论者评价柯兴的传记小说作品除传记文学所应具备的史学和美学要素之外，还有"情"，即"满怀深情，笔底传情，以情感人，以情动人"[2]，《风流才女——石评梅传》中就处处洋溢着打动人心的真挚情感。

---

[1] 叶咏梅.中国长篇连播历史档案：上卷 作家作品卷[M].北京：中国广播电视出版社，2010：115.
[2] 康式昭."自有芳名昭史册"：序柯兴新作《魂归京都——关露传》[J].文艺理论与批评，1999(6)：116-119.

《风流才女——石评梅传》获共青团中央、文化部、广电部、新闻出版署1994年联合评选的首届"中国青年优秀图书奖",1995年获首届"中国传记文学作品"奖。① 小说描写了20世纪20年代著名的作家和革命活动家石评梅追求光明进步而又短暂坎坷的一生,以及她和我党早期的革命领袖高君宇之间凄婉动人的爱情悲剧。全书坚定执着的革命精神和凄美哀婉的爱情相交织,感人肺腑,激人向上。

这部长篇人物传记被制作成音声作品最初是源于作家柯兴自己的争取:

> 我常听中央人民广播电台的小说连播,也曾经无数次路过挂着中央人民广播电台大牌子的复兴门外大街2号的大门口,那时,我曾想:有一天中央人民广播电台要能连播我的小说该多好啊!苍天不负有心人,1986年出版社已决定出版我的《风流才女——石评梅传》了,而且清样都已经出来了。我便拿着出版社给我校对用的那份清样,直奔中央人民广播电台。
>
> ……
>
> 1986年12月26日,中央人民广播电台开始连播长篇传记小说《风流才女——石评梅传》……②

从作者柯兴的自述中可以看到,柯兴喜爱听有声小说,他希望自己的文学作品也能成为音声作品在广播电台播出,由此可以推测出《风流才女——石评梅传》的创作很可能受到了有声小说作品的影响。再加上小说文本本身类似于"话本"的通俗语言和曲折情节,使演播者"有一种有声语言创作冲动"③且

---

① 叶咏梅.中国长篇连播历史档案:上卷 作家作品卷[M].北京:中国广播电视出版社,2010:115.
② 柯兴.《风流才女——石评梅传》:在中央人民广播电台连播的幕后故事[M]//叶咏梅.中国长篇连播历史档案:上卷 作家作品卷.北京:中国广播电视出版社,2010:116.
③ 叶子.情到真时方上品:牟云、刘纪宏的演播艺术[M]//叶咏梅.中国长篇连播历史档案:中卷 演播风格卷.北京:中国广播电视出版社,2010:151-154.

演播得"天衣无缝"①。

除了小说文本的题材和艺术形式适合音声化创作外,小说中的主人公石评梅、高君宇的性格气质同演播者牟云、刘纪宏的声音特质、演播风格相贴合,且男女对播的方式既丰富了音声作品的声音色彩,又符合文学文本的主题。这都使这部有声作品取得了一定的审美效果并赢得听众喜爱。

石评梅出生于山西省平定县一个书香门第,父亲是清末举人,思想开明、目光长远,母亲是大家闺秀。在这样的家庭氛围熏陶之下,评梅从小勤于读书、聪颖睿智、才思过人。她从太原附小毕业后以第一名的成绩考入太原女子师范学校,后又到京城投考北京女子高等师范学校。在京城,她经历了初恋受挫,抱定独身拒绝君宇的爱,君宇病逝立志做君宇生生世世的恋人等几个阶段。评梅的独特之处在于她追求爱情,但从未忘记对充满罪恶的社会制度的控诉和改造社会的责任。她情感细腻、外表柔弱,但内心坚定、胸有大志。石评梅的演播者牟云气息持久稳定,音色干净,音域宽广,可塑性强,声音可柔可刚、文雅内敛,且"擅长以情动人,声情并茂,着重人物个性和内心的刻画,独具'别有情韵之美'的艺术魅力"②。这使得牟云的声音形象和文学文本中石评梅的形象贴合,为成功演播奠定了基础。

高君宇出生于山西省静乐县的一个富商家庭,1916年由太原省立第一中学考入北京大学。在这里,他开始了自己的革命生涯。在山西会所,君宇和评梅初次见面,君宇对评梅一见钟情。正如君宇给评梅的信中所说:"我是有两个世界的:一个世界一切都是属于你的,我是连灵魂都永禁的俘虏;在另一个世界里,我是不属于你,更不属于我自己,我只是历史使命的走卒。"这也是在文学文本中贯穿高君宇命运的两条主线。和石评梅类似,高君宇爱石评梅,但是他同时是一个坚定的革命者,是反帝爱国的斗士。高君

---

① 叶子.情到真时方上品:牟云、刘纪宏的演播艺术[M]//叶咏梅.中国长篇连播历史档案:中卷 演播风格卷.北京:中国广播电视出版社,2010:151-154.
② 金晶.我真想读懂她:演播艺术家牟云作品印象[M]//叶咏梅.中国长篇连播历史档案:中卷 演播风格卷.北京:中国广播电视出版社,2010:156.

宇的声音形象也是刚柔相济的。高君宇的演播者刘纪宏声音干净、柔和、文雅、可塑性强，表达细腻，有内容、有张力，和高君宇的形象贴合。

实际上，牟云和刘纪宏声音风格相近，他们的声音都干净、柔和、表达细腻，情感丰富，在相互配合中呈现出文雅静净，"委婉曲折，条达舒畅，即使急言捷论，也显得从容平易"①的审美格调。而且，他们也多次搭档演播过诸如《故土》《梦断关河》《白门柳》《浣纱皇后》等音声作品。声音的和谐，声音形象的贴合，感情真挚，配合默契使他们合作演播的《风流才女——石评梅传》获得了听众的认可："我们听广播，认为牟云就是石评梅，刘纪宏就是高君宇，他俩的真情演播深深打动了我们。""我特别欣赏牟云、刘纪宏同志的演播艺术，他们配合得很好，播得很有感情、很美，真是声情并茂，我觉得这部小说采用男女演播的形式非常合适，天衣无缝。"②

听众感觉男女对播"非常合适，天衣无缝"还有一个重要的原因，即男女对播使小说叙述节奏错落有致，紧凑和谐，而叙述语言和角色语言的男女声反串变换又能带给听众不同的审美体验。

以评梅接到君宇的示爱红叶为例（表4-3）。

表4-3 有声作品《风流才女——石评梅传》片段

|  | 男声 | 女声 |
| --- | --- | --- |
| 叙述语言 |  | ①终于安静下来了，评梅坐到桌旁，拿出小剪刀，剪开封口，里面是一张白纸，她抖开白纸，一片红叶从里面飘落下来。 |
| 评梅 |  | ②哦，一片红叶…… |
| 叙述语言 |  | ③同时，她从桌上拿起红叶仔细观赏，只见红叶上用毛笔写着两行小字： |

---

① 叶子.情到真时方上品：牟云、刘纪宏的演播艺术[M]//叶咏梅.中国长篇连播历史档案：中卷 演播风格卷.北京：中国广播电视出版社，2010：151-154.
② 叶子.情到真时方上品：牟云、刘纪宏的演播艺术[M]//叶咏梅.中国长篇连播历史档案：中卷 演播风格卷.北京：中国广播电视出版社，2010：151-154.

续表

|  | 男声 | 女声 |
|---|---|---|
| 君宇 | ④满山秋色关不住,一片红叶寄相思。 |  |
| 叙述语言 | ⑤君宇10月24日采自西山碧云寺。 |  |
| 叙述语言 | ⑥开始,评梅只是把它当着一般的两句诗,拿来念了两遍,突然,她愣住了,愣了半晌,又把那红叶凑到灯下仔细地看,仔细地琢磨,她似乎感觉到那红叶里有一颗赤诚的火热的心在坚强地跃动着,它分明是君宇把他对她的情爱对她的思恋通过这片红叶传给她的呀。像平静的大海骤然间被狂风掀起了波涛,那波涛一浪高似一浪,澎湃汹涌,撞击着礁石,拍打着悬崖。评梅的心被搅乱了。 |  |
| 评梅 |  | ⑦哦,君宇啊君宇,你大概是太赤诚了,太忠厚了,太把人当着人了。是的,你是个好人,但绝不是什么英雄,也不是什么风度翩翩的青年,你没有打动过我的心,我怎么能爱你,怎么能接受你的爱呢?!哦,君宇,君宇呀,我是握着独身的利剑,横站在一切准备来爱我的人的面前,斩断所有抛掷过来的情丝爱网,你也许看我有才气,看我有美丽玉洁的外表,却不知我胸中藏着一颗破碎的心,和你想象不到的一些怪念头。君宇呀,这只能怪你在爱情上太单纯,这只能怪你对我太痴情,太诚恳,太相信我了。 |
| 叙述语言 | ⑧回肠九转,难排难解,评梅陷入了如焚的烦闷和忧郁之中。啊……一片红叶,荡开儿女几多愁!烦闷使评梅无法安静,她披了一件水红色的毛衣,推开屋门儿走到院里,一阵幽幽的清风扑面而来,仿佛吹走了她许多烦恼。在深夜古庙的庭院里,她漫无目标地踱着,然后她坐到古亭里的栏杆上,仰望树梢头上挂着的那一钩残月。青碧的夜空,大雁排成人字形嘎嘎地往南飞去,不知从谁家的院子里传来了洞箫的声音,啊……残星几点雁横塞,长笛一声人倚楼。古刹庙宇幢幢,风铃叮当,古墓森森,月影斑驳,更显出浩渺的宇宙太空是那么冷峻、那么幽深。一只蝙蝠不时地发出叽叽的叫声,在古亭内外穿来飞去。 |  |

续表

| | 男声 | 女声 |
|---|---|---|
| 评梅 | | ⑨评梅心想,为了我的独身素志,我不能承受君宇的那片红叶。承受了,我给他什么样的感情?君宇是好人,我不能欺骗他,我应该明明白白地告诉他。 |
| 叙述语言 | | ⑩想到这里,评梅重新回到屋里,蘸饱了笔,在那片红叶的背面写上了几个字:枯萎的花篮不敢承受这片鲜红的叶儿——评梅。 |

这是全书的一个高潮部分,拒绝了君宇示爱的评梅柔肠百转。这一段落有大量的心理描写。①②③是女声,一方面和谐地承接上文,另一方面为后面纠结、热烈的感情表达做铺垫。④⑤是君宇的诗及落款,用男声比较恰切。⑥是叙述评梅悟出了诗的深意,内心骤起波澜。用男声而不用女声,一方面为承接其后评梅的内心独白,另一方面用声音反差和声音力度表现评梅被搅乱的内心的"澎湃汹涌",同时敲击听众的心。⑦是评梅的内心独白,用女声贴切而细腻,传神地表现出评梅内心的纠结。⑧是写景抒情的叙述语言,呈现出忧郁寂寥的感情色彩,男声是在旁观,同时也表达着君宇的情感。⑨是评梅的直白,经过了内心的大风大浪,评梅下定了决心,用女声来表达评梅自己的决定更为真实。⑩是评梅的动作,也是思考之后的行动,评梅手书"枯萎的花篮不敢承受这片鲜红的叶儿",用女声更有形象动作的真实感。

## 二、瞿弦和、李易、牟云、郑建初、王雪纯、李野墨和他们的《北京人在纽约》

在中国《小说连播》60周年最具影响力的60部作品中,《北京人在纽约》位于第42位,它由瞿弦和、李易、牟云、郑建初、王雪纯、李野墨六位演播者联袂演播,播出后风靡全国。

《北京人在纽约》是旅美华人作家曹桂林发表于1991年的小说,发表当时即以海外题材引起关注。小说主要描写了以王起明为代表的北京人移民美国后的遭际与命运、梦想与追求、奋斗与挣扎。作品揭示了中西文化的交汇撞击,也展示了在"淘金梦"和赤裸裸的市场操控下人性的扭曲。

20世纪90年代初期,改革开放向纵深发展,计划经济逐步让位于市场经济,"中国社会再度在多方位、多元与多层次的意义上实现了又一次文化转型"[①]。改革开放带来了社会财富的增长,消费主义价值观形成并取得了广泛的生存空间,大众文化展现出蓬勃的生命力,"从支流到合流再到主流"[②],而精英文化风光不再。在20世纪七八十年代,有声小说折射着社会变革,承载着人们的情感,是大众不可或缺的精神食粮。进入20世纪90年代,迎合大众文化娱乐消费需求的文化产品被不断地生产出来,各种娱乐形式和娱乐场所迅猛发展,彼时,同样作为大众文化媒介的电视异军突起,"她的冲击波几乎涉及社会生活的各个领域。她使六、七亿人从传统的封闭的狭小天地中解放出来,通过小小屏幕看到了如此博大的大千世界"[③]。电视向广播发起了挑战,广播的受众大量向电视转移。这一切都使广播的收听率直线下滑。在这样的时代语境下,作为通俗文艺的有声小说创作必须创新,迎合大众的娱乐消费需求。《北京人在纽约》小说文本恰巧满足了有声小说创新的需要。小说的内容有热度、情节传奇、充满异域情调,这些都为小说音声化的创作提供了空间。尤其是小说比较成功地塑造了王起明、郭燕、阿春、宁宁等主要人物,人物的鲜明个性为有声小说的创作采用并不常见的多演播者共同演播和演播者塑造鲜明的声音形象提供了依托。

王起明是一个知识分子,在国内本有着较高的社会地位和衣食无忧的生活,他的异国寻梦折射着20世纪90年代改革开放给中国社会带来的价值

---

① 戴锦华.隐形书写:90年代中国文化研究[M].南京:江苏人民出版社,1999:177.
② 吴秀明.转型时期的中国当代文学思潮:修订本[M].杭州:浙江大学出版社,2001:53.
③ 杨伟光.九十年代的中国电视[J].视听界,1990(1):8.

取向的历史性嬗变。在集体价值实现中成就自我已经让位给个体的彰显和自我价值的实现,追逐个人的成功与富裕成为时代主潮。王起明的"美国梦"实际上是对西方现代文明的向往,是对个人成功的梦想和物质享受的追求。然而,王起明的圆梦之旅并不顺利,想打入美国主流社会困难重重,他只能在华人圈子里打拼,认同西方价值观但又摆脱不了东方价值观的矛盾,内心尚存的良善让他并不能在尔虞我诈的商战中彻底做流氓大亨,这都注定他的"美国梦"是灰色的。王起明的性格是多样的,在金钱和事业面前他实际而冷漠,但他又是发愤图强、锐意进取、坚韧不拔的,甚至他身上流里流气浑不憷的"痞子"气都被看作 20 世纪 90 年代"中国自由市场的成功需要的超级的男子气概"①。对于演播者来讲,用声音塑造王起明的形象充满挑战,他集冷酷的商人、玩儿命的赌徒、负心的丈夫、热烈的情人、慈爱的父亲于一身,与此同时国内大提琴手的职业经历让他身上多少还存有艺术气质。这一人物必将带给听众丰富的想象,也是对演播者语气节奏、音色变化等技巧运用的考验。

在小说中,郭燕是一个矛盾集合体。她的矛盾一方面来源于西方物质文明诱惑和东方道德文化传统的博弈,一方面来源于与王起明和大卫之间的情感矛盾及道德危机。她选择了大卫,但又放不下和王起明将近 20 年的夫妻情义,一再暗中帮助王起明,同时害了大卫使他破产,陷入对大卫的背叛和不义。在这样的矛盾和背叛中,郭燕最终选择拒绝享受世俗社会的物质幸福而完成赎罪和自我救赎。郭燕是温柔善良的,她也并不贪恋钱财,她的原罪来源于东西方道德文化的差异和生命境遇的彻底改变。郭燕的声音塑造重点和主线是她性格中的软弱以及她的矛盾和犹疑,气弱声浮、断多连少是郭燕声音形象的主色调。

阿春是小说中最为明智清醒的人物,她智慧豁达、美丽迷人。与郭燕相比,她最大的特点在于独立,她不依附于任何人,把命运紧紧掌握在自己手

---

① 罗丽莎.另类的现代性:改革开放时代中国性别化的渴望[M].黄新,译.南京:江苏人民出版社,2006:275.

中。她爱王起明,最初是因为王起明身上有和她相似的对命运不服输的精神和力量。她对王起明的爱涵盖对他的调教和塑造,她始终明白在同王起明的关系中自己的位置:她是王起明的人生伴侣,也是他事业和精神的支柱。阿春的声音应该是气息坚定,语速较快,表达有力、冷静、果断,张弛有度。

宁宁本是一个纯洁的东方女孩儿,她怀着单纯的梦想来到美国。文化和环境差异以及父母不能给予其安全感,使宁宁倍感孤独。她把精神寄托在了结交男友上,吸毒、失身,变成完全认同西方文化的"香蕉女郎"。青春期的宁宁迷失在"美国梦"中。宁宁的声音塑造应该是气息浅,发音位置靠前,节奏急促,语速较快,声音较为尖薄。

和大多数有声小说创作多采用一人或者两人叙述故事兼演播角色不同,《北京人在纽约》有声小说创作的改革首先体现在选用了多名演播者。叙述人、王起明、郭燕、阿春、宁宁等每一个主要的声音形象都对应一名演播者。王起明的演播者李易生长在北京,他气息雄厚、音域宽广富有磁性,充满男子气概,与此同时吐字清晰、规范,语音纯正,又使声音显得儒雅而有艺术气质。阿春的演播者郑建初性格率真,正如她自己所说:"真的,我真的是很厉害,别惹我,惹急了我就不客气!"①她的个性中有和阿春相似的地方。她的气息坚实、声音华丽宽厚可塑性强,语流语势有异域风情,而她塑造人物遵循的理念是与人物"同悲、同喜、同乐,生活在角色中,化成人物"②,这都使郑建初塑造的阿春的声音形象个性鲜明、鲜活生动。郭燕的演播者牟云演播经验丰富,她的音色干净、柔和、温婉、细腻,情感层次丰富,表达富有变化,她比较贴切地把握住了郭燕的身份、年龄、性格、气质、文化背景以及形象和生理特点,赋予了郭燕相应的声音语言特点,做到了"神似"。宁宁的演播者王雪纯和她年龄相仿,声音干净、清澈,气息较浅,发音位置偏前,语音

---

① 叶子.正值春播耕耘时:郑建初印象[M]//叶咏梅.中国长篇连播历史档案:中卷 演播风格卷.北京:中国广播电视出版社,2010:221.
② 郑建初,林洪桐.第三度再创作:关于配音艺术的对话[J].电影艺术,1994(3):55-60.

纯正,英语口语好,声音形象和宁宁相贴合。叙述者瞿弦和气息坚实,声音清亮,吐字清晰规范,他的叙述有着明确的目的和任务,和人物同呼吸共命运,情感细腻、丰沛,节奏张弛有度,重音准确鲜明。他的讲述生动错落地推动着小说情节的演进,并分寸合适地推出一个个人物。其次,在演播方式上相较于传统的小说演播,演播者更像在表演,在语言的停连、重音、语气、节奏上着意强调,大量使用语气词,情感丰富、个性鲜明,追求口语化、生活化。最后,有声作品大量使用音乐和音响,烘托气氛,渲染情感,带领听众进入特定情境。

以有声作品中王起明、郭燕购置新宅,邀约阿春做客,三人同在一个场景为例(表4-4)。

表4-4 有声作品《北京人在纽约》片段

| | 内容 | 声音表现 |
| --- | --- | --- |
| 叙述语言 | 想起阿春要来,王起明的心情颇为矛盾,他喜欢阿春,但又怕眼下自己的新家会影响阿春的情绪。不知为什么,他有一种抹也抹不掉的感觉,就是如果自己的家布置得越好,自己和郭燕的生活过得越好,就是越对不起阿春,这感觉很怪,可却实实在在。郭燕当然是什么也没有想,她买了几样名贵海鲜,亲自下厨房为阿春的到来准备家宴。 | 纠结,矛盾 坦然,热情 |
| 郭燕 | 怎么?阿春她爱喝酒? | 不解 |
| 王起明 | 喝,哦……呵,我也不清楚她喝不喝酒,有备无患吧,啊…… | 掩饰 |
| 郭燕 | 嗯,唉,女人喝酒抽烟我都不太喜欢!嗯…… | 无奈 |
| 叙述语言 | 晚上,阿春摁响了门铃。 | 平静 |
| 音响 | 门铃声。 | |
| 音响 | 脚步声,开门声。 | |
| 郭燕 | 哦!来来来! | 热情 |
| 阿春 | 我叫阿春,英文名字是苏珊! | 热情,开朗 |
| 郭燕 | 啊…… | 热情 |
| 阿春 | 你想必是郭燕吧! | 热情,开朗 |

续表

| | 内容 | 声音表现 |
|---|---|---|
| 郭燕 | 对对对,阿春,快请进! | 热情,兴奋,略拘谨 |
| 阿春 | 哦,好的! | 高兴 |
| 郭燕 | 来,快请! | 真诚 |
| 阿春 | 啊!好漂亮的房子啊!真了不起! | 赞叹,由衷 |
| 郭燕 | 哦! | 自谦 |
| 阿春 | 不是我自夸有眼力,我早就看出王先生和你有着很好的前途! | 热情,由衷 |
| 郭燕 | 嗯! | 羞涩 |
| 阿春 | 只是没想到有这么快!不简单,在我见过的新移民当中,你们是发展最快的,我从心底里佩服你们! | 真诚,由衷 |
| 郭燕 | 谢谢! | 自谦,羞涩 |
| 王起明 | 呵,你太客气了! | 平静 |
| 阿春 | 哦,你知道的,我从来不乱恭维人! | 热情,自信 |
| 郭燕 | 啊哈,阿春,我再陪你看看其他的房间! | 热情,温柔 |
| 阿春 | 好好! | 高兴 |
| 音响 | 脚步声。 | |
| 郭燕 | 请这边! | 热情 |
| 阿春 | 啊哦!真不愧是艺术家!这儿布置得美极了!哦,色调美极了!I love it!王太太你有很好的欣赏力! | 由衷,真诚 |
| 郭燕 | 谢谢,谢谢! | 兴奋,由衷 |
| 王起明 | 阿春,请到餐厅用餐吧! | 热情 |
| 阿春 | 哦! | |
| 郭燕 | 来请,阿春! | 真诚,热情 |
| 阿春 | 谢谢! | |
| 音响 | 脚步声。 | |
| 郭燕 | 这边! | |

续表

| | 内容 | 声音表现 |
|---|---|---|
| 音响 | 脚步声。 | |
| 阿春 | 啊！海鲜龙虾，这是我最喜欢的！ | 兴奋,由衷 |
| 郭燕 | 是吗？ | 满意 |
| 阿春 | "XO"太美了,我喜欢这种牌子的酒！ | 兴奋,由衷 |
| 郭燕 | 嗯呵…… | |
| 王起明 | 呵呵呵…… | 满意 |
| 郭燕 | 来阿春,请坐！ | 热情 |
| 阿春 | 好的！ | 兴奋 |

这是全书的一个小高潮，王起明换新宅邀请阿春来吃饭，他对阿春怀有感情，又不忍对不起妻子郭燕，内心矛盾重重。郭燕被蒙在鼓里，对曾有恩于己的阿春倾尽热情。阿春虽然不舍但却冷静坦然。在有声作品中，这一段时长约3分钟，2段叙述语言不到1分钟，其余近2分钟的时间多是角色的对话，少部分是音响和音乐。事实上，人物语言多于叙述语言，音响和音乐使用频繁，是《北京人在纽约》整部有声作品的特色。这在20世纪90年代之前的传统有声小说作品中是不多见的。

在传统的有声作品当中，无论是一人演播还是男女对播，因为演播者要兼顾叙述和人物语言，一方面在语言的转换中势必有时间节奏的迟滞，另一方面虽然随着角色的不同演播者的气息、声音位置、声音虚实、吐字、语气、节奏等会有变化，但其音质、性别等不会变，因此，人物语言多多少少会带有演播者自身的影子。而《北京人在纽约》有声作品中每个重要人物都对应一名演播者，在语言交锋时，节奏更为紧凑，声音形象更为统一，情感色彩更为鲜明。在某种程度上，演播者已经化为小说中的人物。

以上面的场景为例，王起明磁性、宽厚的音色和自信的声音气质之上，附加了特定情境所赋予的热情、兴奋、关切、亲密和矛盾纠结的情感色彩。郭燕和阿春都是女性，可是她们的声音形象截然不同。郭燕的声音形象的基调是温柔、善良,缺乏主见,在这一特定情境中又附加了热情、感激的情感色彩。阿春在自信干练的声音形象基调之上附加了冷静、坦然、亲密的情感色彩。这些在特定的情境中于人物语言交锋时展现出来的声音色彩使人物个性更为鲜明,凸显了人物的生气,使人物性格与动作和目的更为协调。同时,个性鲜明的声音形象也使得典型情境更有典型意义。人物角色演播的固定化,使语言交锋能够出"戏"。

还是在这一场景中,阿春告辞,王起明说"希望你常来",声音不大,显然不想让郭燕听到,语气中透着亲密、关切、恋恋不舍和期盼。阿春小声回答"我会的",饱含了亲密和动情。简单两句话,披上语言色彩的外衣,展示出了王起明和阿春不同寻常的情感,也暗示着后面故事情节的发展。这在一人演播或者对播的有声小说作品中是难以实现的。这事实上已经是进入规定场景的表演,演播者已经是王起明、阿春、郭燕了,经由想象和联想,每个听众的心目中都会树立起鲜明、具体、清晰可见的人物形象。

在以上场景中,音响频繁出现,涵盖了门铃声、开门声、脚步声、餐具声、斟酒声、椅子声等,其中脚步声最多。这些音响都很真实,符合情境,营造了现场氛围,给听众展示出了一场鲜活的豪宅家宴的图景。音乐出现并不频繁,一共两次,但位置很特殊,出现在王起明送阿春以及向阿春倾诉衷肠之时。钢琴声深情而忧伤,伴有高亢并不和谐的节奏。音乐烘托了王起明和阿春在一起的既甜蜜又不安的气氛,抒发着王起明对阿春求之不得的感情,渲染着他的矛盾情绪。在音乐的映衬下,王起明的表白更富于感染力和诗意,与此同时,音乐也使听众和王起明一道矛盾着、无奈着。

总之,在20世纪90年代,在有声小说受到多种文化娱乐方式强有力的冲击之下,《北京人在纽约》有声作品进行了大胆创新,它选用多名演播者运用戏剧技巧塑造人物、设计对白,大量使用音响和音乐等艺术手段创造听觉形象,展开剧情,刻画人物,营造出了看不见的戏剧的效果。这样的尝试受到了听众的欢迎:"这篇小说采用广播小说的形式播出,经瞿弦和、李易、牟云、郑建初、李野墨、王雪纯等绘声绘色的演播,真是妙极了,像是听广播剧,听电影录音,那么形象、那么逼真,这样的好小说,配上这样的演播形式,真可谓锦上添花了。"①这样的评价代表了当时绝大多数听众的观点。当然,《北京人在纽约》有声小说作品的成功和时代、和社会风潮、和大众的审美取向、和演播者的精湛技艺等都有着密切的关系。

---

① 张淑芝.广播小说《北京人在纽约》:一部爱国主义教育的生动教材[M]//叶咏梅.中国长篇连播历史档案:上卷 作家作品卷.北京:中国广播电视出版社,2010:144.

# 第五章
# "有声读物"：有声小说与现代小说艺术的发展

事实上，包括现代评书和小说连播在内的有声小说都是以文学原著为基础的，即便是专门为说书而创作的传统评书也有"话本"为依托。一方面，有声小说的内容、内涵、人物、结构等都是建立在小说文学文本之上的，它以二度创作的方式阐释并传播文学。另一方面，有声小说的改编创作毕竟是将文字符号转换为音声符号，在二度创作的过程中有着自己的艺术独创性，有着自身的文体价值，并对小说创作的语言和结构等产生深远的影响。

与此同时，当代有声小说的改编创作、音声的二度创作只是整个创作活动的一部分，其同时还是音声作品的传播、消费与接收活动。音声文本经过传播、消费与接收才能成为现实的审美对象，才能真正实现音声作品的价值。当代有声小说的传播、消费与接收大致经历了四个阶段：评书阶段（包括评书书场和广播评书）、广播小说连播阶段、电视评书书场阶段、全媒体有声读物阶段。这四个阶段有时是并行的，但每一种传播方式都有其特点，以其独特的方式和音声规律相结合，或充分或并不充分地实现着音声作品的价值，并在一定程度上对文学观念的更新和文体的变革产生影响，尤其在语言表达和结构技法上带来了变化。而有声小说文本不同于小说书面文本的特点，对受众的审美选择也产生了影响和制约。

## 第一节　评书对新文学创作的影响

从某种程度上讲,中国民间口头讲说也就是"说故事"是评书的滥觞,是中国通俗小说的前身,也有学者认为"小说是起源于说评书的"[1]。敦煌变文被认为是中国通俗小说的起源,而变文正是对唐代"俗讲"和"转变"的书面的整理、记录。宋元时期的说书人的底本"话本"为通俗小说确立了基本结构和叙事程式,由此,通俗小说在明代崭露头角。像《三国演义》和《水浒传》,都是在话本的基础上经文人的不断润色而成书的。明朝中叶以后,越来越多的民间说书成为通俗小说的蓝本。可以毫不夸张地说,通俗小说是在民间说书的滋养下不断发展壮大的,它不仅有"口说"的印记,也在一定程度上有语言表达的影子。通俗小说和民间说书在叙事方式、结构布局、情节设置等方面有着非常相近的艺术特征。正如学者评价"由评书到小说,不过是由说变成写而已,虽然是'写',而仍未脱'说'的形式"[2]。

明末清初,随着现代报业的发达和小说创作理念的发展,人们对"故事"的接受不再局限于书场听书,阅读小说特别是具有功利色彩的通俗小说渐成风尚。尽管如此,评书的影响仍旧是深远的,有研究者就认为民初的鸳鸯蝴蝶派小说明显受到了评书的影响,这类小说的故事情节通常一波三折、跌宕起伏,而程式化的表述方式也是套用评书的方式。比如"五四"时期的新文学作家徐玉诺在小说叙事的现代性上不断作出尝试,但仍没有放弃对评书叙事方式的借鉴。他的短篇小说《一只破鞋》开端、发展、高潮、结局环环相扣,场景描写精彩惊险,土匪攻城的情节紧张激烈,人物心理刻画细致,这都是对评书正笔叙述、埋下伏笔、浓墨重彩刻画战争场面的艺术移植。除了徐玉诺以外,"五四"时期的很多新文学作家如赵景深等也都在评书中寻找

---

[1]　知讷.关于小说的形式[J].国民杂志,1942(10).
[2]　知讷.关于小说的形式[J].国民杂志,1942(10).

创作灵感。20世纪二三十年代,在评书的浸润下进行新章回体小说创作、成就最高的无疑是张恨水,他因听评书而产生创作《啼笑因缘》的灵感,整部作品呈现出结构紧凑、故事跌宕、语言通俗等艺术特质,在发表并引起轰动后又被多次改编为话剧和评书。这大概也是评书和小说互动的一个鲜明的例证。茅盾先生认为:"在近三十年来,运用'章回体'而能善为扬弃,使'章回体'续了新生命的,应当首推张恨水先生。""章回体"是来自评书的,茅盾先生的评价从另一个维度肯定了张恨水先生对评书艺术叙事技巧的借鉴传承。

读老舍先生的小说,我们通常会被人物的幽默话语和平民视角所吸引,这体现了老舍的文学创作观。不难看出,这其中也有评书,即"口说"的元素。在文学艺术的审美品位上,老舍"赞赏双厚坪的《水浒》,陈士和的《聊斋》,还有白敬亭的《施公案》等的说书艺术与郝寿臣的《西卒打山门》《打渔杀家》等京剧艺术"[1]。与此同时,老舍一向秉持"穷人"和"头朝下"的创作理念,普通人的命运是他所关注的,在某种程度上他承担的是民间"说书人"的责任。于是,在《骆驼祥子》《歪毛儿》等小说中我们总能听到说书人的声音。通俗的语言、完整的故事、程式化的叙述是评书"说与听"在老舍先生小说中最好的诠释。

20世纪30年代中后期,通俗小说的创作有了新的发展,在内容上它们是"现实主义的"[2],在形式上从旧形式中汲取营养,扬弃从而蜕变。对旧形式的扬弃即"从'评书快书'的旧形式中取得真经"[3]。张恨水也"觉得章回小说,不尽是可遗弃的东西"[4],评书依然在20世纪40年代滋养着作家的创作。然而,毕竟是扬弃,传统的章回体的形式框架不再是唯一的结构,人物被放在情节和矛盾中进行塑造,叙述语言仍然讲求口语化,但不再重复啰唆

---

[1] 崔明芬.老舍文化之桥[M].北京:中华书局,2005:58.
[2] 师陀.师陀谈自己的生平与创作:致刘增杰新摘抄[M]//刘增杰.师陀研究资料.北京:知识产权出版社,2010:168.
[3] 王爱军.以"说"明"理":中国现代评书体小说的文本价值[J].文学研究,2017(2):156-165.
[4] 张恨水.总答谢[N].新民报,1944-05-20.

而变得简约明快。

## 一、叙述修辞——评书对新文学创作的直接影响

通俗小说对评书传统的继承首先表现在叙述修辞上。它从民间提炼养分，叙述中浸润着通俗口语，语言既有表现力又充满感染力。欧阳山在《我写大众小说的经过》一文中就清楚地看到了评书这种民间文艺的优点："第一，能认识几个字，约略相当于小学三四年级程度的读者直接阅读它；第二，完全不识字的能够听懂它。"他们同时也主张小说的首要任务是让平民百姓读懂它，它的语言应该和口语一样通俗。赵树理更是强调："群众爱听故事，咱就增强故事性；爱听连贯的，咱就不要因为讲求剪裁而常把故事割断了，我以为只要能叫大多数人读，总不算赔钱买卖。至于会不会因此就降低了作品的艺术性，我以为那是另一个问题，这些就是我在运用语言和故事结构上所抱的态度。"[①]评书是有声小说艺术，正是以说、演、评、噱、学来叙述故事，描绘景物，评论是非，再现各类人物的。评书的技巧和表演手段正是赵树理所秉持的。比如他的名作《李有才板话》：

阎家山有个李有才，外号叫"气不死"。

这人现在有五十多岁，没有地，给村里人放牛，夏秋两季捎带着看守村里的庄稼。他只是一身一口，没有家眷。他常说两句开心话，说是"吃饱了一家不饥，锁住门也不怕饿死小板凳"。村东头的老槐树底下有一孔土窑还有三亩地，是他爹给留下的，后来把地押给阎恒元，土窑就成了他的全部产业。阎家山这地方有点古怪：村西头是砖楼房，中间是平房，东头的老槐树下是一排二三十孔土窑。地势看来也还平，可是从房顶上看起来，从西到东却是一道斜坡。西头住的都是姓阎的；中间也有姓阎的也有杂姓，不过都是些

---

[①] 赵树理.也算经验[N].人民日报,1949-06-26.

在地户,只有东特别,外来的开荒的占一半,日子过倒霉了的杂姓,也差不多占一半,姓阎的只有三家,也是破了产卖了房子才搬来的。

多么平实而朴素的语言,就如同在拉家常,但又表述清晰、逻辑严密,不冗长、不拖沓。说书艺人可以拿到舞台上直接去说,从文字到音声的转换顺畅自然,让人一听就明白。

再来看一段快板:

> 鬼脥眼,阎家祥,
> 眼睫毛,二寸长,
> 大腮蛋,塌鼻梁,
> 说句话儿眼皮忙,
> 两眼一忽闪,
> 肚里有主张,
> 强占三分里,
> 总要沾些光。
> 便宜占不足,
> 气得脸皮黄,
> 眼一挤,嘴一张,
> 好像母猪打哼哼!

这不正是评书当中的"噱"吗,刻画人物、制造笑料,押"ang"韵。读者只看文字仿佛就听到了声音,幽默、传神、生动、逼真。

姚雪垠非常注重小说兴味线,也就是小说矛盾纠葛的布局。"一部长篇小说为一条或数条主要的兴味线贯穿着,而同时还穿插着许许多多的呈现为偶然的和短促的兴味线。说书的也用这同样方法去吸引观众。"[①]兴味线

---

① 姚雪垠.小说是怎样写成的[M]//佚名.大众时代文艺丛书:第2集.北京:商务印书馆,1943.

事实上就是评书结构中的"柁子",它是一部评书当中多种矛盾的扭结点和高潮。"柁子"使评书紧紧围绕故事情节来叙事,每个单元清晰。兴味线让姚雪垠的《差半车麦秸》等小说矛盾纠葛牵连却不混乱,流畅生动。"小说是'故事',不是理论"①,是故事,就要秉承"大众化"的宗旨,通俗易懂、质朴浅显地讲故事。"大众化"就是要向包括评书在内的民间文学传统的表现手法学习。20世纪40年代的优秀作家们都在努力"接近民众","走着'口语化'的崭新道路"②。因此,有声口说以其先天的通俗性,为小说创作的大众化路径提供了借鉴和方向。

来看看艾芜的《南行记》中的语言:

> 我由成都到昆明,这一个多月的山路,全凭两只赤裸裸的足板走。因为着布鞋,鞋容易烂,经济上划算不来。着草鞋倒是便宜,但会磨烂足皮,走路更痛得难忍。因此,由昭通买好的一双草鞋,就躲在我包袱里,跟我走了一两千里的路。这在当时是可以带也可以丢弃的东西,料不到如今会成了我的一份不小的财产。拿到十字街头去拍卖吧,马上心理快活起来了。
> 
> "两百文!卖吗?"他突然还我一个价钱。
> 
> "三百五!"我掉头答,足放松一点。
> 
> "一个添,一个让,二百五。"一个黄包车夫打总成。
> 
> "就是他说的好了!"小贩高声叫着我,我站住了。
> 
> "三百!一个也不少。"坚持我的价钱。
> 
> "去你的!不要了。"

从以上文字当中,我们可以明显地感受到语言的质朴平实,没有丝毫修饰,而对话即便是在现在我们也经常可以听到。在《南行记》中,艾芜的语言词汇常常不囿于常规,他时常会颠倒和改装拆分语词,变化语词的搭配,并

---

① 山丁.创作与批评[J].中国文学,1944(8).
② 姚雪垠.抗战文学的话语问题[M]//佚名.大众时代文艺丛书:第2集.北京:商务印书馆,1943.

时常夹杂云南的俚语俗语,使语言面貌新颖别致,充满了浓郁的云南气息和流浪的味道,和生活是如此的接近。

## 二、讲好故事——评书对新文学创作的创作立意影响

大众文学在形式上一定是明白的、通俗的,这样才能被大众接受,"这明白通俗的形式最终可归结为以'说'的方式呈现'故事',以'故事'的演绎传达'道理'"①。

在通俗晓畅的语言之外,评书的"简单真实,朴质不文"的故事因其更便于理解和被接受,对平民大众的教化作用也更为有效,这也是小说实现其宣传教育目的应该借鉴的。宣传教育也是文学"合理性"的旨归之一。

因此,在小说的创作上,先进的作家们在表现方法上尤其是语言形式上注意吸收评书体小说的长处,"无论是词语的选择还是句子的结构,都十分顾及群众的语言习惯,以群众的接受心理为标准,其小说的确达向了'说'的程度,即'写进作品里的语言应该尽量跟口头上的语言一样,口头上说,使群众听得懂,写成文字,使有一定文化水平的群众看得懂,这样才能达到写作是为人民服务的目的'"②。这主要是说赵树理在创作上尤其是语言组织上所秉持的理念,显示出他对群众语言的推崇和坚守。事实上,和他同时代的其他作家也都自觉采用这样的创作方法。

姚雪垠在《李自成》之前的创作被评论家认为是"名副其实的'口头文学'"。口头文学实质上是他对中华民族的历史文化和民间价值的坚守。正如他自己所说:"作为有出息的中国知识分子,应当真正了解中国的社会情况和中国的历史。我们搞文化建设,不能脱离无比深厚的民族土壤,没有任何理由轻视我们几千年的文化成就……我们要立足中国,崇尚实学,不误空谈。因为我们自己的根在中国……所以,我们的作家一定要有中国气派。"

---

① 王爱军.以"说"明"理":中国现代评书体小说的文本价值[J].文学研究,2017(2):156-165.
② 赵树理.赵树理文集:第4卷[M].北京:中国工人出版社,2000:1883.

立足中国,追求中国气派,让姚雪垠和赵树理一样坚持着民间书写。他着意塑造民间人物形象,刻画民风民俗的诗情画意。于是,向评书艺术找寻灵感,灵活运用大众语言和有声口说成为他艺术创作的自觉。我们不妨看看他在《牛全德与红萝卜》当中的语言:

> 他说话还是恶声恶气的:一个字像一块砖头,扔在女人的心坎上。女人的心里像十五个吊桶打着水——七上八下的。
>
> 胡萝卜也装作没事的样子笑了笑,但实际真像是一口吞下去二十五只小老鼠,百爪抓心呢!
>
> "哼,夜明珠不放光不知是宝!"他心里说,越发想在队长面前显一显他的神通。你这个混蛋玩意儿,老脾气总是不改!你现在既不是汤土匪,又不是在军阀手下混军队,随随便便地骂同志……
>
> 媳妇没有敢当面反抗,等婆子走出屋子,她低声地咕噜说:"人家已经把日本鬼子打跑了,你还在心疼两三根火柴哩!"
>
> 乖乖儿,我混了十几年还不会指挥"打野外",这家伙竟然都会!

歇后语、谚语、拟声词、习惯用语等在《牛全德与红萝卜》中频繁出现。这些带有浓郁口语色彩的语言,在评书当中屡见不鲜,它们显示着中国传统文化的质朴通俗、风趣幽默,读来仿佛生动的音声回荡在耳边,朴素的美感扑面而来。

老舍也致力于对评书艺术的借鉴思索与去芜存菁。老舍先生是语言艺术大师,他的语言幽默风趣,充满民间智慧又蕴含着深刻的哲理。他的作品是可以读出声音的,语言讲求音乐性,人物和景物的描述极具形象感。老舍自己说:"我总是一面出着声儿,念念有词,一面落笔。""我的确是这么出着声儿写的,期望把话写活了。写完,我还要朗读好多遍,进行修改。修改的时候,我是一人班,独自分扮许多人物,手舞足蹈,忽男忽女。"①评书的"说"是老舍小说叙事的语言特色。除了语言之外,评书的线性叙事结构,也就是以声叙事通常采用的结构也给老舍以启发。他的小说多按照时间顺序一一展现故事情节,这和评书通常按照时间顺序讲述事件的发生、发展、高潮、结局,并用一个个或大或小的"柁子"串联叙事的方式有异曲同工之妙。比如,《我的母亲》就是以"我"的出生长大的时间顺序为叙事主线,连缀了"我"成长中与母亲之间平凡却感人至深的故事,叙事线索清晰明了。"她们浇花,我也张罗着取水;她们扫地,我就撮土","以后,您可以歇一歇了","去吧,小子","唉!还说什么呢?心痛!心痛",都是明明白白的口语,整篇文章就是在"说""我"与母亲之间平凡琐碎但却温暖感人的故事。

综上所述,传统评书不仅对中国古代小说的形成和成熟起到过非常重要的作用,同时对我国现当代文学尤其是小说的发展仍然具备强大的影响力。新文学作家徐玉诺、赵树理、姚雪垠、老舍、艾芜、张恨水、沈从文、张爱玲等都在自觉汲取评书的元素进行创作,用"说"的方式叙述故事,用读者看得懂的"故事"去完成文学的宣传教化任务。这一文学创作方式对后世作家影响深远。从历史的维度来讲,有声口说在某种程度上一直干预和影响着小说的创作。

## 第二节　新时期小说连播对小说创作的潜在影响

新时期以来,随着消费主义文化的盛行和媒介权力的兴起,以印刷为传播媒介的文学的统治性地位逐渐被以电子为媒介的文学所动摇。听书因为"比看书节省时间精力且轻松多了"②成为大众文学接受的主要方式,而这一

---

① 老舍.老舍全集:第16卷[M].北京:人民文学出版社,1999:343.
② 冯骥才.关于小说的长篇连播[M]//王大方,叶子."上帝"青睐的节目:《小说连播》业务专著.北京:中国文联出版公司,1995:334.

时期广播调频立体声的广泛采用,给有声小说的创作提供了更为广阔的空间,同时满足了人们的听觉审美需求,丰富与提高了受众的听觉感受。这一时期有声小说迎来了前未有的发展高潮。"每逢正午来临,几乎全国所有的广播电台都播放《小说连续广播》《评书联播》《广播剧和小说连播》节目,并以此形成一个传统,长年累月、经久不衰,呈现出万人空巷的景观。"①这一时期的很多作家也都以自己的作品能上小说连播节目为荣:"我常听中央人民广播电台的小说连播……我曾想:有一天中央人民广播电台要能连播我的小说该多好啊!"②作家同样也是文学的接受者,甚至是更为敏感的接受者,他们会受到文学作品以及传播方式的影响,从而改变自身的文学创作。事实上,这一时期的很多作家都在自己的作品被搬上小说连播节目并取得广泛关注之后,意识到了广播传播在扩大文学影响力方面的重要作用,从而在后续的创作中自觉树立起适于"听"的写作意识。

**一、以广播为媒介的传播对小说创作的潜在影响**

我国的第一座电台"大陆报——中国无线电公司广播电台"是由美国商人奥斯邦和旅日华侨曾某合办的,于 1923 年 1 月 23 日晚首次播音。它在上海租界引起一阵"无线电热"。此后,自办电台、政府办台和民间办台在中国的大地上纷纷出现。这些电台除播新闻外,大量播出娱乐节目。1928 年 8 月 1 日,"中央广播电台"开始播音,与此同时,北平、广州、武汉等地方电台也被建立起来,民办电台如商业电台、宗教电台、教育电台也纷纷建立。和早期电台一样,这些电台也将娱乐节目作为重要节目播出。在这些娱乐节目中,"广播书场"是颇受欢迎的节目。比如在上海,"广播给上海市民提供了时尚、多元、便利的娱乐选择,也是电台节目的重要构成,在众多电台中娱

---

① 张凤铸,关玲.中国当代广播电视文艺学:第二版[M].北京:中国传媒大学出版社,2016:14.
② 柯兴.《风流才女——石评梅传》:在中央人民广播电台连播的幕后故事[M]//叶咏梅.中国长篇连播历史档案:上卷 作家作品卷.北京:中国广播电视出版社,2010:116.

乐节目的播音时间占全天播音时间的85%以上,而说书占第一位"①。根据张恨水先生的《啼笑因缘》改编的评书,令上海市民听得如醉如痴,欲罢不能。而在北京,评书也是广播电台娱乐节目的重要构成。"20世纪三四十年代,北平的广播电台共有多家,如位于王府井帅府园的燕声电台、东交民巷台基厂南口英国办的增茂电台、北口意大利开的百力威电台以及中国广播电台、北平胜利电台等。这些广播电台都开设专门的评书节目时段,并插播广告。王杰魁说《包公案》,品正三说《隋唐》,袁杰英说《五女七贞》,赵英颇说《聊斋》,段兴云说《济公传》,连阔如说《三国》《东汉》。"②我国的人民广播事业创建于抗战时期,1940年12月30日,延安新华广播电台开始播音。"广播内容主要是中共中央和陕甘宁边区政府的重要文件、公告,《解放日报》《新中华报》《解放》周刊的重要社论文章,新华社消息,名人演讲,科学常识,革命故事及少量文艺节目。"③东北的一些地区一解放便有电台开办了"长书节目",也就是有声小说长篇连播。1949年1月15日天津解放,4月25日起天津人民广播电台便开始连续播出长篇小说《吕梁英雄传》,上海人民广播电台在建台的第二天就开设了《讲故事》节目,而中央人民广播电台于1950年4月开设了《故事讲书》节目,每天一次,每次30分钟。20世纪50年代,《小说连播》更是迎来了辉煌。从新中国成立到"文化大革命"发生之前,它一直是广播文艺的生力军,备受广播电台的重视和听众的青睐。"由于它的影响和作用,几乎所有的电台都把中午的黄金时间用来办《小说连播》节目,并以此形成一个传统。"④《新儿女英雄传》《青春之歌》《林海雪原》《铁道游击队》《红日》《红岩》《红旗谱》《创业史》《保卫延安》等"建国十七

---

① 上海地方志办公室.上海广播电视志[EB/OL].(2008-07-22)[2020-05-15].http://www.shtong.gov.cn/Newsite/node2/node2247/node4598/node79771/node79778/userobject1ai104472.html.
② 蓑笠翁.醒木惊天连阔如[J].曲艺,2011(9):44-47.
③ 周小普.广播电视概论[M].北京:中国人民大学出版社,2018:102.
④ 陆群.《小说连播》十二年:一个历史的描述[M]//王大方,叶子."上帝"青睐的节目:《小说连播》.北京:中国文联出版公司,1995:4.

年出版的优秀长篇小说被'一网打尽'"①,充分显示出广播和小说连播节目在文学传播中的巨大力量。"文革"时期,全国各地电台的小说连播节目都遭到了停播。1978年党的十一届三中全会的胜利召开,促使小说连播节目从衰微的低谷迎来大发展。《李自成》《红岩》《青春之歌》《野火春风斗古城》《铁道游击队》《红旗谱》等长篇名著的制作播出,在全社会形成了颇为壮观的文学名著热,引起了久违的轰动效应,受到听众的热烈欢迎。这一时期,小说连播在演播方式上不断做着创新和探索。20世纪80年代中后期到21世纪初,小说连播无论在书源选择水平、录音制作技术还是演播者的艺术水准上都有了明显提高,一些优秀的现实题材作品被纷纷搬上广播。在20世纪七八十年代,广播是最为先进的传播媒介,而经由广播传播的有声小说是以印刷媒介传播文学的挑战者的身份出现在大众面前的,它更好地满足了当时社会由计划经济向市场经济转型,思想长期受到禁锢的民众对文艺内容和形式通俗化的迫切需求,因此成为文学最主要的接受方式。

当然,有声小说是伴随着广播在我国的诞生而诞生的,它有着深厚的广播传播底蕴,并在文学的传播接受上发挥着不可替代的作用。同时,它对于新时期作家的影响也是深远的,它不仅"记录了当代作家在文学创作道路上跋涉的足迹和收获的成果"②,是作家"终生的朋友"③,广受作家的重视,而且也在潜移默化地影响着作家的创作。作家冯骥才说:"不是所有小说都适合广播,尤其是长篇连播,它要求:第一,故事性强;第二,人物命运曲折;第三,不断出现矛盾冲突的高潮;第四,有伏笔、有暗线、有悬念、有噱头;第五,有各方面丰富的知识。"小说要适合听就必须"局部删减与添加,剪裁与拼

---

① 叶咏梅.中国长篇连播历史档案:上卷 作家作品卷[M].北京:中国广播电视出版社,2010:1.
② 白烨.贺《小说连播》60周年[M]//叶咏梅.中国长篇连播历史档案:上卷 作家作品卷.北京:中国广播电视出版社,2010:17.
③ 侯秀芬.终生的朋友[M]//叶咏梅.中国长篇连播历史档案:上卷 作家作品卷.北京:中国广播电视出版社,2010:18.

接,乃至浓缩与铺张",或者"大胆地扩展情节,强化人物,制造冲突,充填细节……"①韩静霆说听广播小说最吸引人的是"听客边听边在创造,创造着、想象着属于自己的那些人物形象,并从中获得审美快感。奇妙还不止于此,人们会把自己的人生体验与情感经历加进去,听到情节一旦与自身的情感相通,就会触电般战栗起来"②。作家柯岩在她的《寻找回来的世界》有声小说播出广受好评之后深有感触地说:"在创作上,……我觉得,多掌握一种形式,就像一个战士多了一种武器……"③多掌握的一种形式,就是适合广播有声传播的写作方式。

  作家霍达的长篇小说《穆斯林的葬礼》经由《小说连播》推出并取得巨大成功之后,在她接下来的长篇小说《补天裂》尚未出版之时,《小说连播》的编辑便"做了它的第一个读者",并常在深夜读完之后"激动地打电话来对作家谈她的感受"④。可以想见,在创作《补天裂》的过程中,作家霍达接受了有声小说编辑的适合"听"的创作建议,所以编辑对将小说搬上广播进行有声传播的前景充满信心。著名作家路遥说在他创作《平凡的世界》第三部时,"每当我稍有委顿,或者简直无法忍受体力和精神折磨的时候,那台破收音机便严厉地提醒和警告我,千百万听众正在等待着你如何作下面的文章呢"⑤!同样是著名作家的陈忠实在编辑审看后决定将《白鹿原》在《小说连播》中推出时给编辑写信说:"你对《白鹿原》一书的由衷之情令人感动,这是我所期待的最高的创作报酬。在我来说,从开初构想到作品完成到发表面世,唯一萦绕于心的期待莫过于此""……因为你所涉猎的长篇太多了,关键在于使

---

① 冯骥才.关于小说的长篇连播[M]//王大方,叶子."上帝"青睐的节目:《小说连播》业务专著.北京:中国文联出版公司,1995:334.
② 韩静霆.听客琐言[J].中国广播电视学刊,1995(8):52.
③ 柯岩.美丽的嫁衣[J].中国广播,2008(4):43-44.
④ 霍达.从《穆斯林的葬礼》到《补天裂》[M]//叶咏梅.中国长篇连播历史档案:上卷 作家作品卷.北京:中国广播电视出版社,2010:62.
⑤ 路遥.我与广播电视[J].中国广播电视学刊,1995(1):59.

你震撼以后的结果太重要了也太珍贵了。"①《风流才女——石评梅传》的作家柯兴进行小说创作的一个重要动机就是:"有一天中央人民广播电台要能连播我的小说该多好啊!"②

由此可见,作家们深谙广播对扩大文学作品影响力的重要作用,并自觉地以适于听的方式来约束自己的写作。

德国后现代主义美学家韦尔施在他的《重构美学》一书中指出:"听觉文化的兴起可以说是电子传媒一路畅行之后的必然结果,它更具有一种后现代气质,固然它没有视觉文化的延续性和同质性,但是它具有电子世界的共时性和流动性。"③著名传播学者马歇尔·麦克卢汉在他的名著《理解媒介》中指出:"收音机具有一层看不见的外壳,这一点和其他任何媒介相同。它以人与人直接打交道的私密、亲切的形式出现在我们面前。"④听觉文化的共时性、流动性和广播传媒的亲近、亲切的传播形式,使得听觉文化两方面的核心价值——"听的想象力"和"听的交流性"在小说创作中被越来越多地重视。

## 二、"听的想象力"对小说创作的影响

作为听觉器官的耳朵在绝大多数情况下是被动的,它不能像眼睛一样闭目不视,也不能在纷繁的声音中精确锁定某一个声音。声音通常是转瞬即逝的,这就使得大脑没有时间去理性地分析声音,"耳朵自始至终的开放性,且没有焦点、没有方向、没有边缘的包容性,无法停留、无法储存的动态性,让听觉空间充满了想象和感性色彩"⑤。

---

① 陈忠实.最高的创作报酬[M]//王大方,叶子."上帝"青睐的节目:《小说连播》业务专著.北京:中国文联出版公司,1995:343.
② 柯兴.《风流才女——石评梅传》:在中央人民广播电台连播的幕后故事[M]//叶咏梅.中国长篇连播历史档案:上卷 作家作品卷.北京:中国广播电视出版社,2010:116.
③ 陆扬,王毅.文化研究导论[M].上海:复旦大学出版社,2006:216.
④ 麦克卢汉.理解媒介[M].何道宽,译.南京:译林出版社,2019:362.
⑤ 曾志华,卢彬.声领其境:全媒体有声读物研究综论[M].北京:中国传媒大学出版社,2019:121.

小说连播的"听的想象力"对小说创作的影响首先体现在想象的具体合理上。"听"固然是感性和充满想象的,但是"听小说"要听明白才能展开合理想象,因此小说的想象必须具体合理,才能使听众的想象不至于是无源之水、无本之木而背离小说的思想主旨。

作家从维熙有多篇小说被改编为音声文本,但最有影响力的是小说《梧桐雨》。《梧桐雨》的创作明显受到了听觉规律的影响,想象合理,逻辑清晰。他在谈到《梧桐雨》的艺术构思时说:

> 故事写的一个雕塑系大学生李冰和青年医生陶小雪的恋爱故事。如果单纯把这两个青年人推到充满诗情画意的文字里,在法国梧桐的浓荫下,在迷迷蒙蒙的霏霏细雨中,当然也能激起人们对爱情,对真、善、美的追求,但是,那是缺乏时代特征的美,他们可能是20世纪30年代的一对恋人,也可能是50年代的一对恋人。因为大自然中的梧桐,和天上飘着的霏霏细雨,对人们的短促生命来说,它们是永恒的,因而它们不能显示出20世纪70年代的时代特征,也不能展示这一风云年代人们的精神风采。因而我在构思这一作品时,舍弃"唯美主义"的表现手法,而置人物于当今的现实生活之中。

可以想见,如果作家的想象只建立在"唯美"的基础之上,带给听众的势必是困扰,美是美了,但作品的思想主旨和力度也就不够清晰准确了。

刘绍棠的《蒲柳人家》也被改编为小说连播播出过,他在创作中同样坚持想象的具体合理:

> 《蒲柳人家》写的是20世纪30年代我的家乡运河滩的人和事。小说中那个穿针引线的顽童何满子的性格和"业绩",大半取自童年时代的我,只是为了写作方便,把时间推前了6年。

《蒲柳人家》中的大多数人物都是以给作者留下深刻印象的家乡的乡亲

长辈作为创作原型的。所以这些人物在听众的想象中才那么真实生动。

小说作品经常被改编为影视剧和有声小说的王安忆在谈到她的中篇小说《尾声》的创作时说:"《尾声》调动了我在文工团生活6年的所有生活素材。"所以才能使听众对"这个历史转折时期的一种特殊的矛盾、人的特殊的命运"产生真实的想象和联想。

小说连播"听的想象力"对小说创作的影响还体现在人物形象和语言刻画的准确上。人物是小说的灵魂,最能激发听众的想象与联想,从而使其产生审美愉悦。小说连播是以音声作为传播载体的,它通常采用一人演播,即便是两人演播,小说中的人物往往也远多于两人,这就要求小说的人物形象和语言刻画必须准确、典型,这样才能使听众在听的线性过程中不至于混淆。

小说连播《抉择》在中国《小说连播》60周年最具影响力的60部作品节目排行榜中位列第18,它的人物形象和语言刻画令人印象深刻。省委书记万永年是《抉择》中的主要人物,他在中阳纺织厂的腐败调查水落石出时有大段的独白,其中一段是这样的:

> 老百姓常说青天何在? 我们共产党人不做青天谁做青天! 有广大父老乡亲、工人农民做后盾,我们共产党人还怕什么! 就像这次行动,广大的工人阶级就是我们最坚强的后盾! 有他们的支持和拥护,过去什么样的敌人我们都可以战胜,今天什么样的腐败分子我们都可以清除!

在其他语境当中,这段讲话有唱高调、喊口号的嫌疑,但是放在小说的接近尾声处,一方面是对全书主旨的总结拔高,另一方面无疑是符合万永年省委书记的身份地位的,同时由张家声铿锵有力、充满气势地表达出来,令听众沉浸其中。不仅是省委书记万永年,在张平的《抉择中》,李高成、郭中姚等都有着属于自己的个性鲜明的语言。

刘绍棠在谈到《蒲柳人家》的人物语言塑造时说:"我熟悉这些人物,熟悉他们的个性、神态、相貌、身世,尤其是熟悉他们的性格语言。"所以这些人物的语言既生动形象又准确贴切。

张石山的小说《镢柄韩宝山》被搬上广播后,有评论者称其像是"评话",听众反映说仿佛看到了家乡的倔老头儿,主要原因是人物语言生动活泼且符合人物的身份地位。韩宝山是"小人物",又有那么一股"镢柄"劲儿,他对"喇叭裤"不感兴趣,"山药蛋风格"启发了作家张石山,而"韩宝山欣然同意了"。

这些语言既鲜活生动又符合人物性格,"准确性"使听众在众声嘈杂中、在没有接续收听时、在一个声音分饰多个角色时也能清楚分辨谁是谁,从而在脑海中生出无限遐想。

小说连播"听的想象力"对小说环境的描写也有深刻影响。正如辛弃疾所描绘的"明月别枝惊鹊,清风半夜鸣蝉。稻花香里说丰年,听取蛙声一片"这样自然环境的天籁之音,因为富有音乐的美感,自然会给受众带来审美的想象。

古华的小说《爬满青藤的木屋》曾被改编为小说连播和电影,除了深刻的内涵之外,小说中的景色描写充满了色彩和韵律之美,如小说开头:

> 木屋上头飘着一线淡蓝色的炊烟,绿毛坑峡谷就清净得和睡着了一样。就是满山的鸟雀叽喳,满山花开花落,也不曾把它唤醒。

几十个字的环境描写,有颜色、有声音,这样的环境描写是适合包括耳朵在内的多个器官去感受的。

《平凡的世界》的环境描写并不是唯美的,但因为能抓住听众的心理,使听众产生情感共鸣而让人浮想联翩、思绪难平。以第三部中晓霞牺牲后少平独赴古塔山之约的描写为例:

> 小山湾绿草如茵。草丛间点缀着碎金似的小黄花。雪白的蝴

蝶在花间草丛安详地翩翩飞舞。那棵杜梨树依然绿荫如伞；没有成熟的青果在树叶间闪着翡翠般的光泽。山后，松涛发出一阵阵深沉的吼喊……

景色是普通景色，但是那棵依然绿荫如伞的杜梨树又怎能让听者不联想到少平和晓霞的美好过往而由衷地同情他们并慨叹人生呢。很难说这样的环境描写是不是路遥从广播中听到自己的作品而受到了启发。

"听的想象力"给小说创作带来的影响还表现在悬念的设置上。在柯兴的《风流才女——石评梅传》中，从评梅和君宇相见开始就有了悬念——君宇和评梅究竟会不会走到一起，这一悬念直到小说快结束时才被解开。从维熙的《梧桐雨》也是从一开始就制造了悬念：

一封短短的来信，字里行间如同带着霹雳电火，把李冰惊呆了，多么不可思议的变化呵——陶小雪在信中，竟然提出和他终结爱情关系。

设置悬念向来被有声小说改编创作所重视，悬念最能使听众产生想象和联想，从而激发他们连续收听的兴趣。

### 三、"听的交流性"对小说创作的影响

"听"天然地带有交流性，在公共传播的语境下，听让信息传播更顺畅。从人际传播的角度看，听是彼此的尊重、是情感的交流，能让人与人之间的交往更有温度。从有声小说改编创作的维度来审视，声音叙事最大的特点是声音是有感情的，广播传播"只闻其声不见其人"的特点为交流营造了自由而亲密的情感空间。我们都有这样的经验：通过广播听某一体裁的文本时，声音形象仿佛就在耳畔，像老朋友一样。在小说创作中借鉴"听的交流性"，着意营造交流的氛围，已成为很多新时期作家的自觉。这一方面使小说的情感表现更为诚挚，另一方面也会使受众更为主动和投入地接受作品。

"听的交流性"给小说创作带来的启示首先表现在小说作品在地域和情感上去营设"接近性"。所谓接近性,即在地理上或心理上与受众十分接近,自然地能够引起受众的普遍关注。地理上接近,是指事实发生的地点就在受众的身边,这类事件往往会影响受众的生活,因而它更能被受众重视。心理上的接近性,是指某一事实会在某类人心间同频共振,会引起这一社会类型的人的共同兴趣。地理或心理上的接近为交流提供了氛围。

以《平凡的世界》为例,路遥所着力讴歌的平凡世界中平凡的人是历史的主体,他们身上的美德,包括"像牛一样的劳动"、人与人之间的真挚情感、对理想的执着追求、对爱情的坚贞等,是中华民族传统文化的积淀,是我们每一个人生命的重要组成部分。这种中华民族的共同精神追求,最能引发广泛的心理认同,是让读者心理上与作品接近的丰厚土壤,也是催生迫切交流意愿的心理动因。这种平凡质朴的脉脉温情在《平凡的世界》的第一部中已经有了最有力度的刻画,而小说连播《平凡的世界》第一部一经播出,也引起了听众强烈的情感共鸣,大量来信涌向播出《平凡的世界》的中央人民广播电台,倾诉着:"主人公孙少平的形象深深地留在我的脑海里。他是农民的子弟,我也是农民的儿子,但比起他来,我愧之不及。""我认为小说好就好在作者将自己对生活的深刻感受,对人生的准则、价值、道德审美趋向毫无保留地体现在作品的人和事当中,使人读来真实、亲切、可信,并从中得到启发人生的思考。"①《平凡的世界》第二、第三部的创作是作者路遥伴随着小说连播的播出而进行的,作品中因平凡亲近而引发的交流感仍然强烈,当然这是小说作品风格的延续,但也不应否认是"不得不一次又一次面对那台收音机庄严地唤起自己的责任感,继续往前行走"的作家尊重听众心理和情感审美意愿而在创作中更为自觉的选择。

"听的交流性"对小说创作的影响还体现在叙事时将第一人称融入第三人称当中,这使得作家自然而然成了作品人物中的一员,直接和受众产生交

---

① 叶咏梅.中国长篇连播历史档案:上卷 作家作品卷[M].北京:中国广播电视出版社,2010:37.

流。这也是在听的交流当中,听众与故事讲述者之间情感联系的常用技术手段。还有作家自己在作品中发声,或解释内容,或抒发情感,作家已经不再借助人物,而是直接和读者交流。

比如在颇受听众欢迎的小说连播《狼图腾》中,作者就会现身于作品中讲解草原风物:

> 牤牛是蒙古大草原上,最自由、最快乐、最受人们尊敬的公牛,是草原上最有经验的老牛倌从牛群的牛犊中精选出来的种牛。牤牛长大以后,除了在夏天的交配季节,它们跑到各家牛群里尽情交欢外,其余的时间就离开牛群,自由自在地像野牛一样在草原上到处闲逛,无须人看管和喂饮。

在《平凡的世界》中我们时常能发现作者站出来,抒发自己的情感,交流自己的人生经验。

> 是的,小时候,我们常常把"亲戚"这两字看得多么美好和重要。一旦长大成人,并开始独立生活,我们便很快知道,亲戚关系常常是庸俗的;互相没法沾光,沾不上光就翻白眼;甚至你生活中最大的困难也常常是亲戚们造成的;生活同样会告诉你,亲戚往往不如朋友对你真诚。见鬼去吧,亲戚!

> 但是,宽容的读者不要责怪他吧!不论在任何时代,只有年轻的血液才会如此沸腾和激荡。每一个人都不同程度有过自己的少年意气,有过自己青春的梦想和冲动。不妨让他去吧,对于像他这样的青年,这行为未必就是轻举妄动!

还是在《平凡的世界》中,路遥怀着对他笔下人物深深的爱,转换叙事人称,和他们融为一体,和读者交流:

> 我们的双水村还是双水村,看起来没有什么大变化。在我们亲爱的大地上,有多少朴素的花朵默默地开放在荒山野地里。一

刹那间,我们的润叶像换了另外一个人。

像这样变换人称和作家在作品中直接站出来说话的例子,在受到听众欢迎的小说连播作品中,我们还能找到很多。

新时期以来,尤其是 21 世纪初出现在小说文本中的和音声叙事相关的创作手法,并不是伴随广播小说连播节目的流行而出现的,但是我们可以肯定的是,广播小说连播节目的深入人心深刻地影响了作家的创作,尤其是作品屡次被搬上小说连播节目的作家的创作,使他们在小说创作当中更加自觉地去吸收和借鉴音声叙事的规律要求。从这个角度来说,小说连播在某种程度上也在影响着小说的创作手法。

## 第三节  互联网时代有声小说编播及其多元动向

21 世纪以来,尤其是最近的 10 年来,网络技术不断进步、网民数量日益增长,互联网已渗透到了社会生活的方方面面。在文学领域,网络日益成为有声小说的主要传播渠道。互联网时代的小说音声传播出现了一些新的现象:第一,互联网时代的一个鲜明特征是过度娱乐化,"全民皆欢,凡事皆娱",网络文化成为"泛娱乐化"的代名词。有声小说的创作在网络媒体追求效益、推崇娱乐的大语境下,娱乐性被无底限地放大,想象被感官替代,情感被刺激推开。第二,有声小说的书源除了传统小说外,网络小说占相当比重,也最受欢迎。据 2018 年的调查,在听书人群中,66.71%的人以听网络小说为主[①]。第三,在一些音频网站的助推下,一大批专为听而创作的小说涌现。第四,听众多选择移动音频,也就是用手机来听小说。据统计,我国有

---

① 王海燕.有声读物的内容选择与语言表达的创新融合[M]//曾志华,卢彬.声领其境:全媒体有声读物研究综论.北京:中国传媒大学出版社,2019:157.

声产品用户已超过1.3亿,移动音频总用户规模已达到8.6亿①。

随着时代的变迁,有声小说的传播渠道也在变化,但是它大众性传播、音声的线性传播、音声的易逝性和以听为接收方式的特点不会改变。这些特点使小说音声化天然地削弱了文字的理性力量,冲淡了以文字为载体的小说艺术的深刻内涵。这些特点和互联网时代有声小说创作传播出现的新现象叠加在一起,给小说创作带来了一些负面的影响,主要表现在以下几个方面。

## 一、听的娱乐性使小说题材愈发单一

互联网时代无疑是大变革的时代,中国社会以前所未有的速度向现代化迈进,社会各个层面都在发生着巨大而深刻的变革。现代化对个人也产生着深刻的影响。著名的社会学家英格尔斯和社会心理学家卡尔,分别经过大量的调查访谈归纳出了人的现代性特征:乐于接受新的生活经验、新的思想观念和行为方式;准备迎接社会的变革;思路广阔、头脑开放,尊重并愿意考虑不同的意见和看法;敢于挑战教育的内容和传统的智慧;依赖自己,而不依赖亲朋;不愿过度地认同他人;喜欢都市生活的刺激和机会;每个人都有机会改变自己的命运;尽可能地运用报纸、广播和电视等大众传播媒介等。这充分描摹了在互联网的推动下,人们的思维方式趋向于多元化,价值取向个性化,破除守旧意识,乐于以新的态度对待生活的特征。这是个人在生活态度、价值观念、行为方式上自我意识的觉醒和追求。在互联网时代,每个人都可以是主角,人们不愿受到束缚,急于彰显自我、满足自我。在某种程度上,这恰恰也是娱乐化在互联网时代大行其道的社会心理背景。尼尔·波兹曼在他的名著《娱乐至死》中提出:"我们经常说,生活不是铺满鲜花的阳光大道,能在途中偶尔看见一些花朵,会使旅途变得不那么难以忍

---

① 王海燕.有声读物的内容选择与语言表达的创新融合[M]//曾志华,卢彬.声领其境:全媒体有声读物研究综论.北京:中国传媒大学出版社,2019:157.

受。"①这些"鲜花"指的就是娱乐,它仅是一种娱乐,"而不是为了教育、反思或净化灵魂",它是人生旅途的放松和调剂。"娱乐"在某种程度上又是个体向现代化转型的润滑剂。娱乐使人们不那么难以承受社会变革的压力,在娱乐中个体的命运似乎更容易掌握在自己的手中。

在这样"万物皆娱乐"的互联网时代,有声小说这一本来就主要因娱乐而诞生的文学活动,伴随移动音频产业的蓬勃兴起而壮大。此外,以社会资本为主体的移动音频不断地加强自身的娱乐性。QM数据平台显示,2017年喜马拉雅、蜻蜓FM、懒人听书、企鹅FM等移动音频电台产品日活跃用户规模已达到1400万人,每日使用共1.2亿次,日均累计使用时长达到4.3亿分钟②。这其中,音频网站自制的小说音频产品备受网友青睐。

表5-1 喜马拉雅重点有声小说

| 推荐门类 | 小说名称 |
| --- | --- |
| 言情 | 《王的女人谁敢动》《魔帝狂宠妻》《昏昏欲睡》《隐婚前妻疼你入骨》《神医农女:买个相公来种田》《我的替补新郎》《总裁夫人很逍遥》《神医狂女》《婚色袭人:早安,靳先生》《绝品悍妇》《庶妻良缘》《总裁爹地很宠妻》《独家占有:宠不停》《hello,老公领证吧》《总裁,试婚吗》《再世为凰之妃要改嫁》《花颜策》《唐先生,久等了》《总裁的天价宝贝》《重生福妻有空间 穿越用票年代》《皇叔心尖宠:王妃要翻墙》《绝色丹药师:鬼王妖妃》等 |
| 悬疑 | 《夜行实录》《猎罪者》《我的传奇生涯》《中国民间故事》《摸金天师》《都市捉妖人》《荒村阴阳师》《尸案调查科1》《火葬场奇谈》《人皮笔记》《百鬼传人》《麻衣鬼相》《盗墓笔记》《寄魂庄》《每天讲述一个奇闻怪事》《大凯惊悚故事会》《道法无边》《破暗者》《反水》《山海秘藏》《民间故事》《民间往事》《老欧讲大案》《阴阳符》《阴阳先生》《阴阳纸扎匠》《撞邪》《我当摸金校尉的那些年》《无罪谋杀》等 |
| 都市 | 《我的老千生涯》《绝世高手》《最强修真弃少》《都市奇门医圣》《下山为婿》《捡个杀手做老婆》《狂婿》《都市最强小子》《天生为王》《都市简陋大师》《六零年的小媳妇》《最强男司机》《透视神医》《护花狂龙》《极品天师》《神级渔夫》《极品小神医》《仙尊重生都市》《最佳女婿》《美女的超级保镖》《隔墙有耳》《极品高手在都市》《都市之极品医仙》《圣武星辰》《昔日兄弟》《极品上门女婿》《一夜回到79年》等 |

① 波兹曼.娱乐至死[M].章艳,译.桂林:广西师范大学出版社,2007:115.
② 共商媒体融合大计 首届"广播新声音大会"在杭州开幕[EB/OL],(2017-12-22)[2020-05-15].http://www.zj.chinanews.com.cn/news/2017/1222/9051.html.

续表

| 推荐门类 | 小说名称 |
| --- | --- |
| 幻想 | 《重生之逆天医仙》《牛气冲天》《文涵读的书》《异世邪君》《修真四万年》《雪中悍刀行》《万古至尊》《牧神记》《剑来》《独步成仙》《奶爸的异界餐厅》《末世之王杨牧的奇幻之旅》《武动乾坤》《雁南飞》《混沌天地诀》《杀神重生都市修仙》《网游之巅峰永存》《摘仙令》《史上最强赘婿》《容我作个死》《无极魔道》《异世界的美食家》《我老爹是阎王爷》《我的末世基地车》《我在末世有个胶囊系统》《黎明之剑》《我是诸天第一圣》《邪医紫后》等 |
| 武侠 | 《我欲封天》《武神空间》《遮天》《丹武帝尊》《太古吞噬诀》《百炼成仙》《剑徒之路》《修炼之王》《永生》《逍遥派》《武魂修天》《附身炼丹士》《穿越重生斗洪荒》《坐忘长生经》《大劫主》《焚天之怒》《邪凤曲》《仙傲》《重生最强妖兽》《诛仙》《重生之绝世至尊》《杀神》《天下枭雄记》《苍穹神王》《仙庭》《武魂帝》《乱世生枭》《天书》《穿越重生》等 |

备注:每种类别只选取了网页第一页内容

言情、悬疑、都市、幻想、武侠是喜马拉雅向读者推荐的前五个题材。事实上,不仅是喜马拉雅,蜻蜓FM等大部分声音平台都将娱乐化内容放在主要位置,这同时也反映出网友对这些题材的喜爱。

仅看小说的题目,就能感受到其无厘头的、戏谑的、拒绝深度的、感官的后现代色彩。网络文学一直是声音平台最主要的素材来源。2017年12月,我国网络文学用户规模达3.78亿,占网民总体的48.9%,而各大型互联网企业早已将网络文学视为内容领域的战略重点。上表所列大部分小说在米读、起点读书、咪咕阅读、七猫免费小说等读书平台上都能看到,只是它们在内容、结构、形式等方面更适合去"听"。可见,无论是有声读书平台还是书面读书平台都形成了对网络小说的资源抢占。在互联网语境下,各种文化资源正变得愈加自由连接、共荣共生。举例来说,一部网络小说可同时用来阅读,用来听,衍生成影视用来看,再衍生成游戏用来玩。但其本源的文学始终是具有创意性的,与此同时它的衍生品的进一步开发又能对文学本身或者说小说创作产生深刻影响。

坚持边缘姿态的网络文学,从不刻意谋求深度,无论是创作者还是受众都抛去了文学的沉重而怀抱娱乐和游戏的目的。它乐于众声喧哗、解构崇高、自由自在,语言诙谐,审美取向通俗。我们无意评价网络小说的文学性,但当它和互联网背景下小说的音声传播相融合之时,确实给小说的创作带来了伤害。

以听为主要形式的有声小说,在审美方面最突出的贡献是具体、亲切、具有听觉感官性,但也是因为它的通俗形象的文学接受要求,使得同以语词和概念为媒介的音声化文本必须在认识性、象征性和隐喻性等方面趋向于简单明了,以同时适应市场化、娱乐至上的语境和电子媒体的传播要求。

从评书到小说连播,有声小说吸引受众最主要的原因是:有温度的声音达于听者的耳际,给他们带来具体、亲切的感受,从而引发想象和交流愿望,最终产生美的享受。它对于书源小说的要求更多倾向于通俗和感性,当它和娱乐至上的网络小说叠加在一起的时候,通俗性和娱乐性甚至是庸俗性和低俗性被放大,文学的审美和意蕴导向虚无。它助长了互联网时代粗鄙、戏谑、颠覆典范、虚拟狂欢的大众文学接受心理而被网友病态地追捧,使文学创作陷入了一个怪圈。一部分"对提高生活水平兴趣过浓的作家"有意识地去适应音频商业平台的文本要求,自觉将通俗、曲折乞巧的故事情节,标新立异的语言融入言情、悬疑、都市、幻想、武侠等人类低层次情感的写作中。而在泛娱乐化和电子传媒强势的背景下,作家们会有意识地将为"听"和为"看"的意识融入写作中,这样的文本自然会受到逐利的商业平台追捧而被推出,从而对写作者和受众构成新一轮的影响。在这样的轮回中,文学的思想意义、认识价值、知识功能等被大大消解,文学创作题材愈发单一。这种单一性将随着互联网的日益强大而对文学创作产生不可低估的负面作用。

## 二、听的浅层性和伴随性使构成小说叙事的故事、情节、人物、场景高度趋同

构成小说叙事的主要内容有故事、情节、人物和场景。我们不妨以2019年12月喜马拉雅音频平台主推的言情、悬疑、都市和幻想四个有声小说类型中各自排名前两位的小说为例,从故事、情节、人物和场景四个方面来简要

分析其叙事构成。因原本排在悬疑类第二位的《别跑！打劫！》已找不到相关音频，特以排在第三位的《牛气冲天》代替。

表 5-2　喜马拉雅有声小说叙事构成

| 类别 | 名称 | 故事简介 | 主要情节 | 主要人物 | 主要场景 |
|---|---|---|---|---|---|
| 言情 | 《王的女人谁敢动》 | 穿越女强人与英俊王爷和同样英俊的战神的三角恋爱故事 | 给本王下药<br>皇城第一美男<br>她是行走的解药 | 凤九儿<br>九皇叔<br>慕牧 | 某朝代 |
| 言情 | 《魔帝狂宠妻》 | 天医鬼杀百里落嫣穿越为女纨绔，从此撩猫逗狗戏美男，玉手搅风云，笑看风雷动 | 国珍堂<br>挡在身前的小身板<br>纨绔的嚣张 | 百里落嫣 | 某朝代 |
| 悬疑 | 《夜行实录》 | 夜行者调查记录都市最诡异的人和事以及死里逃生的故事 | 地铁乞丐特别多，美女乞丐就这一个<br>女主播一加盟，殡仪馆生意越来越好 | 徐浪<br>周庸 | 某现代都市 |
| 悬疑 | 《猎罪者》 | 一群特征明显，各有擅长的青年男女的系列探秘之旅 | 人偶视频<br>幸运人偶<br>连环命案<br>九曲连环 | 一群青年男女 | 古音市——现代都市 |
| 都市 | 《我的老千生涯》 | 职业老千金盆洗手后对前半生赌博生涯的自述 | 初入赌局<br>想套人者终被套<br>一波三折<br>执迷不悟 | 一名职业老千 | 赌场 |
| 都市 | 《绝世高手》 | 一代兵王用铁拳和智慧打下一片商业帝国 | 活宝陈扬<br>气场强大的女人<br>砸错车<br>化劲高手 | 陈扬<br>苏晴 | 现代都市 |
| 幻想 | 《重生之逆天医仙》 | 天才穿越到废物身上，从此开始不同的人生 | 消失的记忆<br>遇到仇人<br>一脚踢飞<br>她的哥哥们 | 穿越少女 | 某朝代 |
| 幻想 | 《牛气冲天》 | 强者穿越附体重生至废柴少爷身上，混出牛哄哄的传奇人生 | 菊花学院<br>玄兽森林<br>天元秘道<br>凌霄界 | 秦岳 | 某朝代 |

从上表我们可以看到,"言情类"小说主角都是穿越少女,故事情节略有不同,但主干都是由穿越变得强大,开始了传奇人生,场景也都是某朝代。"悬疑类"的故事发生在某一都市,身赋异禀的年轻人探秘诡异,死里逃生。"都市类"的故事都和金钱相关,同样充满传奇色彩。"幻想类"的故事则同为主要人物穿越到异时空变得强大,人生从此得以改变。

四个类别的故事都通俗、刺激,并和人的基本需要紧密相关。主要人物塑造充满相似性,尽管他们的姓名、身份、所处环境不同,但是他们的行动目的、意义与基本方式都是相似的。比如凤九儿和百里落嫣均穿越而来,由丑小鸭变为白天鹅,同帅气的男主角谈了场轰轰烈烈的恋爱;徐浪、周庸和一群男女青年或有超人智慧,或有超人能力,在都市探秘;职业老千和陈扬都曾经或正在为金钱拼命;穿越少女和秦岳也是因穿越而变得强大,人生从此与众不同。他们事实上都是推动故事情节发展的相同的"行动元"①。由人物行为与环境共同组合而成的场景很多都是雷同的,朝代与朝代,都市与都市甚至稍加修改就可以相互替换。

鉴于包括喜马拉雅在内的各大商业音频网站的小说声音产品绝大多数取材于网络小说,互联网音频小说在故事、情节、人物、场景等方面的高度趋同性,已经对小说叙事的创造性构成了伤害。

事实上,这种伤害与互联网时代的"听"有着密切的关联。听是想象的而不是思考的,与看比起来它是浅层的。在听的过程中,人们不需要像看那样,将文字转换为回响在脑际的声音再去理解,外在的声音已经完成了这一过程,这样大脑变得"懒惰"了,也乐于接受由声音而传递的信息。声音是转瞬即逝的,越简易、通俗、具有感官性、不用很费脑力去理解的信息内容越容易经由听被大脑所接受。与此同时,听又是伴随的,人在听的过程中可以看、可以开车、可以劳动等,这又从另一个维度决定听的内容必须是浅层次的,是不需要集中全部注意力的。这就是互联网时代人们对既通俗又刺激

---

① 童庆炳.文学理论教程:第四版[M].北京:高等教育出版社,2011:240.

的音声作品有需求的原因——解闷儿。小说叙事尽管雷同,但是它们毕竟有不同的部分,不用动脑子而又多了选择,何乐而不为呢?因为是伴随的,在听的过程中不影响在互联网上的其他娱乐活动,多听又何妨呢?小说音声传播的特点被互联网几何级放大,在某种程度上会对小说的创作造成负面影响。

互联网时代,网络为有声小说提供了前所未有的创作可能和广泛的影响力,与此同时也对音声文本的源头——小说的创作带来了负面的作用力,尤其是小说内容题材的选择和叙事上呈现出过度商业化和娱乐化的倾向。我们不否认通俗的意蕴同样可以产生佳作,但"人们的确不能满足于现象的观察,应该了解事物不同层次的、多方面的内部联系,更深入地把握事物的本质"①。

---

① 胡平.叙事文学感染力研究[M].天津:百花文艺出版社,1995:273.

# 结　语
# 有声小说的发展与叙事同音声的审美交融

从评书到小说连播,有声小说的本质是对小说内容的音声重述,它如同戴着镣铐的舞者,既要遵循自身的艺术创作规律,又要高度忠实于小说原著;既要创新,又要坚守。中国《小说连播》60 周年最具影响力的 60 部作品已经证明,内容再吸引人的音声作品如果没有贴切的声音叙述,也不能拨动受众的心弦。同样,声音再动听的音声作品如果没有适合音声的形式或者充实的内容,要么会让受众无法理解,要么只是让他们解解闷儿。因此,内容与声音的和谐交融是有声小说改编创作永恒的定律。

## 一、有声小说创作的音声规律把控

有声小说改编创作首先要坚守音声规律。有作家清醒地认识到不是所有的小说都能够进行有声改编创作的,那些有着强烈的故事性,人物命运跌宕起伏,矛盾冲突密集,悬念迭起,蕴含丰富知识的小说更适合进行有声改编。评书一直秉持着"'谐于里耳'的叙事方法和技巧要求"[①],也就是说,声音符号和文字符号有着很大的区别,它们带给受众的审美感受也有非常大的区别,被选择音声化的小说必须更符合"听"而不是"读"的规律。

---

① 汪景寿,王决,曾惠杰.中国评书艺术论[M].北京:经济日报出版社,1997:115.

还是以最具权威性的中国《小说连播》60周年最具影响力的60部作品中的评书和小说连播作品为例。

评书作品有17部,分别是《红岩》《李自成》《水浒》《野火春风斗古城》《烈火金刚》《暴风骤雨》《曾国藩》《三国演义》《敌后武工队》《红旗谱》《保卫延安》《铁道游击队》《红日》《艳阳天》《太阳照在桑干河上》《百年风云》《红楼梦》。其中,3部是本来就由话本而来的传统名著,11部是"十七年"小说。"十七年"小说因其跌宕起伏的情节故事,曲折的人物命运,迭起的矛盾高潮而天然地适合音声化改编。《曾国藩》和《百年风云》是评书名家单田芳先生亲自选定演说的。创作《李自成》的姚雪垠一直坚持"民间"的创作理念,自觉汲取评书的"口头文学"元素进行创作。由此可见,在60部广受认可的音声化作品中,被以评书方式进行演播的小说原作都具备明显的符合"听"的元素。

在中国《小说连播》60周年最具影响力的60部作品中,排名前5位的小说连播分别是《夜幕下的哈尔滨》《穆斯林的葬礼》《白鹿原》《四世同堂》《平凡的世界》。《夜幕下的哈尔滨》惊心动魄、颇富传奇性的地下党秘密工作是它可听性的来源。《穆斯林的葬礼》中"叙述、描写、议论、抒情都可以以朗诵的艺术形式淋漓尽致地展现"①。《白鹿原》的在"当代文学创作中还不多见的如此生动、丰富、真实描写农村生活"②和"生动、引人入胜的故事情节"③,令作家回乡偶遇的熟识的乡民拉住他的手就开始用作家"熟悉的乡村语言大声感叹着他的收听兴趣"④。《四世同堂》延续着老舍先生一贯的平民大众、口语诙谐的写作风格,这样的风格本身就是用说的方式来讲故事。《平

---

① 霍达.难忘那一片叶子[M]//叶咏梅.中国长篇连播历史档案:上卷 作家作品卷.北京:中国广播电视出版社,2010:45.
② 何启治.我与陈忠实和他的《白鹿原》[M]//叶咏梅.中国长篇连播历史档案:上卷 作家作品卷.北京:中国广播电视出版社,2010:79.
③ 何启治.我与陈忠实和他的《白鹿原》[M]//叶咏梅.中国长篇连播历史档案:上卷 作家作品卷.北京:中国广播电视出版社,2010:81.
④ 陈忠实.添了一份踏实[M]//叶咏梅.中国长篇连播历史档案:上卷 作家作品卷.北京:中国广播电视出版社,2010:73.

凡的世界》的平凡普通、不屈奋斗、真挚情感是中华民族传统文化的积淀结晶,激荡起每个平凡的中国人心中最盛大的共鸣交响,小说当中处处洋溢着的亲近性和交流感也正适于听。总之,5部作品各有特色,但是它们有一个共性,那就是"可听"。

与此同时,我们对音声规律的把控既要坚守"可听",但也不能"唯听是从"。和"读"小说一样,有声小说提供给听者的仍然是一个情节框架,"其他听任接受者手中那支万能的画笔,在听众(读者)无边无际的脑海荧屏上描绘出各自认识与理解的奇妙的自然世界、久远的人文世界和繁复到绝无雷同的心灵世界"[1]。不同的是,"听"小说因为省去了文字在脑际回响的环节与具备温度而使这一想象相对容易和更具体及有引导性,但想象始终是"听"小说获得审美愉悦、净化心灵的途径。

演播艺术家王刚曾举过一个读1、2、3、4、5、6、7、8、9、10的例子,在语气、节奏、语调、音色上加以变化就会使人产生不同的联想,比如小朋友数星星、侦察兵数暗堡、财迷数金币、战士报数等。演播家牟云也说:"从某种意义上来说,演播者的成功不在于给予,而在于启发,调动——启发调动听众那无限广阔的想象空间。"[2]演播者着意营造想象空间,听众也在想象中得到思想升华,获得美的陶冶:"专注于听《平凡的世界》,我便像神游黄土高原一样。"[3]"听了路遥的长篇小说《平凡的世界》,我夜不能寐,浮想联翩,我仿佛又回到了童年的时代。"[4]"如果闭上眼睛听《哈利·波特》,那真是别有一番滋味,仿佛我就在'霍格沃兹'魔法学校就读,上课的时候挥挥魔杖,念几句深奥莫测的咒语,下课的时候和同学们一起游戏或者做作业。"[5]"作者对主人公鲜明的性格塑造,再加上播音员惟妙惟肖的模仿和平易近人的语气,闭

---

[1] 孙武臣.广播与文学联姻[J].中国广播电视学刊,1995(8):66.
[2] 叶咏梅.中国长篇连播历史档案:中卷 演播风格卷[M].北京:中国广播电视出版社,2010:133.
[3] 叶咏梅.中国长篇连播历史档案:下卷 传媒反馈卷[M].北京:中国广播电视出版社,2010:303.
[4] 叶咏梅.中国长篇连播历史档案:下卷 传媒反馈卷[M].北京:中国广播电视出版社,2010:303.
[5] 叶咏梅.中国长篇连播历史档案:下卷 传媒反馈卷[M].北京:中国广播电视出版社,2010:303.

上眼睛,随着情节的发展,去感受一下魔幻的气息,真是听的比看的还过瘾。"①

音声化作品只有经过想象才具备了审美价值,与"读"相比它的独特性在于,听者是听到音声符号的系列组合经由理解、想象、体验而还原为构成审美形象的主体的,因此它想象的物质载体是音声,而音声创作是有规律的,文字文本必须符合这种规律才能用来音声化。但是一方面,小说音声化是面对大众传播的,它应具备健康深刻的思想主题,"具有思想的穿透力、审美的洞察力、形式的创造力"②。另一方面,受制于音声规律,小说文字文本的选择会过于通俗、简单、刺激、感官化。这样的内容加上声音对受众理解的"引导性",会加剧听者的想象惰性,影响想象的深度和广度,审美愉悦是浅层次的,是感官的,而非涤荡心灵的。这不是有声小说应该肩负的社会责任和追求的艺术高度。即使是在音频商业网站,在有声书好评榜中也仍然有《明朝那些事儿》《平凡的世界》《大江大河》等现实主义力作③。这说明广大的网民仍然有清晰的审美判断能力。

因此,在小说音声化内容的选择上,我们既要遵从音声规律,又不能将它的线性、易逝性、浅层性、伴随性等适合娱乐的特点作为选择内容的唯一标准。否则,只会使"听"小说成为解闷儿的娱乐活动,而失去了其本身也应具备的教育、引导和涤荡心灵的价值内涵。

## 二、有声小说创作的音声选择

首先要求声音美。人们在听有声小说作品时,最先接触到或者说从始至终接触到的就是声音。声音是构成音声文本的物质实体,听者理解小说的语词、段落、情节、故事、人物等都是借助它来实现的。声音是构成有声小

---

① 叶咏梅.中国长篇连播历史档案:下卷 传媒反馈卷[M].北京:中国广播电视出版社,2010:303.
② 习近平:在中国文联十大、中国作协九大开幕式上的讲话[EB/OL].(2016-11-30)[2018-03-05].www.xianhuanet.com/politics/2016-11/30c_1120025319.htm.
③ 据"喜马拉雅"有声书好评榜:https://www.ximalaya.com/top/reputation/youshengshu/.

说审美的最重要的元素。在有声小说中,作为物质载体的声音必须美。

张颂先生对语言传播的要求是"以声传情,声情并茂,悦耳动听",他进一步解释语言表达必须遵从的基本规律——"理解是基础,目的是统帅,感受是关键,感情要运动,声音要变化,状态要自如",最终使语言具备"规范性、庄重性、鼓动性、时代感、分寸感、亲切感"[①]的特点。这事实上点出了小说音声化声音美的基础。小说音声化就是一个语言传播的过程,它是面向大众的传播,要让所有的人都能够听懂,就需要声音一定要规范,即在声母、韵母和调值上不能有错误,要符合普通话的要求,这是所有以声音为载体的艺术的首要条件。正如歌德所说:"在表演艺术中将每一个词纯正而又完整地念出来也是一切更高层次的朗诵和吟诵的基础。"[②]"庄重性"是一种态度,是对作家、小说、听众的尊重,在演播中可以"嬉笑怒骂",但是心理基础应是对小说原著精神的忠实再现。"鼓动性"是播讲的积极状态和与听者的用心交流,要用自己对作品的全情投入去"鼓动"听者融入作品。"时代感"是对作品叙事语境的深刻把控,是对音声叙事基调的准确理解。"分寸感"即"感情要酝酿、聚集到十分,声音要节制、收束到八分"[③],这是为给听者留下想象的空间,去"召唤"听者。"亲切感"是声音温度的最好诠释,是吸引听众的重要情感引力。

在小说的诵读中,张颂先生用"孤峰"来形容:小说"无论怎样叙述、描写、议论、抒情,总是围绕一条主线进行",并"着意分清一句、一段、一节、一章共性中的个性"。也就是说,在音声表达基调确定的前提下,要以小说的情节、人物、结构、语言作为音声实践的规约。

事实上,当代中国具有影响力的演播名家都是以这样的声音美的规律来指导自身创作的。我们以 10 位获评首届全国听众喜爱的演播艺术家称号的演播者为例,看看他们的声音之美。有业内人士将这 10 位演播名家的声

---

① 张颂.语言传播文论:第三集[M].北京:中国传媒大学出版社,2006:63.
② 歌德.论文学艺术[M].范大灿,等,译.上海:上海人民出版社,2005:315.
③ 张颂.中国播音学:修订版[M].北京:北京广播学院出版社,2003:300.

音特点概括为:"曹之活、张之峻、孙之粹、查之严、王之博、瞿张之洁、牟刘之情、李之奇。"①具体来说,演播《李自成》的曹灿声音"生动、活泼、形象、逼真",富有鼓动性,让听众欲罢不能。演播《抉择》的张家声音域宽、音色美、富有韵味且含蓄,显得既庄重又有分寸。演播《青春之歌》和第一版《穆斯林的葬礼》的孙兆林语音既规范又亲切。演播《高山下的花环》的查曼若语音庄重规范而又讲求分寸。演播《夜幕下的哈尔滨》《寻找回来的世界》《牛虻》等的王刚既播讲状态积极,充满鼓动性,又使自己的声音和时代特色紧密贴合。演播《风流才女——石评梅传》的瞿弦和、张筠英声音庄重大气而又激情饱满富于鼓动性。演播《我的父亲邓小平》的牟云、刘纪宏声音从容平易、委婉曲折,亲切是他们最大的特色。演播《平凡的世界》和《白鹿原》的李野墨声音既庄重又平易。当然,他们能成功演播,除了自身的声音美之外,也吃透了小说原著的情节、结构、人物和语言。

2017年"基于新媒体背景下有声读物播读评价体系研究"课题组针对"用户选择(或喜欢)播读者的主要因素"的调查结果显示,"声音好听"是用户选择播读者的首要条件②。

综上所述,声音美是小说音声化赢得听众的重要因素。

在声音美的基础上,有声小说的创作也要注意声音与小说的和谐。在小说音声化创作中,声音承载着小说的内容,它可以视为小说思想情感表现的形式。有业内人士将小说播讲分为讲说、朗诵、诵讲等流派③,不同的流派亦即不同的形式,此外还有男声、女声、男女声、单人、双人、多人等不同组合,这些都会对小说音声化的艺术表达和听者的情感接受产生影响。苏珊·朗格说:"在观赏者看来,一件优秀的艺术品所表现出来的富有活力的感觉和情绪是直接融合在形式之中的,它看上去不是象征出来的,而是直接

---

① 叶咏梅.中国长篇联播历史档案:中卷 演播风格卷[M].北京:中国广播电视出版社,2012:7.
② 曾志华,卢彬.声领其境:全媒体有声读物研究综论[M].北京:中国传媒大学出版社,2019:35.
③ 汪良.小说播讲艺术[M].北京:北京广播学院出版社,1988:25.

呈现出来的。"①"音乐听上去事实上就是情感本身。"②形式在某种程度上和内容一样重要,可见声音作为形式对于小说音声化的重要性。

正如达到平衡的形状、色彩、线条和体积是优秀的绘画、雕塑、建筑最富情感的形式一样,声音与小说内容的结合也必须平衡,也就是和谐。优秀的有声小说声音与内容一定是文质融洽的。

比如在中国《小说连播》60周年最具影响力的60部作品中排名前五位的小说连播作品《夜幕下的哈尔滨》《穆斯林的葬礼》《白鹿原》《四世同堂》《平凡的世界》,无一不是声音的精品。王刚的演播结合了评书的特点,他的声音跌宕起伏、虚实相间、变化多端,描绘出夜幕下的哈尔滨危机四伏、险象环生的氛围,让听众欲罢不能。《穆斯林的葬礼》采用男女声对播,男声厚重坚实,女声纯净柔美,强化了小说的悲剧色彩,同时令小说层次分明,人物形象饱满。李野默厚重、朴实的声音和不事雕琢的演播风格凸显了白鹿原的苍凉悲壮和神秘。艾宝良充满京味儿而又沧桑低沉的演播,让北平沦陷区平民百姓的生活仿佛发生在昨天。《平凡的世界》中少平少安兄弟的故事被李野默用粗犷、憨厚、豪放、诚挚的声音讲述出来,那种不屈的奋斗精神便直抵听众内心。

徐涛和李慧敏也是听众喜爱的演播名家,他们演播的作品《狼图腾》和《哈利·波特》尤其受到专家和听众的好评。

《狼图腾》是一部男性视角的作品,它充盈着自然界的公正无情、草原人的勇敢坚忍、草原狼的残忍勇毅和知识青年对生命生存的重新认识。演播者徐涛的声音展现了小说的精髓,使听众"在《狼图腾》播出近一年后还津津乐道,记忆犹新"③。徐涛的声音深沉、宽厚、富有磁性,这首先和小说的基调意境走向一致。他在叙述故事时运用的是中部的音区,语速通常是中慢,大草原的粗犷、辽远、神性和生活在草原上的人的隐忍、狼的坚毅被徐徐展现。

---

① 朗格.艺术问题[M].滕守尧,朱疆源,译.北京:中国社会科学出版社,1983:24.
② 朗格.艺术问题[M].滕守尧,朱疆源,译.北京:中国社会科学出版社,1983:24.
③ 叶咏梅.中国长篇连播历史档案:中卷 演播风格卷[M].北京:中国广播电视出版社,2010:183.

在再现毕力格老人的声音时,他用的是中部靠下的音区,语速缓慢,老人草原生活积淀的睿智,对草原的、自然的敬畏被立体刻画。表现知青陈阵的声音则使用中部靠上的音区,发音略偏前,气息略浅,语速稍快,知青对草原、草原人、草原狼以及对民族性的探寻领悟被细腻展现。

李慧敏作为一名女性演播家,音色柔美、宽厚。她演播的"哈利·波特系列"深受广大听者的喜爱。《哈利·波特》是一部具有强烈魔幻色彩的小说,人物众多,而且多为孩子。女声在重现孩子的声音时是有优势的,此外她善于语言特色和音色的积累,敏锐捕捉声音的气质,"平时听到有特点的声音,都会把它们'录'到脑子里,作为日后的创作素材"[①]。这都使她的声音多变而自然。在有声作品《哈利·波特》中,她一个人的声音变幻成了几十个人的声音,魔法师、麻瓜、精灵、妖怪、魔兽等都栩栩如生。有的小朋友产生了疑问:"在里边演说的那位阿姨是不是会变声啊?全书中的好多人物,都是她一个人说的吗?"还有听众由衷赞叹:"李慧敏是演播天才!"

总之,演播者用声音为小说添彩,让小说主题和艺术性得到了升华。好声音和好内容相和谐才能产生好的有声小说作品。

### 三、用音声去传播小说

作为一种文学活动和语言艺术,有声小说有着辉煌的发展历程。口头文学是文学最初的表现形态,音声是早期文学最重要的载体和传播方式。在教育和书籍并不普及的年代,阅读书籍只属于达官显贵、文人士绅,广大民众是通过"听书"来获取知识、了解历史、娱乐放松的。即使在教育逐渐普及、书籍不再是奢侈品的年代,文学的口头传播仍然有着重要的作用,并以自己特有的方式反哺着书面文学。比如我国古典名著中的《水浒传》和《三国演义》都受到了话本的滋养。进入电子媒介时代,广播助力小说的传播,

---

① 金品.一语天然万古新:专访演播艺术家李慧敏[M]//叶咏梅.中国长篇连播历史档案:中卷 演播风格卷.北京:中国广播电视出版社,2010:196.

扩大小说的影响力。广播营造了私密自由的收听空间,放大了音声的魅力,为听众插上了更为具体和更富于情感的想象的翅膀。《平凡的世界》《穆斯林的葬礼》《白鹿原》等小说伴随着小说连播节目,走进了许多人的心中。随着智能手机等移动设备的普及,移动互联时代来临,功能丰富的音频 App 纷纷涌现,音频小说被大量推出,有声文学呈现出蓬勃发展的态势。

速途研究院发布的《2017 年第一季度有声阅读市场调研报告》显示:"从 2012 年起,我国有声阅读市场规模呈现倍数增长趋势,公开数据显示,全球有声阅读市场的价值已经超过 28 亿美元,2017 年国内有声阅读市场规模达到 31.3 亿元,同比增长 36.7%,2018 年为 44.3 亿元。有声阅读作为移动阅读的衍生领域,在移动端的优势相对明显,用户使用设备大多以移动设备为主。49%的用户通过手机使用有声阅读 App,24%的用户通过平板电脑使用有声阅读 App。"①在文学日渐式微的当下,"听"至少使小说、使文学回到了人们的口耳之中。

在移动互联的社会语境下,用声音传播文学变得普遍和有力量,文学被再次关注有了新的可能。用声音传播小说,就要坚持精品意识,坚持选择优秀的文学作品。

第一,以网络小说为书源应避免过度娱乐化和同质化。网络小说是传统小说的有益补充,它传递了真正的民间声音,表达更为自由。在网络小说当中也的确涌现出不少优秀作品。但是,在当下的商业音频平台上,以网络小说为蓝本的小说音声作品却呈现出越来越普遍的过度娱乐化和同质化现象,言情、玄幻、鬼怪、穿越等成为各大音频平台不约而同的主推选择,且无论是内容情节还是人物刻画抑或场景对话都高度趋同。事实上,这已经引起了用户的反感:用户对有声读物平台以玄幻、悬疑、鬼怪神仙等题材的小说与故事为主要播出内容的满意度非常低,认为总体质量不尽如人意。② 过

---

① 速途研究院.2017 年第一季度有声阅读市场调研报告[EB/OL].(2017-07-14).http://www.jiemian.com/article/1370929.html.
② 曾志华,卢彬.声领其境:全媒体有声读物研究综论[M].北京:中国传媒大学出版社,2019:34.

度娱乐化和同质化不仅拉低了听者的文学审美品位,也使音频平台的美誉度逐渐丧失,更不利于小说创作的未来发展。因此,在网络小说的书源选择上不能唯利是从,要有长远的建设性眼光。

第二,应对经典名著重装推出。经典的文学作品之所以有独特的价值是因为其思想内容深刻和语言艺术精湛。在经典文学作品之上生成的有声小说作品,不仅是对原著的音声叙述,还应是一种再创作,是文学艺术和音声表达艺术的结合,有着不可替代的艺术魅力。这也是在小说连播备受瞩目的20世纪70年代至90年代有那么多的经典文学作品被音声化改编,且广受听众欢迎的原因。

众所周知,书面文学具有稳定性,无论时代如何变化,只要已经固定下来,它的内容就不会发生变化,但是音声作品会因演播者的不同、制作的不同、技术的不同产生不同的听感和意蕴。尤其是随着时代的进步,音声的表达方式也在不断发展变化。因此在互联网时代,在"听"小说愈发大众化、全民化的时代,对经典名著的再次音声化重装推出,是有声小说在形式上的创新进步,是对经典的再次传播。这对于听者来讲是一种全新的审美尝试,在某种程度上可能是小说创作的再次启蒙。

第三,应对主流价值观严肃文学加以重视。当下,对于主流价值观严肃文学的有声小说创作呈现出两种现象:数量少和质量差。中国作家协会主办的茅盾文学奖是中国最高荣誉的文学奖项,它设立的初衷是推动中国社会主义文学的繁荣。茅盾文学奖的获奖作品曾经是有声小说改编创作的重要书源,有些小说甚至是在有声小说推出后获得了茅盾文学奖。但进入21世纪,尤其是最近的茅盾文学奖获奖作品很少被改编创作为有声小说。在2019年第十届茅盾文学奖的获奖作品《人世间》《牵风记》《北上》《主角》《应物兄》中,徐则臣的《北上》由网友改编为有声作品上传至喜马拉雅平台,《主角》由网友用陕西方言"试读了几段"上传,两部有声作品都几乎无艺术性可言。其余获奖小说都没有被改编创作为有声小说作品。2015年第九届茅盾文学奖的获奖作品分别是《江南三部曲》《这边风景》《生命册》《繁华》

《黄雀记》,五部小说的有声作品在网上都能找到,作品不约而同呈现出演播者业务不精、制作粗糙、无编排设计、没有音响音乐等特点。这样的作品丝毫没有发挥出声音的优势,只是照本宣科,可以想见也并不会引起听众的兴趣。我们不排除 2019 年茅盾文学奖获奖作品在形式上可能不适合进行有声小说改编创作的可能,但这的确也反映出当下小说有声改编创作的价值判断和旨趣。一些严肃题材的作品即使线索清晰,情节跌宕起伏,人物形象鲜明也不被以逐利为目标的有声小说改编所选择。

文学精神价值的最大体现是"终极关怀"。"所谓'终极关怀',就是人们通过各种方式对人类整体目标即精神彼岸的自由王国所展开的向往、叩问与追寻。这种关怀的理想目标在于使人能够对自身的现实状况和现实行为进行价值性质及意义指向的判断,从而获得明晰的文化眼光,使人性不至于误入违背人类本性的歧途。"[①]文学借助审美的方式将"终极关怀"形象化、直观化,并印证了自身的价值。严肃文学的最大价值就在于启发读者思考人的生存状态、存在价值、精神目的和自我实现等多方面、深层精神内涵。把适合有声小说改编的严肃文学作品以音声叙事的方式加以传播,必然同样能够起到净化人的心灵、拓展人的精神空间的审美旨归。因此,这样的作品不应被排斥在有声小说改编创作之外。此外,人的精神和审美需求是多样的,应该给有深层精神需求的听众以选择的权利,尊重并满足他们对有深度的有声小说作品的选择。

用声音传播小说还需要在"声音"上下功夫。有声小说的本质永远是用声音"讲故事",优秀的演播人才永远是内容生产的核心。传统的演员、播音员播讲评书和小说,一方面从人数上早已不能满足互联网时代有声小说的海量生产,另一方面共性统一的演播方式也不能满足广大网民的个性化需求。从民间去挖掘有个性的声音,培养多样化主播是对有声小说创作力量的有力补充,也是小说音声生产的必由之路。"目前蜻蜓 FM 已经有超过

---

① 张永刚,董文.文学原理[M].北京:北京大学出版社,2013:260.

12,000名的签约主播,喜马拉雅在400万'草根'主播中根据评价体系精选8万名认证主播,酷听听书独家签约鞠萍、董浩等国内著名主播300多名,懒人听书则通过主播招募计划,为受众提供更加优质的有声产品。"① 但在通过市场手段大量选拔主播的同时,我们也发现各大声音平台的大量有声小说产品存在着制作粗糙、演播随意、声意不合等现象,这和书源选择不扎实、缺乏专业指导、制作仓促、追逐短期利益有着直接关系。有声小说来源于民间大众,从民间来到民间去的主播和它的价值追求及审美取向相一致,这也是当代有声小说艺术不断向前发展的现实路径。但是,来自民间绝不意味着随意和粗鄙,也绝不能违背、降低有声艺术的规约和水准。当代中国有声小说艺术要持续发展,就必须紧跟时代要求和文学发展步伐,遵循声音传播和声音艺术创作规律,注意挖掘和培养好声音,为受众不断提供优质的有声小说作品。

---

① 曾志华,卢彬.声领其境:全媒体有声读物研究综论[M].北京:中国传媒大学出版社,2019:159.

# 参考文献

**报纸杂志资料**

1. 郭沫若.建设新中国的人民文艺而奋斗:在中华全国文学艺术工作者代表大会的总报告[N].人民日报,1949-07-04.
2. 王朝闻,罗荪,王子野,等.《红岩》五人谈[N].文艺报,1962.
3. 周扬.继往开来,繁荣社会主义新时期文艺[N].南方日报,1979-11-20.
4. 李泽厚.回首八十年代:二[J].南都周刊,2006.
5. 霍达.难忘那一片叶子[N].中国广播报,2008-01-18.
6. 路遥.我与广播电视[J].中国广播电视学刊,1995(8).
7. 曹灿.书缘[J].中国广播,1995(8).
8. 叶子.视听手法转换的新尝试——谈《穆斯林的葬礼》的标题配乐[J].中国广播,2002(4).
9. 袁阔成.开现代评书之先河[N].文汇报,2018-06-25(08).
10. 张淑芳.《小说连播》与听众[J].中国广播,1995(8).
11. 洪虹.曹灿的播讲风格[J].中国广播,1995(6).
12. 叶咏梅.机遇·奋斗·成功——试析演播十大家的艺术风格[J].中国广播,2001(4).
13. 周志方.人生快乐听书始[J].中国广播,2008(8).
14. 袁阔成.评书演播的二度创作[J].中国广播,2001(4).
15. 刘兰芳.当之无愧的新中国新书第一人——怀念袁阔成先生[N].中国艺术报,2016-03-30.
16. 米兰.一代宗师袁阔成——《三国演义》亿万听众的难忘记忆[J].劳动保障世界,2015(4).

17. 孙郁.单田芳的出奇之处[N].中华读书报,2015-02-04(3).
18. 王超.立志宜思真品格 读书须尽苦功夫——访著名评书表演艺术家单田芳[J].秘书工作,2012(4).
19. 蓑笠翁.醒木惊天连阔如[J].曲艺 2012(10).
20. 熊坤静.陈玙和他的长篇巨著《夜幕下的哈尔滨》[J].党史纵览,2016(7).
21. 柯岩.美丽的嫁衣[J].中国广播,2008(4).
22. 柯岩.迟开的花朵——关于《寻找回来的世界》[J].中国电视,1986(6).
23. 李野墨.追求完美[J].中国广播电视学刊,1995(8).
24. 杨伟光.九十年代的中国电视[J].视听界,1990(1).
25. 张恨水.总答谢[N].新民报,1944-5-20.
26. 赵树理.也算经验[N].人民日报,1949-06-26.
27. 白烨.贺小说连播60周年[J].中国广播,2008(4).
28. 韩静霆.听客琐言[J].中国广播电视学刊,1995(8).
29. 冯骥才.关于小说的长篇连播[J].中国广播电视学刊,1995(8).
30. 刘在复.新时期文学主潮[N].文汇报,1986-09-08.
31. 刘再复.近十年的中国文学精神和文学道路[J].人民文学,1988(2).
32. 房福贤.新时期文学生成的时代文化语境[J].山东师范大学学报,2006(5).
33. 董国炎.清代评话类小说与口述史[J].南京师大学报(社会科学版),2006-09(5).
34. 杨佩琴.单田芳评书的艺术风格[J].现代传播,1995(4).
35. 梁彦.说说评书的三样道具[J].曲艺,2016(7).
36. 杨佩琴.刚柔相济娓娓动听——浅谈杨田荣的表演艺术[J].现代传播,1996(4).
37. 吴文科.刘兰芳评书说演的声韵美及其当下意义[J].艺术研究,2009(3).
38. 王爱军.以"说"明"理".中国现代评书体小说的文本价值[J].文学研究,2017(2).
39. 赵春甫.字音问题初探[J].中国广播电视学刊,1996(4).
40. 孙武臣.广播与文学联姻[J].中国广播电视学刊,1995(8).
41. 钱芳.关于《小说连播》编辑的二三点思考[J].中国广播电视学刊,1995(4).
42. 邹宇平.用评书弘扬文化,传承文明——浅谈评书制作的几点体会[J].中国编辑,2009(1).
43. 黄平.从"劳动"到"奋斗"——"励志型"读法、改革文学与《平凡的世界》[J].文艺争鸣,2010(3).

44.庐湘.作品的民族特色与作家的自觉追求——《夜幕下的哈尔滨》纵横谈[J].当代作家评论,1984(4).

45.康式昭."自有芳名昭史册"——序柯兴新作《魂归京都——关露传》[J].文艺理论与批评,1999(6).

## 中文资料汇编及专著

1.鲁迅.鲁迅全集:第9卷[M].北京:人民文学出版社,1981.

2.洪子诚.中国当代文学史:修订版[M].北京:北京大学出版社,2007.

3.游国恩,王起,萧涤非,等.中国文学史:修订本 三[M].北京:人民文学出版社,1993.

4.李继凯,赵学勇,王荣.中国现当代文学:第二版[M].北京:高等教育出版社,2011.

5.钱理群,温儒敏,吴福辉.中国现代文学三十年[M].北京:北京大学出版社,1998.

6.叶咏梅.中国长篇连播历史档案[M].北京:中国广播电视出版社,2010.

7.王春荣.中国新时期文学三十年:1978-2018[M].北京:文化艺术出版社,2012.

8.张凤铸,关玲.中国当代广播电视文艺学:第二版[M].北京:中国传媒大学出版社,2016.

9.汪景寿,王决,曾惠杰.中国评书艺术论[M].北京:经济日报出版社,1997.

10.王大方,叶子."上帝"青睐的节目:《小说连播》业务专著[M].北京:中国文联出版公司,1995.

11.中国社会科学院文学研究所当代文学研究室.新时期文学六年[M].北京:中国社会科学出版社,1985.

12.郑振铎.中国俗文学史[M].长沙:岳麓书社,2011.

13.刘大杰.中国文学发展史:中卷[M].上海:复旦大学出版社,2006.

14.胡士莹.话本小说概论[M].北京:中华书局,1980.

15.吴缦,曹璐.广播新闻业务[M].北京:北京广播学院出版社,2002.

16. 国家广电总局人事教育司,北京广播学院新闻传播学院.新闻传播学基础知识[M].北京:北京广播学院出版社,2003.

17.童庆炳.文学理论教程[M].北京:高等教育出版社,2008.

18.李彬.传播学引论:增补版[M].北京:新华出版社,2003.

19.周小普.广播电视概论[M].北京:中国人民大学出版,2014.

20.曾志华,卢彬.声领其境:全媒体有声读物研究总论[M].北京:中国传媒大学出版社,2019.

21.张颂.中国播音学:修订版[M].北京:北京广播学院出版社,2003.

22.张颂.语言传播文论:第三集[M].北京:中国传媒大学出版社,2006.

23.胡平.叙事文学感染力研究[M].天津:百花文艺出版社,1995.

24.叶蜚声,徐通锵.语言学纲要[M].北京:北京大学出版社,1997.

25.周传基.电影·电视·广播中的声音[M].北京:中国电影出版社,2002.

26.徐岱.小说叙事学[M].北京:商务印书馆,2010.

27.徐岱.小说形态学[M].杭州:杭州大学出版社,1992.

28.蓑笠翁.醒木惊天连阔如[M].北京:当代中国出版社,2005.

29.张继合.评书大师单田芳的传奇人生[M].北京:当代中国出版社,2008.

30.张颂.播音创作基础:第三版[M].北京:中国传媒大学出版社,2003.

31.汪良.小说播讲艺术[M].北京:北京广播学院出版社,1988.

32.连阔如.江湖丛谈[M].北京:中华书局,2010.

33.王刚.我本顽痴——王刚自传[M].南京:江苏文艺出版社,2010.

34.戴锦华.隐形书写——90年代中国文化研究[M].南京:江苏人民出版社,1999.

35.路遥.平凡的世界[M].北京:北京十月文艺出版社,2017.

36.吴秀明.转型时期的的中国当代文学思潮:修订本[M].杭州:浙江大学出版社,2001.

37.崔明芬.老舍文化之桥[M].北京:中华书局,2005.

38.佚名.大众时代文艺丛书:第2集[M].北京商务印书馆,1943.

39.老舍.老舍全集:第16卷[M].北京:人民文学出版社,1999.

40.陆扬,王毅.文化研究导论[M].上海:复旦大学出版社,2006.

41.赵树理.下乡集[M].北京:北京作家出版社,1963.

42.戴光中.赵树理传[M].北京:北京十月文艺出版社,1987.

43.波兹曼.娱乐至死[M].章艳,译.桂林:广西师范大学出版社,2007.

44.歌德.论文学艺术[M].范大灿,等译.上海:上海人民出版社,2005.

45.海德格尔.形而上学导论[M].熊伟,王庆节,译.北京:商务印书馆,1996.

46.卡冈.艺术形态学[M].凌继尧,金亚娜,译.上海:学林出版社,2008.

47.小南一郎.唐代传奇小说论[M].童岭,译.北京:北京大学出版社,2015.

48.克劳斯.从哲学看控制论[M].北京:中国社会科学出版社,1981.

49.丹纳.艺术哲学[M].傅雷,译.北京:人民文学出版社,2000.

50.翁.口语文化与书面文化[M].何道宽,译.北京:北京大学出版社,2008.

51.卢伯克,福斯特,等.小说美学经典三种[M].方土人,罗婉华,译.上海:上海文艺出版社,1990.

52.张寅德.叙述学研究[M].北京:中国社会科学出版社,1989.

53.维戈茨基.艺术心理学[M].周新,译.上海:上海文艺出版社,1985.

54.塞米利安.现代小说美学[M].宋协立,译.西安:陕西人民出版社,1987.

55.罗丽莎.另类的现代性:改革开放时代中国性别化的渴望[M].黄新,译.南京:江苏人民出版社,2006.

56.麦克卢汉.理解媒介[M].何道宽,译.南京:译林出版社,2019.

57.朗格.艺术问题[M].滕守尧,朱疆源,译.北京:中国社会科学出版社,1983.

58.施拉姆,波特.传播学概论[M].陈亮,周立方,李启,译.北京:新华出版社,1984.

## 学位论文

1.周扬.论赵树理的创作[D].东北师大学报,1979(4).

2.张颖.论"袁阔成"的新评书编演[D].中国艺术研究院,2014年.

## 会议发言及访谈实录

1.王刚与柯岩的对话录音实录。

2.白描《对路遥最大的支持——在20年后新版座谈会上的发言》。

3.叶子《谈听众的审美情趣:从长篇小说《平凡的世界》连播引起瞩目说起——在新版座谈会上的发言》。

4.李野墨《永远的<平凡的世界>——在新版座谈会上的发言》。

5.丛林《携手并肩 奋力前行——在第二十一届中广协会<小说连播>年会上的讲评》。

6.丛林《老编剧 老导演 重现风采——第十一届中国广播剧专家奖评析》。

## 电子文献

1.王刚批评港台腔 重新朗诵《夜幕下的哈尔滨》[EB/OL].(2005-08-03)[2020-05-15].

http://ent.sina.com.cn.

2. 上海地方志办公室.上海广播电视志[EB/OL].(2008-07-22)[2020-05-15].http://www.shtong. gov. cn/Newsite/node2/node2247/node4598/node79771/node79778/userobject1ai104472.html.

3. 共商媒体融合大计 首届"广播新声音大会"在杭州开幕[EB/OL].(2017-12-22)[2020-05-15].http://www.zj.chinanews.com.cn/news./2017/1222/9051.html.

4. 速途研究院.一季度有声阅读市场调研报告[EB/OL].[2017-07-14].http://www.jiemian.com/article/1370929.html.

### 其他

1.《全国广播电视资格考试播音主持业务口试评分标准》

2. 中央电视台《中国文艺"向经典致敬"——广播节目〈长篇连播〉》,2018年8月11日播出。

图书在版编目(CIP)数据

评书与连播：当代中国有声小说研究 / 张静涛著. -- 北京：中国传媒大学出版社，2022.11
ISBN 978-7-5657-3218-8

Ⅰ.①评… Ⅱ.①张… Ⅲ.①小说—广播工作—研究—中国—当代 Ⅳ.①G229.2 ②I207.42

中国版本图书馆 CIP 数据核字(2022)第 110803 号

### 评书与连播：当代中国有声小说研究
PINGSHU YU LIANBO:DANGDAI ZHONGGUO YOUSHENG XIAOSHUO YANJIU

| | |
|---|---|
| 著　　者 | 张静涛 |
| 策划编辑 | 赵　欣 |
| 责任编辑 | 高卓毓　赵　欣　张　笛 |
| 封面设计 | 拓美设计 |
| 责任印制 | 阳金洲 |

出版发行　**中国传媒大学**出版社
社　　址　北京市朝阳区定福庄东街1号　　邮　编　100024
电　　话　86-10-65450528　65450532　　传　真　65779405
网　　址　http://cucp.cuc.edu.cn
经　　销　全国新华书店
印　　刷　唐山玺诚印务有限公司
开　　本　710mm×1000mm　1/16
印　　张　14.5
字　　数　215 千字
版　　次　2022 年 11 月第 1 版
印　　次　2022 年 11 月第 1 次印刷
书　　号　ISBN 978-7-5657-3218-8/G・3218　　定　价　68.00 元

本社法律顾问：北京嘉润律师事务所　郭建平